U0111586

大展好書　好書大展

品嘗好書　冠群可期

手臂錄
無隱錄 釋義
明代槍法短兵解密
任 鴻◎編著

前言

《手臂錄》與《器王正眼無隱錄》皆為吳殳撰寫，其內容不僅是吳殳在武道中的身心體會，更是一部開啟後學者武學思維的心血力作。

吳殳（1611—1695），亦名喬，字修齡，號滄塵子，生於明萬曆三十八年，卒於清康熙三十三年，享年八十五歲。本為江蘇太倉人，後入贅昆山。1633年，明季正值多事之秋，常熟人石電（號敬岩）應平湖沈萃楨備兵之聘來到昆山，住在報本寺。吳殳與同鄉夏君宣、夏玉如兄弟及陸桴亭聞石電槍法精絕，便拜石電為師學習。

當時石電的年紀應在六十餘歲，出身於丐戶，晚年專以教授槍法營生。吳殳等四人隨石電學藝兩年，石電即隨包文達等剿匪，終因受伏歿於王事。往後數年間，夏氏兄弟皆從戎而亡，只剩吳殳和陸桴亭。

事實上，此四人在跟隨石電學習期間，所練的都是基本功，包括扎法、封閉和連環，所以吳殳才說兩年內石師父傳授的內容並不多。而陸桴亭當時由於路遠，隔三差五來學一次，所以對槍法掌握得更是少之又少。因而，真正繼承下石電槍技的只有吳殳一人。

隨著吳殳的成長，他廣獵各家的槍法，並與槍師切磋，精心鑽研，開闊眼識，對當時流行的峨嵋槍、馬家槍、沙家竿子、楊家槍、汊口槍、少林槍盡數精通瞭解，從而於五十歲開始逐步寫下槍法心得，最終於1678年彙集成《手臂錄》一書出版。後又於1687年，寫就《器王正眼無隱錄》（後文簡稱《無隱錄》）公開於世。足見出身書生的吳殳，確有實戰武技的天賦及自學成才的能力，且對於他敢於公開槍譜的氣魄，著實令人佩服！換在今天，很多門派即使真有所謂武林秘籍，恐怕也不會有他這樣的度量，這也體現出吳殳對自身武學修為的自信。

時至今日，古人的正法眼藏已經失傳，儘管現在個別門派尚存有一些技巧，卻很不完整，槍棍之辨多無人能識。而《手臂錄》和《無隱錄》流傳至今，其內容也有多個版本，在令讀者開闊廣識的同時也各自存有錯漏，其漢字多為正體，且章節次序混亂，通假字、異體字、錯別字很多，雖可算作文言，事實不易閱讀。故而筆者綜合現有各版本，並參考相關武術古籍，將其仔細刨析點校、繪圖說明，並依據吳殳的描述對古本《手臂錄》重新作了正確的整理，歸納為二十二章。而《無隱錄》由於古本稿件本就缺失嚴重，故僅能歸納成二十三章。凡書中涉及關鍵難點，筆者都一一給以釋義，以方便後學者研讀。

《手臂錄》和《無隱錄》可看作槍法的聖典，需要習練者在練習中反覆地閱讀、體會及感悟，想要入門至少須讀上十遍，認真琢磨，憑此指導自己，以求槍術早日脫化。此中決心、毅力及艱苦，亦可稱作武者的修行。

筆者號翊將軍，武術愛好者，長期致力於古傳實戰武學的研究和學習，在網上發表過多篇武術類文章，曾參加過幾次器械類的對抗比賽，結合自身習練長槍和技擊、短兵的心得，以五年多的時間，對《手臂錄》和《無隱錄》仔細研讀，重新詮釋，手繪圖勢，亦可謂筆者的盡心之作。圖勢中幾乎包括了明代中晚期各類盔甲樣式，對甲冑迷而言，值得參考。

在此，感謝山西科學技術出版社能為這部嘉惠後學的教材給予出版發行，亦特別感謝為此書圖勢攝影剪貼的王超、任馨雨和韓雲靜、伊雪、張霄、周洪軍、高文革等朋友，以及盛唐長安夜、東海長鯨等網友的支持！

對於新手來講，願此書成為您習武入門的指南；對於槍家大師而言，願此書成作您技藝的借鑒，並對書中不妥之處，給以指點斧正。

目錄

上篇

手臂錄

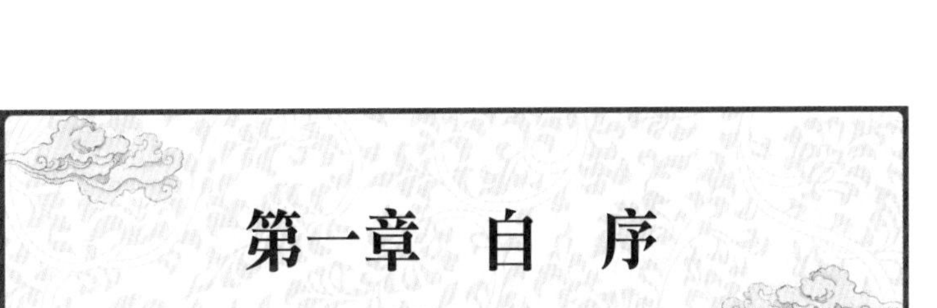

第一章 自序

原文

用兵以戚南塘之旗鼓為初門，孫武子之虛實為極致，擊刺抑末矣！然不能此末藝，則不敢身至陣前，無以定將士勇怯，而行不逾時之賞罰。人無畏心，戰何能勝？況又平日所用教師多被誘於花假以誤士卒乎？

雖然，殳何人而敢言此？唯以壯年所廣集，匯為一編，以定其邪正淺深，貽之子孫而已！

余所得者，有石家槍，敬岩也；峨嵋槍，程真如也；楊家槍、沙家槍、馬家槍，其人不可考；少林槍，余得者洪轉之法；汊（ㄔㄚˋ）口槍，則程沖斗也，有《耕餘剩技》、《少林闡宗》、《長槍法選》諸書刊印行世。

此七家者，其法俱存，余若金家槍、拒馬槍、大寧筆槍等，尚有十餘家，名存而無徒，書又不傳，無可考據。應由技術淺小，雖取名一時，不足以傳久故也。

今就七家言之，真如一門而入，一師而成，一於純者也。敬岩遍歷諸家，年將四十，始遇德長，重下本源工

夫，而得返正，及乎晚年，棍棒刀牌，皆成槍法，化雜以為純者也。二師身二，而法則一也。沙家竿子長軟，別為一門。楊家器在長短間用之，亦兼取長短之法。此三家皆不雜棍法。

馬家以楊家為根本，而兼用棍法。少林全不知槍，竟以其棍為槍。故馬家法去棍猶有槍，少林去棍則無槍也。然少林剛柔相濟，不至以力降人。沖斗止學少林之法，去柔存剛，幾同牛鬥。而今世沖斗之傳，江南最盛，少林猶不可得，況其上焉者乎？

總而論之，峨嵋之法，既精既極，非血氣之士日月之工所能學。沙家、楊家，專為戰陣而設，馬家、少林、沖斗其用於戰陣，皆制勝之具，惟江湖遊食者不可用耳。

鍾王之手，親紙以成字者，毫端也。為毳（ㄘㄨㄟˋ，細毛）、為苘（ㄑㄧㄥˇ，捆綁筆毛的細繩）、為膠、為管，皆所以成此者也。

善將將之君，敵愾以奏功者，擊刺也！為旗鼓、為隊伍、為虛實，皆所以成此者也。聞擊刺而小之者，在武鄉、謝艾、韋睿，余乃心伏。取子恒《典論》之語，而名為《手臂錄》。

時戊午八月，滄塵子吳殳修齡撰

釋義

行軍作戰，以戚繼光擅用旗鼓指揮而名列第一，以孫武操控軍隊虛實兼備而達到極致，至於士兵所用的劈刺技法，不過是最下等的技藝。

然而，如果不能掌握這類下等技藝，就不敢親臨戰場，也就無法判定將士是勇猛還是膽怯，以及適時地施以賞罰。將士不明白何處危險，作戰又豈能勝利？何況日常雇用的教師，無不被其華而不實的技藝所誘惑，從而深深地誤導士卒！

事實就是這樣，可是我吳殳算什麼人？怎敢說這種事？我僅能將年輕時大量搜集的劈刺技法，編匯成書，來論定哪些技法是邪說，哪些是正道，哪些膚淺，哪些深奧，從而流傳後世子孫。

我所搜集的技法有：石家槍（石敬岩槍法）、峨嵋槍（程真如槍法）、楊家槍、沙家槍、馬家槍（楊、沙、馬的槍法鼻祖已無從考證）、少林槍（我學自洪轉的槍法）、汊口槍（即程沖斗槍法，有《耕餘剩技》《少林闡宗》《長槍法選》等書刊印流傳於世）。

這七家槍的技法都流傳至今，其他的像金家槍、拒馬槍、大寧筆槍等還有十餘家，槍法之名雖在，但實際上已失去傳承，更無槍譜流傳，已無法考據其真正的技法。其原因應是技法緊密難練，雖然在一段時期內有名，長久下來還是不易流傳。

目前僅就七家槍法而言，程真如僅學自一派，始終是一位師父傳授，故而真如的槍法很純正。石敬岩學遍各派槍法，年近四十，才遇到劉德長，既而重新從基礎練起，得以回至正道。到晚年的時候，長棍、大棒、刀（按《手臂錄》及陸桴亭《石敬岩傳》，石電亦擅偃月刀、長倭刀）與團牌（即藤牌腰刀）都能用作槍法，將所學雜項化作純正的槍技。兩位師父，兩個身軀，而槍法卻同為一

種。沙家竿子長而腰軟，另成一派。楊家槍長度在長竿、短槍之間，選取長竿和短槍的技法進行應用。這三家槍法都沒有摻雜棍法。

馬家槍吸收楊家槍法，作為本派的槍技，並兼用棍法。少林根本就不懂槍，竟然把自家的棍法當作槍法。所以說馬家槍去掉棍法還有槍法，少林去掉棍法的話就沒有槍法了。然而少林槍法剛猛與陰柔互補，還不至於光靠蠻力來贏人。

程沖斗止步於學來的少林槍法上，並拋掉陰柔，僅圖剛猛，如同鬥牛角力一樣。現今程沖斗槍法的流傳，以江南最為盛行，這些後學之徒，連少林槍法都沒有完全掌握，何況程沖斗改造過的少林槍還會有槍法嗎？

總而言之，峨嵋槍法，夠精細至極，並非莽撞之人花上幾十天、甚至幾個月的工夫就能學成的。沙家槍、楊家槍專門為對陣作戰而設置，馬家槍、少林槍、程沖斗的槍法如用在戰場，也都能成為克敵取勝的軍用技法，唯獨行走江湖靠教授槍法吃飯的人不能使用。

鍾繇、王羲之的手，貼近紙絹即能寫出好字的原因，靠的是筆鋒。而筆頭上的根根細毛，綁扎細毛的纖繩，筆頭與竹管的粘合，竹管的加工，都是造就好筆鋒的必備條件。

善於帶將出征的皇帝，遇到勁敵仍能打勝仗，靠的是將士的劈刺技術。而旗鼓指揮得當、隊伍實力強悍、作戰虛實結合，都是促成劈刺技術得以在戰場施展的關鍵因素。要說擅用劈刺技術以少勝多的將帥，當數諸葛亮、謝艾、韋睿，我對他們由衷地佩服。

選用曹植《典論》裏的話，將此書命名為《手臂錄》。

時戊午年八月，滄塵子吳殳修齡撰

吳殳將槍法上升到關乎戰爭成敗的高度，是之前所沒有的，可以說是對大槍的崇拜，或者是對槍法先賢的尊敬。字裏行間，看出吳老是個對槍法實事求是的人。

第二章　石敬岩槍法記

原文

槍舊有峨嵋、楊家、沙家、少林、馬家之名，然文章家莫或留意於小技，而精於槍者，大抵無文，故不能考楊、馬、沙為何時人。

其制，則沙家竿子長一丈八尺，竹槍也；楊家長一丈四尺，峨嵋、馬家長九尺七寸，木槍也。竿子長，腰軟頭重，其勢闊大而疏遲，用處在足，以騰挪進退、足如奔鹿、身如電光者為善。

馬家槍身重而短，腰勁頭輕，其勢緊密而迅疾，用處在手，以吞吐變化、身如輕雲隨風、手臂如生蛇渡水者為善。

楊家雜出於馬、沙之間，學問以謹嚴為基，故必先學馬家槍，既熟既精，然後學竿子。馬家與竿子既熟，則楊家槍不學而能矣！茲所記者，馬家槍法也。

短槍之近祖，有劉德長，初為少林寺僧，又遍遊天下，而後槍技特絕。受邊帥之辟，棄其方袍，仕為游擊將

軍，真定巡撫中丞韓公皛（ㄒㄧㄠˇ）宇延教其部將。

常熟石電，號敬岩，與少林僧洪記往見。洪記，少林推第一，意殊傲蔑。及校技，而杖物為德長所撥去，乃心折，與敬岩百拜，請授教。

德長曰：「二子之技非不善也，然見我立敗，址不極固也！譬於築室，隆其構，弱其堂，風雨大至，有弗圮（ㄆㄧˇ，倒塌）者乎？二子能從我言，悉去舊構，更其堂址。堂址既固，我不加寸木，以子舊構，構於新堂，無敵於海內矣！」

洪記、敬岩受命而為之者二年，乃許入室。惟時德長之徒，最高者山東王富，次則敬岩與韓二公子，又次者韓僕來子，又次者為中丞公云。

余少時見中原多事，倘得見用，必與兵事，故常與里中諸少年馳射於郊，習讀孫武、戚繼光之書，考求其故。崇禎癸酉，敬岩至婁，寓報本寺，余約同里夏君宣、（夏）玉如、陸桴亭拜學焉。玉如、桴亭與余同辛亥生，君宣長二年，二夏之居，與余家止隔一牆，三人曉暮習練。桴亭居稍遠，數日一來習，手腳稍疏於三人。

石師之教，先練戳，戳不許多，四伐、五伐（「伐」字在此疑為方言量詞。按吳殳等人初學槍時分析，分早晚各訓練一次，合計扎500下，取平均值，即早上扎250下，晚上扎250下。鑒於馬家槍10斤的重量，而古人通常比現代人勞動強度大，力氣大，故而取每次訓練最多五伐，則每伐應是50扎，最開始練的戳法應是單殺手，也是初學者的入門技法）則喘息汗下，止而少憩。又四伐五伐，以力竭為度。戳不力竭，則手臂油滑，初址不固，臨

敵無以殺人矣！以漸加之，必日五百戳，幾百日而戳址固焉。四人之中，戳手惟君宣最勁最疾。

戳之後，乃教以革，革者堊（ㄜˋ，白土）地置後踵，不得移動，移動則手不熟，乃使善戳者如矢如電以戳焉。革稍不合法，則杆必及身，顛撲於地。杆以革絮封其端，而又縛厚紙竹於前臂，然猶左腕、右臂青紫流血，恒不絕見。

練戳、革無終期，十年、二十年益善。余本書生，不能專其技，僅得三年之工。

戳、革既熟，然後教以連環。連環者，一革一戳，互為主客，欲相殺如仇怨焉。宗門重涅磐堂裏禪，為臨死時有用者也。槍亦重臨陣有用者，習時稍容情，即臨陣無用矣！玉如力大，革與連環，三人皆不及。

戳、革、連環既熟既精，然後教以破法、「夜叉探海」等勢、「中平槍，槍中王」等訣，百日事盡。

始終凡三年，余戳不及君宣，革不及玉如，然見徽派程沖斗之徒，氣力憤發，殆（ㄉㄞˋ，幾乎）同牛鬥，絕無名士風流。石師交手，意思安閑，如不欲戰，俄焉槍注人喉，不敢動而罷，微乎微乎，近於道矣！

蓋戳、革、連環、破法，皆下學事耳！其上達之徑，唯孫子所謂「敵逸能勞之，飽能饑之；能而示之不能，用而示之不用；攻其無備，出其不意；實則虛之，虛則實之；多方以娛之；後人發，先人至；致人而不致於人」，乃為槍之精微也，予所心悟，則在於此。

二十年前，好與四方槍師為戲，絕少當意者，每欲覓二三少年傳石師之技，使無斷絕，而皆欲速見小，不能下

海枯石爛之工，是以無可與語。今則五十之年，倏然已過，筆情槍興，一時俱盡。呼德下謂余曰：「敬岩之技，人無可傳，何不著述以垂後？」余曰：「我法以心傳心，不立言語文字。」

荏苒久之，又思石師虛實變化之妙，不可言傳，而下學之事，筆所能述，且欲使劉、王諸師及同學諸友姓名不泯，故作此記。司空表聖詩曰「誰料生平臂雁手，挑燈自送佛前錢」，咏之愴然而已！

辛丑冬，滄塵子吳喬修齡記

釋義

槍法歷來就有「峨嵋」「楊家」「沙家」「少林」「馬家」之稱謂，而工於文章者對此微末技藝多不關注，且槍法精湛者有哪些人，大都沒有文字記載，故而無法考證楊家、馬家、沙家槍法之鼻祖是什麼時代的人。

各家槍的規格：

沙家竿子，長一丈八尺（按明造尺，約5.76公尺），竿為竹製；楊家槍，長一丈四尺（約4.48公尺），峨嵋、馬家槍，長九尺七寸（約3.1公尺），杆皆用木製。

竿子最長，槍腰軟，槍頭重，動作舒展大開，行槍粗疏緩慢，強調步法的運用，以跳閃進退、步法迅如奔鹿、身法快如閃電為極致。

馬家槍，槍身短重，槍腰剛勁有力，槍頭輕巧，動作緊密迅速，強調手法的運用，以杆子吞吐變化、身似輕雲隨風、手臂如同活蛇爲水為最極。

楊家槍，是從馬家槍和沙家槍中分化出來，其從中學到問到的東西都以嚴謹為根基。所以學槍者應先學馬家槍，後學沙家竿子。馬家槍、沙家竿子練熟了，則楊家槍不用學就能融會貫通。《手臂錄》一書主要記述的槍法，是馬家槍。

短槍技法的近代鼻祖，或許是劉德長，他本是少林寺和尚，又遊學天下，此後槍法出類絕倫。受邊陲長官徵召，脫卻袈裟，做官當了游擊將軍，真定巡撫中丞公韓畠宇聘請德長教授其部下將士的槍法。

常熟石電，號敬岩，和少林僧洪記前往拜謁。洪記的槍法在少林寺首推第一，其性情孤傲，瞧不起人。跟德長比試槍法，杆棒竟被德長從手中撥去，方心中嘆服，與敬岩百般拜揖，懇求傳授槍技。

德長道：「你二人並非槍術不佳，然而遇到我立刻敗陣，其原因是槍址不固！好比建造房屋，構架高大，地基虛弱，暴風驟雨來襲，哪有不倒塌的？你二人若聽我的話，須將舊構架全部拆掉，更換地基。地基牢了，我不需添加寸木，就用你們原先的構架，在新地基上建造房屋，到那時你們的槍技就無敵於天下了！」（德長喻指洪、石二人應在槍根的把持運用上下足功夫。）

洪記、敬岩按德長的教誨研習了兩年，德長方答應收他們為正式的弟子。當時德長的門徒中，槍法最好的是山東的王富，其次是敬岩和韓畠宇的二公子，再次是韓僕來的兒子，再次之是中丞公韓畠宇。

我年少時看到中原戰事紛仍，倘若一旦被朝廷任用，定要許身征戰，故經常與鄰里少年到郊外騎馬射箭，並研

讀孫武子、戚繼光的兵書，驗證書中範例。

崇禎癸酉年間，敬岩來到昆山，住在報本寺，我約了鄰居夏君宣、夏玉如、陸桴亭前去拜學。玉如、桴亭和我都是辛亥年出生，君宣比我們大兩歲。君宣、玉如的住處和我家只有一牆之隔，我們三人早晚習練槍術。桴亭住得稍微遠些，幾天來習練一次，其手法、步法較我們三人略顯粗疏。

石師父教槍，首先練戳法。開始戳次不能太多，四組、五組戳法過後即會喘息汗流，此時暫停練習，稍作休整。再練四五組，以練到沒有力氣為標準。如果戳法不練到沒有力氣，就會手掌、胳膊油膩滑杆，使初學者對於槍根貼離腰部的位置把持不定，面對敵械無法殺人。戳次逐漸添加，一定要每天戳槍五百下，幾百天過後，槍根位置才能把持牢固。四人當中，唯獨君宣戳槍最有力，速度最快。

掌握戳法以後，師父再教革法。革槍的人先在後腳下畫條白綫，不准後退，後退則手上革法不熟練，即讓戳法好的人似脫弓之箭閃電般戳刺。革法稍有不當，則戳槍者的杆子必然刺及己身，跌倒在地。戳槍者的杆子是用皮革和棉絮包裹著杆頭，革槍者也是在前臂上綁紮了厚厚的棉紙竹片以作防護，即便如此，革槍者的左腕和右臂往往被戳作青紫色，流血不止，清晰可見。

習練戳革沒有時限，能練上十年、二十年才好。我本是個讀書人，無法專工於槍技，僅僅下了三年的功夫。

戳法、革法都練熟了，師父再教連環。所謂連環，就是一方戳，一方革，分別充任主客，雙方要像有私仇舊怨

般拼殺。佛門特別重視在佛堂內誦念超度的禪經，以備臨死時有所用處。槍術同樣注重臨陣時為我所用，所以練習時稍留情面，則一臨陣槍就無用了。玉如勁道最大，革槍、連環之法，三人都趕不上。

戳法、革法、連環都練得精熟了，師父另教槍的破法、「夜叉探海」等二十四勢、「中平槍，槍中王」等槍訣，百日內破法、槍勢、槍訣傳授完畢。

石師父由最初教我們練槍到傳授結束，總共三個年頭，而我卻戳槍不如君宣，革槍比不了玉如。但看到汊口槍派程沖斗的門人比試槍技時氣壯力猛，如同鬥牛般廝殺，一點名家風範都沒有！而石師父與人交手，氣意淡定，倘若不想置敵死地，則突然間槍尖直抵對手咽喉，令其不敢再動而罷手。此類細微緊小的技法，幾使槍技脫化作槍道！

其實，戳法、革法、連環、破法都是學槍的基本技能，而槍的上乘境界則是孫武子所說的「敵逸能勞之，飽能饑之；能而示之不能，用而示之不用；攻其無備，出其不意；實則虛之，虛則實之；多方以娛之；後人發，先人至；致人而不致於人」，這才是槍技的精華微妙所在，我內心所悟出的槍法最高境界，盡在此處！

二十年前，我喜好跟天下練槍的師傅戲耍槍技，其間很少有令我中意的人。每當碰上兩三個少年想傳授石師父的槍法，以使流傳不致斷代，但他們都覬覦短時間內速成，事實上卻進步遲滯，不願意下海枯石爛般的功夫，因此無法跟他們交流。現在我已是五十歲年紀，歲月一晃而過，對筆的情致和槍的興趣，在很長的一段時期內全都蕩然無存。

呼德下曾對我說：「敬岩的槍法，沒有可以傳授的人，何不寫本專著以供後人研習？」

我說：「我派槍法，以心傳心，不記錄言語文字。」

很久以後，又想到石師父槍法中的虛實變化之妙無法記述流傳，但基本技能筆還是能夠寫出來的，而且也能讓劉德長、王富等先師，和同學、朋友的姓名不至於泯滅，故而寫下此篇《槍法記》。唐代司空圖有詩寫道：「誰料生平臂雁手，挑燈自送佛前錢。」讀之何其愴然！

辛丑年冬，滄塵子吳喬修齡記

本篇對槍式、槍法傳承、訓練計畫做了詳盡的介紹，重點是槍式和訓練計畫。

槍式一定要選好杆子，按照上述規格定做，否則永遠練不出石家槍的內涵。白蠟杆不太容易達到要求，尤其當代以速生居多，長了太軟易塌腰，且比硬木輕很多。必須找硬重而有韌性的杆子，好杆難得，相信真正好槍的人定會找到！

對於初學者先練戳，每天至少練單殺手扎槍500下，可分早晚進行，也就是一天能扎上10伐槍是最起碼的標準，每伐50下。

單殺手是最入門最實用的扎槍技法，強調槍址的牢固，即手能把住槍根，使扎出去的槍不至於輕浮無力，不能手臂抬不起來，扎出去要在短時間內能夠固定停住，充

分考驗單手持槍的平衡度。

這一階段要訓練一年，槍址才能固定。

次年練革，即封閉的各種變化，練一年。

在對戳革有些基礎後，第三年可以練連環，目的是專項訓練實戰攻防，一方革，一方戳，互換角色訓練，革手要在後腳下畫條綫，不能後退，隨著戳手水準的提高，用子午槍革手能夠化解，即算出師。

練熟連環以後，再練行著破法、馬家槍二十四勢以及熟悉各槍訣。這些相較戳革、連環都是補充性的東西，關鍵還是戳、革訓練，戳革的練習是沒有時限的，練上十年、二十年最好。

此後就看自身的悟性，向著萬派歸宗而努力（附圖1連環）。

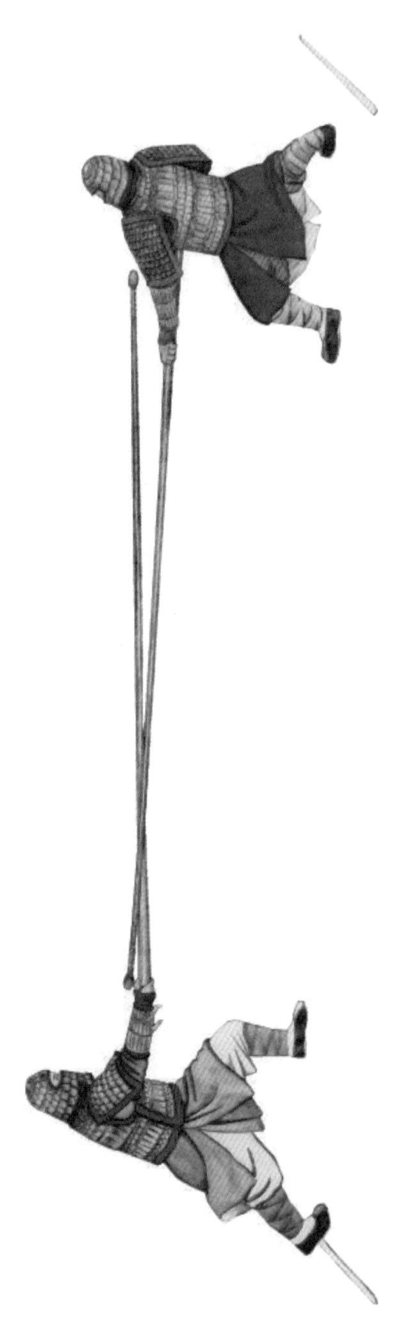

圖1　連環

圖1注：左為紅方，右為藍方，對練竹甲根據本章文字並參考現代實物繪製。

第三章　槍法元神空中鳥跡圖

原文

一圈分形入用說

特（公牛）豚（豬崽），一物而已。四剔之，則為肩、為髀、為脂、為蹄、為脊、為脾，種種登載。

若唯用一物而不四剔，則惟有前齋郊禘（ㄉㄧˋ，祭祀）之禮，而立飫（ㄩˋ）、房俎（ㄗㄨˇ，祭器）、燕飲、肴烝皆廢，豈可謂之禮哉？

唯槍亦然！

總用之則為一圈，剖其圈而分用之，或左或右，或上或下，或斜或正，或單或複，或取多分，或取少分，或取半分，以為行著諸巧法，而後槍道大備。

是以練槍者，唯下久苦之工於一圈，熟而更熟，精而益精！

其於分形之法，一覽而全備矣！人食一口，而五官四體皆受其益，理正同也！分形非筆所能述，故作《槍法元神空中鳥跡圖》於左方（見圖2）：

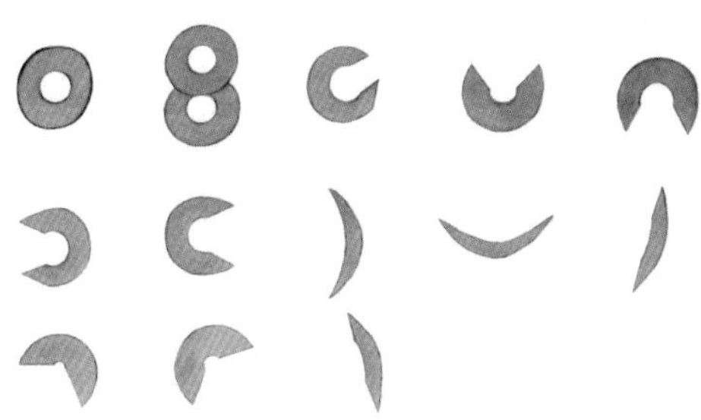

圖2　槍法元神空中鳥跡圖

圖2注：原圖為毛筆手繪影印版，畫法粗糙，並不完全合乎槍尖的運轉軌跡，令人難以看懂，故重新以毛筆著色繪製。

重輪形也，纏槍等皆作此形；

上偃月形，乃用圈之上半也；

下偃月形，乃用圈之下半也；

左偃月形，乃用圈之左半也；

右偃月形，乃用圈之右半也；

此纖月形有六，諸法輕用之巧也；

幾望形，亦用圈之右半而加深者也。

此七圈不由師傳，偶見屋瓦之仰覆而思悟得之者也。知此，則知槍之萬變不出於圈！

圈則槍之自下而上者，還自上而下；

自上而下者，還自下而上；

自左而右者，還自右而左；

自右而左者，還自左而右。

如轉圓石於萬仞之山，以守以攻，唯我所欲。

棍以劈打為用，一直向下，無返上之機，不能發扎，非槍法也！

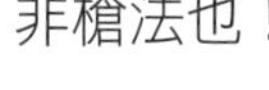

圓圈分形詳注（略舉二三，可知諸法矣）

望月形也，凡封、小封、閉、圈、摩旗、葉底藏花、旋雷霹靂、月下梨花等，槍尖作此形；

重輪形也，凡纏、月藏星串等，槍尖作此形，枯藤繞樹刀痕在槍上亦作此形；

幾望形也，凡裹、月兒側、白牛轉角等，槍（尖）作此形；

仰月形也，凡穿指、穿袖、雙頭槍；

覆月形也，凡拿、拖、大反捲；

右偃月形也，凡迎、砑、跌落金錢；

左偃月形也，凡提、擄、海馬奔潮；

纖月形也有六，此則梨花三排頭、扯槍；

擄，手、腰擺時，槍尖作此形；

擠，此形左半少，纖月形也，近身處關係重，不可用巧法也，只用左偃月；

革圈裏扎頭，半摩旗；

革圈外扎頭，半摩旗；

砑向下、敁向上，皆有此形，左半亦缺。

一圈分形入用說

公牛和猪崽，不過是個整物，將其四面分解，即可分別用肩、髀、脂、蹄、脊、脾等等做成菜譜中記載的食物。

如果僅用整物而不四面剔開，只有先齋戒後於城郊祭祀之禮才會使用，而立飫、房俎、燕飲、餚烝各分項禮節如果都廢掉了，又怎能稱作禮呢？

槍法也是如此！

總體而言，槍法之應用就是一個圈，將槍圈剖開，分成幾段弧來運用。可用左弧，可用右弧；可用上弧，可用下弧；可斜用弧，可正用弧；可一個圈使用，可兩個圈連用；可多選些弧段，可少選些弧段。恃此用作行著的各種技巧，而後槍法之道才能完備。

因此練槍之人，必須在槍圈上肯下長期苦功，使之熟上加熟，精上再精！

至於槍圈分化成的各種形式，一看圖就可全然明白。好比人吃一口飯，五官四體都可受益，其道理是相同的。槍圈的分化成形並非文字所能表述，故而在左方繪製了《槍法元神空中鳥跡圖》。

重輪形（即雙圈交疊），纏槍等法是此類形狀；

上偃月形，即使用槍圈的上半弧；

下偃月形，即使用槍圈的下半弧；

左偃月形，即使用槍圈的左半弧；

右偃月形，即使用槍圈的右半弧；

纖月形（即細月形）有六種，都是輕用的巧法；

幾望形（接近圓形），也使用槍圈右半弧的空缺處，且需加重力度。

上述七類圈形從沒有師父傳授，是偶然間發現房頂上瓦片上下朝向而思考悟出的，熟悉了槍圈的分化成形，就會通曉槍的萬般變化出不了圈。

圈槍發扎時，槍頭由下向上旋轉，收槍時就要從上向下旋轉收回；

槍頭由上向下旋轉扎出，收槍時就要從下向上旋轉收回；

槍頭從左向右旋轉扎出，收槍時就要從右向左旋轉收回；

槍頭從右向左旋轉扎出，收槍時就要從左向右旋轉收回。

就好比在萬丈高山之頂轉動圓石，或以石守，或以石攻，隨我所欲。

棍法主要以劈打為主，棍頭一直向下，沒有旋轉向上的技巧，無法發扎，並非槍法。

圓圈分形詳注（略舉二三，即可瞭解槍圈的各種用法）

望月形：凡是封、小封、閉、圈（此圈為畫圈之意，如團牌變、擄等，並非圈手）、秦王摩旗、葉底藏花（即月牙槍）、旋雷霹靂、月下梨花等法，槍尖的運轉軌跡都是此種形狀（見圖3）；

重輪形：凡是纏、月藏星串（即疊圈）等法，槍尖的運轉軌跡都作此形，刀法中的枯藤繞樹，砍在槍杆上的刀痕也是此種形狀（見圖4）；

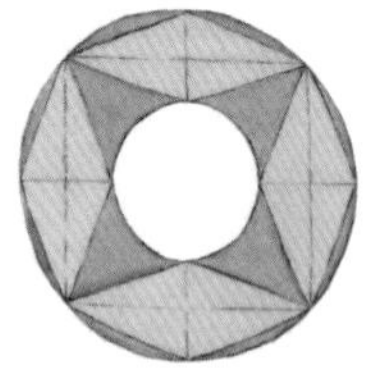

圖3　望月形

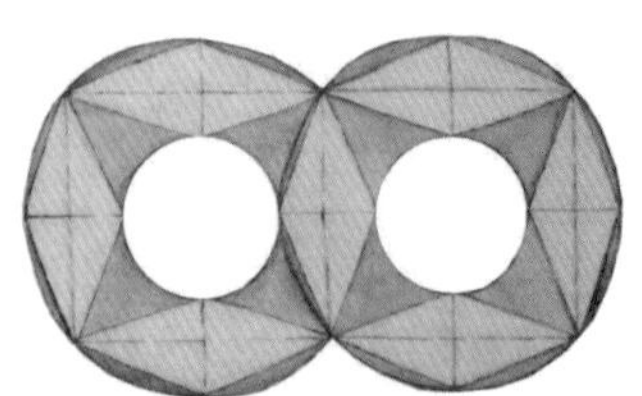

圖4　重輪形

幾望形：凡是裹、月兒側、白牛轉角等法，槍尖的運轉軌跡為此種圈形（見圖5）；

仰月形：包括穿指、穿袖、雙頭槍（見圖6）；

覆月形：包括拿、拖、大反卷（見圖7）；

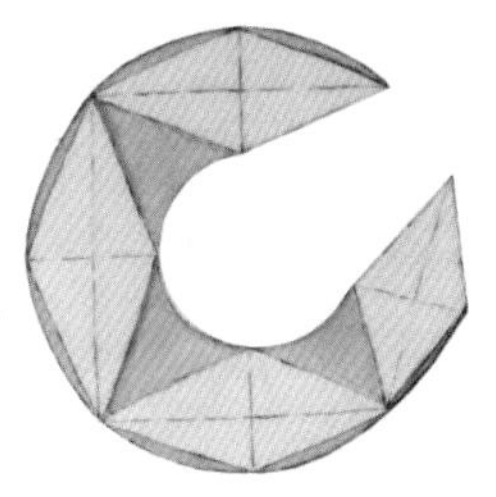

圖5　幾望形

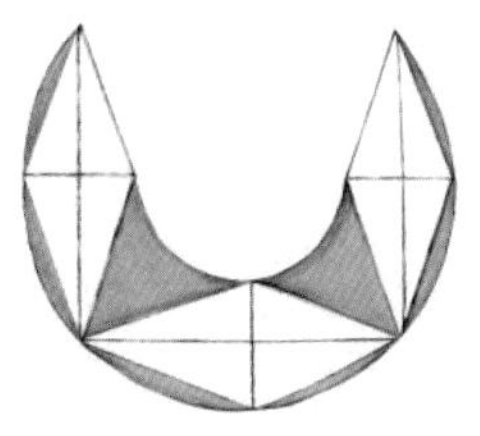

圖6　仰月形

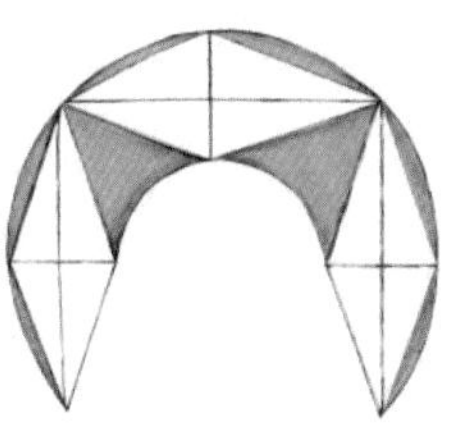

圖7　覆月形

右偃月形：包括迎（即兩來槍）、研（此為長重之研）、跌落金錢（又名畫烏絲）（見圖8）；

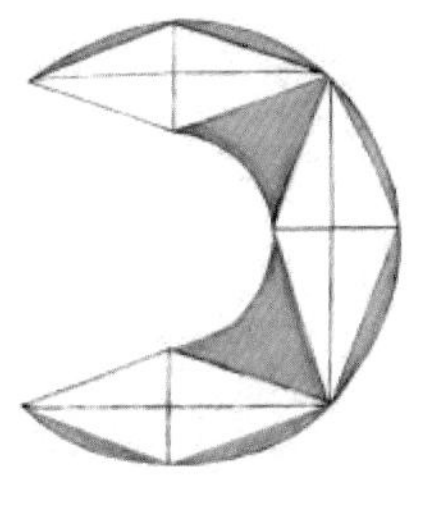

圖8　右偃月形

左偃月形：包括提、擄、海馬奔潮（見圖9）；

纖月形六種：第一圖為梨花三排頭和扯槍。（見圖10）；

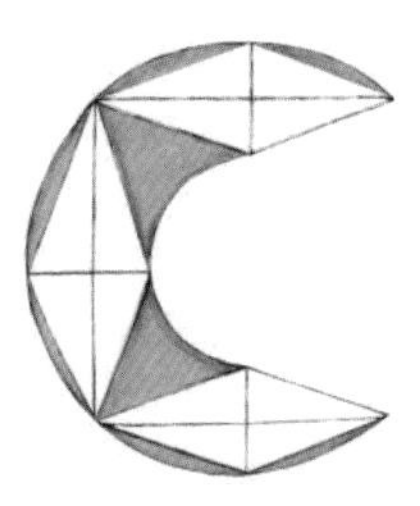

圖9　左偃月形

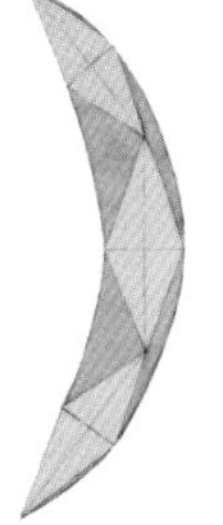

圖10　纖月形一：梨花三排頭、扯槍

第二為擄，手和腰擺動時，槍尖運轉軌跡為此種形狀（見圖11）；

第三為擠，此種圈形是缺少左半弧的細月形，敵方槍頭迫近我身時，嚴重危險，不得用此種技法，只能用左偃月形（見圖12）；

圖11　纖月二：擄

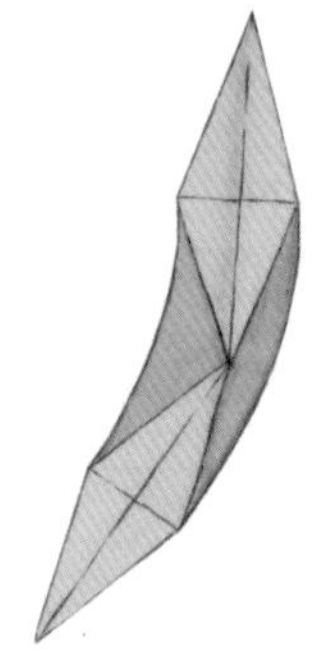

圖12　纖月三：擠

第四為革圈裡扎頭的圈形，即半摩旗（見圖13）；

第五為革圈外扎頭的圈形，也是半摩旗（見圖14）；

第六為向下砑槍和向上敁起的槍法，都作此種圈形，也缺左半弧（見圖15）。

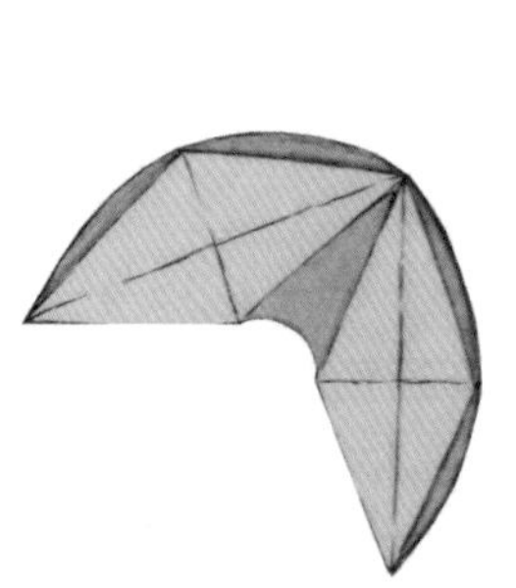

圖13　纖月四：革圈裏扎頭之半摩旗

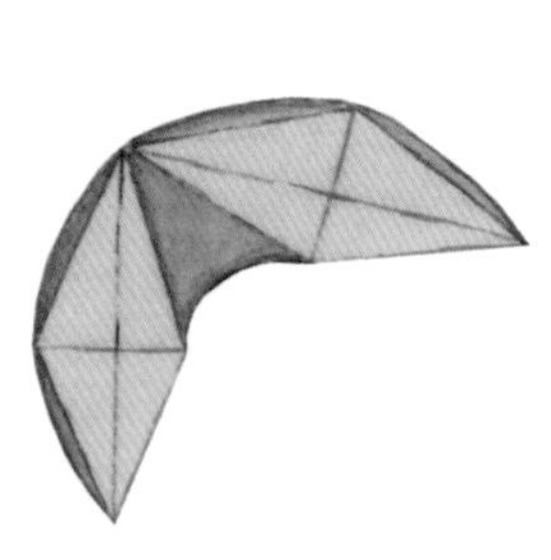

圖14　纖月五：革圈外扎頭之半摩旗

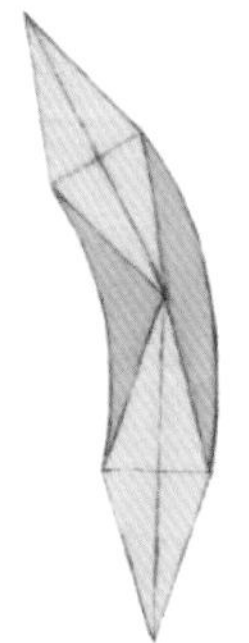

圖15　纖月六：砑向下、敁向上

解析

此篇的重點就是告訴你怎樣轉槍圈，平常人只看文字很難理解圖勢的意思，筆者用了一年的時間才明白其中的奧妙。轉槍圈就好比地球圍著太陽轉一樣，地球在繞著太陽轉的時候，自身也在轉動。因此，槍頭在畫圈的時候，槍頭本身也是轉動的，而吳老畫的月牙即是槍尖滾轉的軌跡。

要想使槍頭滾轉著畫圈，就必須兩手陰陽互換擰轉槍杆，扎出去的杆或者槍頭永遠是旋轉的，如果杆是順時針扎出的，收杆時就要逆時針收回，也就是吳老所講的扎中有封閉、直力中有橫力，請記住，這一點在日常的練槍中非常重要。

現代很多練槍者練槍時槍杆不滾轉，只是用槍尖來畫圈，畫得比鍋蓋還大，稱為「摩旗」或者「團牌變」都太牽強，甚者只能畫簡單的弧，外行人看去誤以為是，更有人言月牙的粗細是用力深淺的意思，恐貽笑大方，誤導後學！

吳老的圈要求開始練時，要大力訓練，圈如雞蛋大小，三五年苦練下來，力度漸小而脫化，練到槍圈如銅錢般大小，才有可能會用迎槍。說白了，這種圈就需要兩手的擰杆旋轉，而槍圈如此小，足見峨嵋槍法的緊密並非誇大其辭。

根據《手臂錄》《器王正眼無隱錄》相關文字，事實上，馬家槍、沙家竿子、楊家槍都是跟峨嵋槍法一樣槍頭

轉動著畫圈的，只是圈的大小不同而已。這才是真正的槍法，現在失傳的太多了，民間還能見到個別人應用此技的，算是懂槍的，但大多數槍師根本不懂，早已混入棍法或者大封大劈了。

對於學槍者，如果明白了圖16不同角度槍尖的視圖，也就能看懂鳥跡圖了。

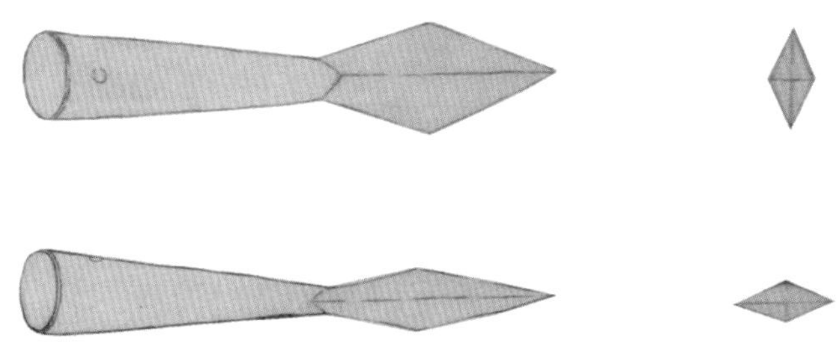

圖16　槍尖旋轉圖

第四章 槍法圓機說

槍法圓機說一

機者，弩機也，伏而待用者也，惟槍亦然。

收者發之，伏機也；發者收之，伏機也。進者退之，伏機也；退者進之，伏機也。左者右之，伏機也；右者左之，伏機也。上者下之，伏機也；下者上之，伏機也。而有元妙靈便隱微難見以神其用者，乃在其圓！圓則上下左右無不防護，身前三尺如有團牌，又何慮人之傷我哉？不惟是也，出而能圓，兩來槍之所以勝也；收而能圓，敗槍之所以救也。

大封、大劈，本無伏機，諸用俱失，禪門所謂「死句不能活人」者也！嗚呼，此豈數月之工血氣之夫所能領悟者哉？

槍法圓機說二

今以身法言之：

上平、朝天、壓卵、護膝，機伏於上，實用在下；

鐵牛、地蛇，機伏於下，實用在上；

跨劍、騎龍、伏虎，機伏於右，實用在左；

邊攔、琵琶，機伏於左，實用在右；

擺尾、拖刀，機伏於退，實用在進；

獻爪，實用在進，機伏在退。

以手法言之：

下平，藏月兒側、螣蛇槍等法，故中平畏之；

中平，藏蜻蜓點水等法，故下平畏之，藏仙人指路等法，故鐵牛、撥草等畏之；

上平，藏摩旗等法，可以制中平；

滴水，藏海馬等法，可以制中平、下平。

古以中平槍為槍中王，以諸勢皆從此出也，非守株待兔之中平而可以為王也！

身法、手法，其變何窮，彼此相制，實無終極。但以熟制生、以正制邪，而必皆以圓機為之本。明敏之士，於此深思而有得焉，則親炙於敬岩、真如矣！

槍法圓機說一

機，即弩機，伏臥於掌指間以備用，槍法也正同於伏機。

先收後發，是伏機；先發後收，也是伏機。扎入又退出，是伏機；退出再扎入，也是伏機。由左轉右，是伏機；由右轉左，也是伏機。由上轉下，是伏機；由下返上，也是伏機。而最精妙、最靈便，且不易看出而用之如神的地方，就在於槍的轉圓。轉圓能使上下左右都有防護，身前三尺內像有團牌般護體，又何須考慮敵方會否傷殺我身？不僅如此，若能轉圓扎出，使用兩來槍才能夠取勝；若能轉圓收回，即使扎槍失敗也有補救的方法。

像大封大劈之類的槍技，本質上並沒有伏機，槍法的種種巧用全然不存，正如佛家所云「死句不能活人」啊！唉，這怎能是莽壯勇夫習練幾個月就能領悟到的呢？

槍法圓機說二

現用身法解釋伏機：

上平槍勢（如圖25）、朝天槍勢（如圖46）、泰山壓卵勢（如圖47）、護膝槍勢（如圖39），伏機在上方，實際應用在下方。

鐵牛耕地勢（如圖35）、地蛇槍勢（如圖37），伏機在下方，實用在上方。

跨劍勢（如圖45）、騎龍勢（如圖31）、伏虎勢（如圖43），伏機在右方，實用在左方。

邊攔勢（如圖44）、抱琵琶勢（如圖33），伏機在左方，實用在右方。

蒼龍擺尾勢（如圖27、圖28）、拖刀勢（如圖38），伏機在退出，實用在返進。

青龍獻爪勢（如圖29），實用在進步扎槍，伏機在退步防守。

再用手法解釋伏機：

下平槍勢（如圖26）中，藏著月兒側（如圖5）、滕蛇槍（如圖6）等巧法，故而中平槍懼此。

中平槍勢（如圖24）裏，藏著蜻蜓點水（如圖10）等巧法，故而下平槍懼此，又藏著仙人指路等槍法，故鐵牛耕地勢、撥草尋蛇等勢懼此。

上平槍勢（如圖25）中，藏著秦王摩旗（如圖3）等槍法，可以遏制中平槍。

滴水勢（如圖30）裏，藏著海馬奔潮等（如圖9或圖11加圖7並圖15）槍法，可以遏制中平槍、下平槍。

古人把中平槍勢稱作槍中王者，其原因是其餘的槍勢都是由中平勢轉化而來，若像守株待兔般的中平則不能被稱作王者。

身法、手法的變化怎會有止盡，且各種變化彼此相剋，實際上永遠沒有最高極限。但要想用熟這些變化並制約生手，用正法以抵制邪技，則必須以槍法圓機為根本。聰明而有悟性的人，能在圓機上仔細思索並有所收穫的話，就算得到石敬岩、程真如的真傳了。

解析

此篇都在講圓機，無論從身勢上還是手法上，都點出了變化的轉換及相互克制之理，從而讓人瞭解到各種技法的真正意圖，目的是在圓機上探究出結果，以趨脫化。

第五章　槍式說

馬家木槍長九尺七寸，根大盈把，尖徑半寸，腰硬如鐵，重六七斤，惟此一式。

沙家竿子丈八至二丈四止，過此，人不能用矣。

楊家亦木槍，丈二至丈八皆有之。

短者硬，長者軟。夫槍之長短軟硬用法，如黑白之不相借。若三家槍式不明，則用法安得不混哉？沖斗之病，亦在於此。

敬岩雖有九尺七寸之語，而未問其為周尺、為工部營造尺，當更考之。

《考工記》云：「凡兵，無過三其身，過三其身，弗能用也，而無已（意指無休止）又以害人。」則知人身五尺，槍至丈五為正，楊、沙非法也。

馬家木槍，九尺七寸長，槍根粗大滿把，杆尖直徑半

寸，槍腰強硬如鐵，重六七斤，只此一種槍式（如圖17）。

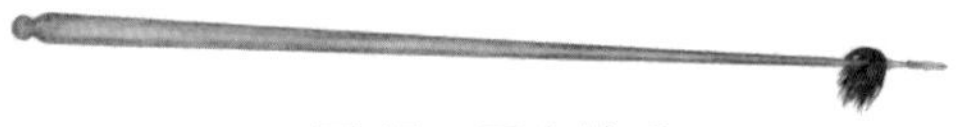

圖17　馬家槍式

圖17注：馬家槍槍材首選牛筋木。

沙家竿子，長一丈八，最長不過二丈四，若超過此長度，人就無法使用（如圖18）。

圖18　沙家竿子

圖18注：沙家竿子為竹製，參考《練兵實紀》繪。

楊家槍，也是木槍，一丈二到一丈八之間的尺寸都有（如圖19）。

圖19　楊家槍式

圖19注：楊家槍（按《紀效新書》）首選紅椆木，槍式據《紀效新書》繪。

短槍腰硬，長槍腰軟。槍的長短軟硬使用方法，就像黑色與白色互不相借。如果三家槍式不明了，那麼用法怎能不混淆？程沖斗的弊病，就在此處。

敬岩雖然說過「九尺七寸」的話，但我未問他是按周尺還是工部營造尺度量的，應當再考究一下。

《考工記》說：「凡是兵器，長度不能超過身高的三倍，超過三倍，無法使用，還會無休止地以此傷害自己。」由此可知人身高五尺，槍最長到一丈五還正好能使用，而楊家槍、沙家竿子最長要麼一丈八，要麼二丈四，就不合規範了。

槍式是相當重要的，選擇何種槍，決定了練法，太軟太長太輕，練封閉就會很難，槍圈更不可能圓如銅錢。

附圖20為現代應用的槍纓，纓為馬尾製最佳。明代長槍多不用槍纓，會妨礙扎入的深度，多將纓用於旗槍上。

附圖21為據程沖斗《長槍法選》繪製的明代常用槍頭，此三種形制亦被茅元儀收錄《武備志》中，戚繼光、何良臣等名將曾要求槍頭不能超過四兩重。

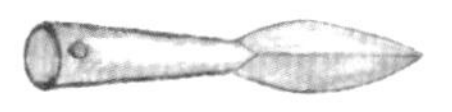

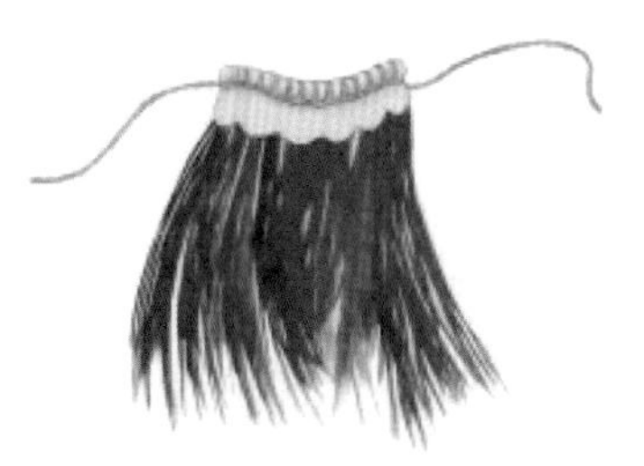

圖20　馬尾槍纓

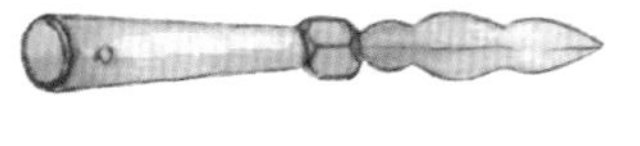

圖21　明代槍頭

第六章　六家槍法說

敬岩木槍長九尺七寸，根大盈把，尖徑半寸，腰勁如鐵，重需十斤。沙家竹竿子長丈八至二丈四。楊家木槍丈四為正，加至丈六。夫槍腰長者軟，短者勁，用法由此而分也！

石家槍之用在兩腕，臂以助腕，身以助臂，足以助身，乃合而為一。沙家槍之用在兩足，身隨其足，臂隨其身，腕隨其臂，乃合而為一。楊家從短槍而變，加長四尺，其法亦兼取短槍、竿子之法，以自成一家之學耳。

石家之用在兩腕者，何也？兩腕封閉，陰陽互轉，百法藏於其中，神妙莫測，為槍之元神也。臂以助腕者，以臂之高下伸縮，助腕之陰陽互換也。身以助臂者，以身之蹲立前後，助臂之高下伸縮也。足以助身者，前後左右，稍稍移動，以脫彼槍尖，非剪刀步、十字步也。此峨嵋大意也。

沙家之用在足者，何也？竿子長軟，兩腕雖陰陽互

換，但可以助順臂力，使無倔強，實不能以根制頭。故拿、攔盡處，槍尖正搖，戳即斜去。搖定而戳，彼已走出，苟非十字步追之，戳何能及？其時槍之勝負，全在足之遲速。硬槍妙在進，進則殺。軟槍妙在退，退則活。足不如風，不能進退，是竿子之用在足也。身以助足者，探前以助進勢，倒後以助退勢也。臂以助身、腕以助臂者，身足即熟，則腕臂不過用峨嵋封閉之緒餘而倚足也，此沙家大意也。

楊家兼用沙家之足與勢者，何也？楊家陰陽互轉，與峨嵋同，但長則利於傷人，而亦苦於外重（音ㄓㄨㄥˋ），根不能制其尖，運用不能如峨嵋之靈，此乃器之本然，雖大力者不能強也。於是鋪張展布，以靈其運用，不得不借徑於腳步，倚局於立勢，不覺不知，濫竿子之陳設，失峨嵋之精義。然猶純乎其槍，未嘗兼棍帶打也。其名所以特著者，長則易於得勝，學之者必多。其封閉功夫，不須如峨嵋之移山填海，學之者又易。得峨嵋法者何人，而能察其失精義哉？所以楊家槍之名，驚天動地，人人振而矜之也。其於峨嵋，尚猶二帝之變，而三王所離無幾者也。而夏禹傳子，商湯慚德，武王非聖，人有言之焉。

此三家槍法之大端也！

比而論之，學峨嵋者，練習之功至於十分，則沙家望而卻走，功虧一簣，尤為沙、楊得半者所困。此至人絕業，不為（音ㄨㄟˋ）世用，不可遺之人人者也。楊法學之易而用之利，大有益於行陣，又何間然？沙法學者功力與楊正等，而長則更利，尤行陣所宜也。

又前三家皆槍，皆不雜棍。峨嵋賤棍不屑雜，沙家體

長不可雜，楊家旁溢於沙，不旁溢於棍，法夠足用，不須雜。至於馬家與少林則不然，王降而伯矣！

少林之八母，魚龍並列，已失槍家正眼，其廣布諸勢，全落棍法。馬家之諸六合槍及二十四勢，名目甚繁，少槍多棍。馬家與少林品類正同，而所以致此者特異。

馬法本同於楊，而加之擊打，槍為神骨而棍為皮肉，以雜亂之。少林自擅棍家絕業，意不能已，於槍而又自矜其名，不肯外學，乃移其棍法中之似槍者，益擴充之以為槍，終屬朱紫之相亂。所不足處，又純用棍法，蓋棍為神骨與肉，而槍為之皮，其混雜視馬尤甚矣！

少林雖以棍為槍，而如洪轉者，尤知以柔克剛、以弱制強之意。沖斗學於少林，惟取其剛強者以自立一門，又非少林之法也。

釋義

敬岩使用的木槍長九尺七寸，槍根粗大滿把，杆尖直徑半寸，槍腰剛勁如鐵，重量要達到十斤才行。沙家竿子長一丈八到二丈四，楊家木槍以一丈四長為恰好，又加長到一丈六。槍腰長會綿軟，槍腰短才有力，用法由此而分出來。

石家槍的使用關鍵在兩個手腕，手臂用來輔助手腕，軀幹又輔助手臂，兩腳又輔助軀幹，從而合為一體。

沙家竿子的使用關鍵在兩腳，軀幹隨兩腳移動，手臂又隨軀幹，手腕再隨手臂，從而合為一體。

楊家槍是從短槍變更來的，又加長了四尺，其槍法是

同時汲取了短槍和竿子的用法，以自行練成一家槍學。

為什麼說石家槍的使用關鍵在兩個手腕呢？其以兩腕來實施封閉，相互轉換陰陽，百餘種技法藏在兩腕封閉之內，神妙莫測，可謂槍法之元神。手臂所以輔助手腕，是由於手臂的高低伸縮可協助兩腕陰陽互換。軀幹所以輔助手臂，是以軀幹的蹲坐、站立、向前、向後協助手臂上下伸縮。兩腳所以輔助軀幹，是由於前後左右稍微移動，軀幹就能避開敵方的槍尖，並非是剪刀步或十字步。這也是峨嵋槍法的大致意思。

為什麼說沙家竿子的使用關鍵在兩腳呢？竿子既長又軟，兩手腕即使陰陽互換，卻只能附帶理順手臂的力量，使手臂不至於太生硬，事實上無法用槍根控制槍頭。故而拿攔動作一結束，槍尖卻仍在搖顫，一發戳就歪離目標，等槍尖不搖再戳，敵方早已退出攻擊範圍。如果不用十字步追擊，怎能戳至敵身？此時槍的勝敗，完全取決於兩腳移動的快慢。

硬槍的奧妙在於趕進，趕進才能殺敵；軟槍的奧妙在於後退，後退自身方能不死。兩腳不行動如風，就沒法進退，所以說竿子的使用關鍵在兩腳。軀幹所以輔助兩腳，是由於軀幹向前探出以協助進步、向後倒向以協助後退的原因。手臂輔助軀幹、手腕輔助手臂的原因，是由於軀幹和兩腳的移動都很熟練，而手腕、手臂不過是用了峨嵋封閉的殘餘技法，卻還要倚賴於兩腳。這是沙家竿子的大致意思。

為什麼說楊家槍既使用了沙家竿子的步法，又使用了短槍的勢子呢？楊家槍兩手陰陽互換，在這點上與峨嵋槍

法是一樣的，但槍長的好處是有利於遠傷敵人，卻也困苦於槍腰之外太重，槍根不能控制槍尖，運用不能像峨嵋槍法那般靈巧，這是因兵器自身規格導致的，即使讓力氣大的人使用也無法使出強勁的槍法。於是大肆拓展槍技，以便運用靈活，不得不借靠竿子的步法，還要倚賴短槍的部分槍勢。

不觀察不會知曉，其混於竿子之中充作擺設，失去了峨嵋槍法的精義。然而，其槍法仍然很純淨，向來沒有兼用棍法帶打之技。其名聲之所以特別顯著，是由於槍長容易取勝，學它的人必定很多。

楊家的封閉訓練，也不必像峨嵋移山填海般費時費力，學它的人又容易許多。通曉峨嵋槍法的有幾個人？誰又能覺察楊家槍已失卻峨嵋槍法的精義？所以，楊家槍的名望驚天動地，人人都振奮精神自恃其法。

其對於峨嵋槍法而言，姑且好似唐堯、虞舜隔代教誨後者，而夏禹、商湯、周武王不會對自己最初的宣誓或承諾背離太多。但是夏禹將王位傳給了兒子，商湯有愧於其德行，武王也並非聖人，每個人都有不好的議論（此句隱喻峨嵋和石家好比唐堯、虞舜，是帝，地位最高；沙家和楊家好比夏禹、商湯、武王，是王，級別稍遜）。

上述是三家槍法的大致端倪。

對比而論，學峨嵋槍的人，練習的功夫能達到十分，則沙家竿子望而退逃，前功盡棄，更為習練沙家竿子、楊家槍卻只學得峨嵋一半精義而困惑。學成峨嵋槍法，可謂成就超凡脫俗的大業，不是為世上凡夫使用，也不能夠輕易傳授給他人。

楊家槍法習練容易，運用猛利，對行軍布陣大有好處，對此怎能有所非議？學沙家竿子法的人，其所有功夫勁道與楊家正好相同，而竿子更長更凶悍，更是行軍布陣中合適的兵器。

前面三家都是用的槍法，都不夾雜棍法。峨嵋鄙視棍法，不屑於雜；沙家竿子體長，無法雜；楊家從沙家分流出來，卻沒有分流棍法，其槍法足夠使用，不必雜棍。至於馬家槍和少林槍則不一樣，好比從「王」位上降至「伯」的級別。

少林的八母槍，魚龍並列，已經失去了槍家的正法眼藏，並大肆布設各種槍勢，全部落入棍法之內。馬家的六合槍及其二十四勢，名目特別多，槍法少，棍法多。馬家槍和少林槍的規格尺寸恰好相同，卻在這一點上又大有區別。

馬家槍在槍法上本就跟楊家槍一樣，另加上擊打，槍法是其神骨，棍法是其皮肉，雜亂在一起。少林自來就擅長絕倫的棍法，不情願中斷棍技，在槍法上又自恃少林名望，不肯向外界學習，於是就將棍法中類似槍的技術大力發展完善，移植到槍法中來，畢竟屬紅與紫互相雜亂。不足的地方，又乾脆使用棍法。實際上是棍當神骨和肉，槍做皮，其混雜程度比馬家槍要厲害得多！

少林雖然把棍當作槍，而像洪轉那樣的人，仍然知道以柔克剛、以弱制強的道理。程沖斗學自少林，卻只選取少林剛強的部分自成一家，又不是少林之法了！

解析

本篇重點是介紹幾家槍法的傳承及聯繫。

石敬岩學過少林槍，也學過馬家槍，還跟劉德長學過，其晚年的槍技又跟峨嵋大致相同，並最終達到脫化，所用刀棍全可當槍使。所以吳殳在此給他最終定名的槍法叫石家槍，質地為硬木槍，槍長九尺七寸，不離棍法。

注意：在《手臂錄》或《無隱錄》中，吳殳會經常將石家槍、馬家槍、峨嵋槍等同著談，這都是站在石敬岩立場上說的，這時說的馬家槍指的是石敬岩脫化後最終改進的槍法。

沙家竿子，步法是自己獨有的，但手法卻有一少部分跟峨嵋是相同的，或者說學自峨嵋，質地為竹槍，長丈八至二丈四，不離棍法，適合行陣應用。

楊家槍，步法、手法學自沙家，部分槍勢學自沒有經過石敬岩改造的馬家槍，質地為木槍，長丈二至丈八，不離棍法，適合行陣應用。

少林槍，擅長棍法，將棍法移植改造成槍法，沒有外學他家的槍法，本質上還是棍法，質地為木槍，長九尺七寸。

馬家槍，棍法多，槍法少，《手臂錄》中的二十四勢圖即為馬家槍勢，馬家槍質地為木槍，長九尺七寸。

程沖斗的槍法，吳殳給定名為汉口槍，因程學自少林，選其剛猛槍技自成一家，強調繃槍，大封大劈，適合行陣應用。質地為木槍，長丈二至丈八，實際上是截取並

拓展了少林棍和楊家槍剛猛的招式，去掉陰柔，不講求槍圈的變化。

峨嵋槍，自成一家，強調手法，與石家槍法理念一致，如果說石家槍是一個由最初的雜合脫化成純槍的過程，那麼峨嵋槍一開始就只有槍法，所以吳老才將峨嵋歸為唐堯，二帝之一啊！峨嵋槍質地為木槍，九尺七寸，不雜棍法。

其實，如果找下規律的話，除了少林、汉口以外，再除去棍法，峨嵋、石家、沙家、楊家、馬家在槍法的理念上都是一家之屬，本質的不同就是槍式和槍圈的大小而已。

四百年後的現在，上述這些槍家都已分化了，流傳的槍式和技法或少許夾雜於個別現代名稱的門派，或者乾脆失傳了，幸好吳老的書還在，不缺後學的研究！

第七章　楊家槍說

原文

馬家槍身短而法奧。身短，非精絕者不能臨陣；法奧，心粗者不能教學。一軍萬人，安得人人為石敬岩乎？

楊家之法，專為行陣粗人，故槍身加長，槍圈加大，使勇力粗獷者易學。

丈二者，用馬家之手法，而去其精微，加以猛厲；丈八者，用沙家之步法，而去其纏搭，加以劈打。然手法皆圓，不失槍意。

少林，本不知槍法，妄以棍法為槍。程沖斗張大其說，技熟力鷙（音ㄓˋ，勇猛），家富名高，江南翕（音ㄒㄧ，一致順從）然尊信。於是，大封大劈之教，偏（通「遍」）於耳目，而楊家槍法壞矣！苟不有敬岩、真如，人安從識其誤哉？

釋義

馬家槍，槍身短，用法深奧。槍身短，不是既精熟又

絕妙的人無法用於戰陣；用法深奧，對於內心粗蠢的人不能教他學習。一支隊伍萬來人，難道每人都能當石敬岩嗎？

楊家槍法，專門為行伍戰陣中的粗笨之人而設，故而槍身加大長度，槍圈變大，使勇武有力的粗獷士兵容易學練。

丈二槍，用馬家的手法，卻拋去馬家槍手上的精微技巧，加以猛勁；丈八槍，用沙家的步法，卻拋去竿子的纏、搭技法，加以劈打。但手法全是轉圓，沒有失掉槍法的真意。

少林，本來就不懂槍法，妄將棍法移植成槍法。而程沖斗更是誇大自己的言論，熟諳於剛猛的技法，且家族富庶，名望很高，江南學槍者，一致遵從，篤信其說。於是乎，大封大劈的傳授，大肆傳播，混淆視聽，從而使本來的楊家槍法遭受到嚴重的破壞。假如沒有石敬岩、程真如，人們怎能識別出他的錯誤所在？

這裏的馬家槍，指的是石敬岩改造後的馬家槍。

楊家槍是專為粗笨要求速成的士兵而設置的，楊家槍的長度其實是丈二至丈八之間的，短點的就用馬家槍法，長的用沙家竿子法。

程沖斗曾在少林學習了十年，也研究楊家槍，並把楊家槍進行了改動，參見其著《長槍法選》。由於程家的聲望在江南一帶很強勢，故而程所強調的不轉圓的大封大

劈，以及剛勁有力，不講虛實結合，將楊家槍改動得面目全非，失去了楊家槍本來的面目，破壞力極大，甚而對現代的槍法都有著很深的影響，這也是像峨嵋槍、馬家槍很多技巧性難練的手法於現代失傳的原因之一。

楊家槍樣式見圖19。

圖19　楊家槍式

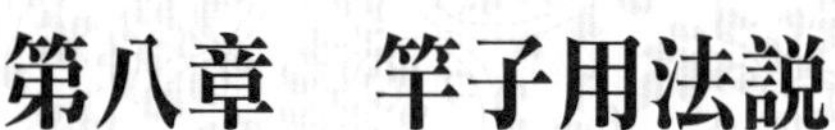

第八章　竿子用法說

原文

槍有根、有胸、有腰、有頭。如丈八竹槍，以根前八尺為腰，腰前六尺為胸，胸以前為頭。硬槍自根至頭皆有力，皆可用。

竹槍之頭虛軟，凡硬槍以頭制勝之法，皆不能用，唯虛搭、虛顛及一戳耳！兩竹槍相對，我槍腰雖硬，適當彼虛軟之頭，終無以用我力，凡所恃以革人者，惟槍胸耳。是以十字步而進，剪刀步而出其間。鳳點頭不過左右拋灑，以眩人目，絕無硬槍「絲環」、「螣蛇」等妙用。

夫九尺七寸，可謂短矣，而自根至尖皆有用。丈八可謂長矣，而惟用其胸間六七尺。是制短者反長，長者反短也！短則槍法自必淺小，故君子不貴之，特為行間兵卒之用，故謂之「騾」也。

釋義

槍有槍根、有槍胸、有槍腰、有槍頭，像丈八竹槍，

將槍根往前八尺的竿段作為槍腰，槍腰往前六尺作為槍胸，槍胸再往前是槍頭。硬槍從槍根至槍頭，都能使出勁來，皆可應用。

竹槍的槍頭虛軟，凡是硬槍用槍頭制勝的技法，竹槍都無法使用，只有虛搭、虛顛和一戳而已。兩方竹槍相對峙，我的槍腰雖然強硬，恰好碰上對方虛軟的槍頭，終究沒有辦法使用我的力量，凡是革開敵人竿子常常依賴的部位，只有槍胸了。因此，要用十字步速進，剪刀步退出敵方攻擊範圍。而竹槍的鳳點頭技法，不過是左右拋灑槍頭，迷惑人眼，絕沒有硬槍緣環、螣蛇等巧妙運用的技法。

九尺七寸的硬槍，可以說太短了，卻從槍根到槍尖全都有用。丈八竹槍可以說夠長了，卻只能用它槍胸那段六七尺的長度。對這兩種規格的槍而言，短槍的攻擊距離反而長，長槍的攻擊距離反而短。短槍槍法的槍圈自然要細密緊小，故而官家或望族（如戚繼光、程沖斗等）瞧不上這類槍法，專門讓行伍間的士卒使用丈八長槍，所以稱其為「騾槍」（楊家槍）。

楊家槍出自沙家與馬家。馬家槍與峨嵋槍尺寸相同，但在槍圈的用法上，峨嵋最極。

沙家竿子樣式見P42圖18。

第九章　槍根說

原文

世人但知用槍頭，而於槍根殊不留意，技藝所以虛浮也！

根、腰、胸、頭四者，猶樹之有根、幹、枝、葉，捨本而逐末，可乎？

敬岩之法，用我之槍根以制我之槍頭，乃用我之槍頭以制彼之槍根，千變萬化，盡於此矣！

所謂以我槍根制我槍頭者，何也？槍頭遠而在外，苟不有以制之，則如跋扈之將不為我用，故必思所以制之。制之有二道：一者器制，二者勢制。

器制者，根重大而頭輕細，其身鐵硬，故運用如彈丸之脫手。

勢制者，如頭在上，則根在下；頭在左，則根在右。其易知者也！惟頭在中而根在下，其理元微，何也？來槍中平，變態繁多，我革之也，必使槍根略低，令槍脅著彼槍脅而下，槍頭直壓彼前手，則彼無能變換，此敬岩、真

如心血也！楊家槍長，沙家槍長而又軟，不能壓其頭，器制之道先失，則勢制之道無所托以行之，是以粗浮不足觀也。

所謂用我槍頭制彼槍根者，何也？用我之槍，理如種植，以根為本，以葉為末；破彼之槍，理如伐樹，芟其枝葉，勢而罔功，一斫根底，則立僵矣！

蓋世人之槍，戳則用直力，革則用橫力，橫、直之力，分而不合，故槍法破碎怗懘（音ㄊㄧㄝ ㄔㄟ，不流暢），不能圓通。敬岩、真如不然！戳中有革，革中有戳，力之直也能兼橫，力之橫也能兼直，其用槍尖，如有鉤者然，能於彼掌中挖而去之。藝技至此，驚猶鬼神也！

世俗之人只知道用槍頭，而在槍根上絲毫不加留意，所以技藝虛浮！

槍根、槍腰、槍胸、槍頭這四樣東西，就好比樹有樹根、樹幹、樹枝和樹葉，拋掉根本而注重枝節，可行嗎？

敬岩的槍法，用我方的槍根來控制我方的槍頭，就可以用自己的槍頭制約敵方的槍根，千變萬化，盡在此中。

所謂用我方的槍根來控制我方的槍頭，為什麼這麼講？槍頭遠離槍根之外，如果控制不住它，就好似專橫暴戾的將軍不能為我所用，故一定要想辦法控制住它。要想控制住槍頭，有兩種方法，其一是由槍自身的規格來控制，其二是以槍勢來控制。

由槍自身的規格來控制，是指槍根重大，槍頭輕細，

槍身鐵硬，故而能運用似彈丸脫手一般。

以槍勢來控制槍頭，如果槍頭在上方，槍根就在下方（如朝天槍勢、泰山壓卵勢），槍頭在左方，槍根就在右方（如攔、邊攔，中平槍槍頭微偏左），這個道理很容易明白。唯獨槍頭在中部而槍根在下方，講求手法靈巧緊密，為什麼呢？

中平槍扎來，形態複雜多變，我革對方槍時，一定要讓槍根略微低些，使槍膂貼著對方槍膂而下，槍頭徑直壓向對方的前手，對方就沒有辦法變化換勢了，這是敬岩和真如的心血所在！

楊家槍長，沙家槍既長又軟，不能夠抑制住自身槍頭，以槍自身來控制槍頭的方法一開始就失掉，那麼以槍勢來控制槍頭也就沒有依托可循，因此楊、沙槍法粗浮，不值一看。

所謂用我方槍頭制約敵方槍根，怎麼講？用我方的槍，道理就類似種樹，以樹根為本，以枝葉為末，攻破敵槍，好比伐樹，先除掉枝葉，槍勢就無法運用，再砍掉樹根，立刻死掉。

世俗凡夫的槍法，戳槍就用直勁，革槍就用橫勁，橫勁、直勁有所區分，不能合在一起使用，故而槍法破碎不流暢，不夠圓滑通順。

敬岩、真如則不一樣，戳法中有革法，革法中有戳法，直勁中兼有橫勁，橫勁中兼有直勁，所用槍尖，好比有鈎子一般，能從敵方掌中挖去槍械，技藝如此，令敵吃驚，以為是鬼神之技！

解析

槍有根、腰、胸、頭，還有腹、脅、背等，吳老表面上以樹喻槍，實際上把槍寫作成有靈性的高人，人槍一體，合而為一，才能控制槍頭，壓制敵槍。

好的槍法，應是直力橫力並行，即扎中有封閉。

中平槍革槍時，槍根要稍低於槍頭，吳老不止一次強調過。

附圖22為根大盈把的馬家槍杆，首選紅牛筋木（牛筋木為吳殳首選，但牛筋木分為紅心和白心，未指明何種。程沖斗於《長槍法選》中亦提到牛筋木，紅心較白心好。至於牛筋木是何物種，至今考據不清），外塗生桐油。

圖22　馬家槍杆

第十章　閃賺顛提說

原文

槍之實際，守則見肉分槍，攻則貼杆深入。「見肉」、「貼杆」，四字心傳也！失此即為偽學。

然此正法也，正而無變，其用不神，故「閃賺」、「顛提」貴焉！

變而貼杆者，閃賺！圈手、滕蛇等是也。

變而不貼杆者，顛提！滴水、紉針等是也。

更有大遠於杆者，則為拖刀、騎龍等。

蓋圈手、滕蛇，緊小鋭進，見肉之革，但能開之，不能勝之。而開之又甚危，故以滴水、紉針、拖刀、騎龍步法闊大者脱其槍尖，而仍以圈手、滕蛇貼杆之閃賺從旁直進，然後得勝。正變互用，大小相資，缺一不可！

夫以大破小，須於彼此皆小時，忽然用大，乃勝。若執大為門牆，特為長技，即衝鬥矣。然此亦楊、馬之法也。峨嵋意不在此，折衝樽俎，不戰而屈人之兵，真如親受之普恩，而敬岩與之暗合。

釋義

槍實際應用時，防守須見肉分槍，進攻須貼杆深入，見肉、貼杆四字，心血之傳！沒有這四字心傳的槍法，即是偽槍法。

然而，這是槍的正規用法，正法如果不變化，應用時就不夠神絕，故而閃賺和顛提尤顯重要！

槍經變化而貼緊敵杆扎入的，是閃賺，包括圈手、螣蛇槍等巧法。

槍經變化不需貼緊敵杆就扎入的，是顛提，包括滴水、美人紉針等槍勢。

還有大大遠離敵杆扎入的，則是拖刀、騎龍等勢。

圈手、螣蛇，強調手法緊密微妙，疾速扎入。敵槍扎近我身，只能革開敵槍，不能取勝。且開槍又特別危險，故而先用滴水、紉針、拖刀、騎龍等步法闊大的槍勢避開敵方槍尖，爾後再用圈手、螣蛇手法貼緊敵杆閃賺，從側方直進，然後方能取勝。正法和變化互為使用，闊大槍勢和小巧手法互相輔助，缺一不可！

用闊大槍勢來擊破小巧手法，要在雙方都用小巧手法時，忽然用闊大槍勢，才能取勝。如果拿闊大槍勢當作槍法的門徑，特以此作為崇尚的技法，那就變成衝鬥嘍！然而，這也是楊家和馬家的技法。峨嵋的理念絕不在此，不需武力即能宴飲取勝，不用出戰而使敵兵屈服！真如嫡傳自普恩禪師的槍法，而敬岩與真如的理念暗暗相合。

閃賺與顛提缺一不可，是此篇的重點！

如圖23，若敵圈裏發槍，要在槍尖近我身一尺時才能實施封或反閉的動作。如敵圈外發扎，要讓敵槍尖扎到我身後三尺時，方能實施閉的動作。為此，要避開敵方槍尖，就必須根據情況採用滴水、騎龍等勢中闊大的步法或動作，用小巧手法纏住敵槍後，才貼杆扎入。

這是種非常難練的技巧，不用上幾年甚至更長的時間，很難練出來，這需要有悟性高的陪練經常餵槍訓練，也就是吳老講的封閉戳扎熟練後進行連環訓練。速成者多數都選擇了楊、馬或沖斗的槍法，大封大劈，槍圈加大，注重槍勢，扎槍猛利，一旦被敵方定住槍杆，由於手上巧法從無精練，就會無計可施，最終敗北。

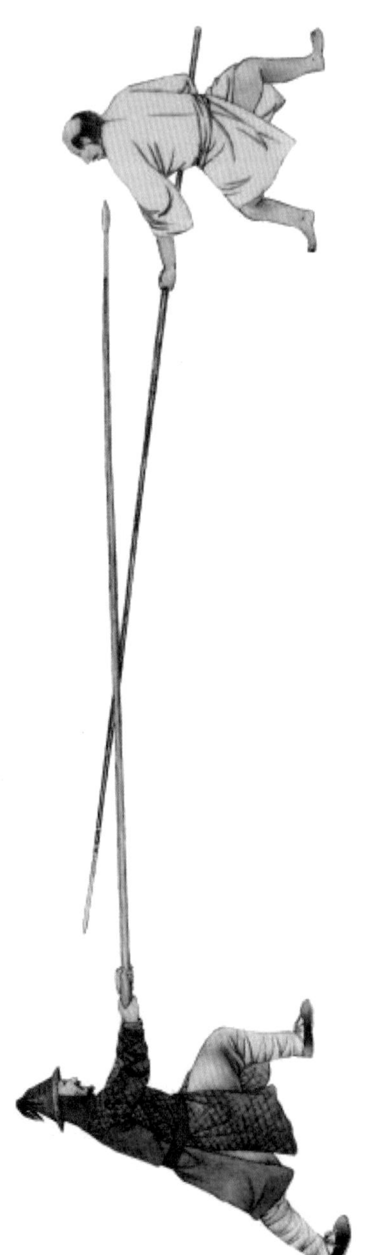

圖23　革殺

圖23注：左為戚家軍士兵，據《紀效新書》繪。右為倭寇，據《抗倭圖卷》繪。

第十一章　脫化說

原文

東坡論文云：「少時須五色絢爛，漸老漸熟，乃造平淡。」言脫化也，惟槍亦然！

初時戳革，務使重實闊大，三四年後，漸漸為輕虛緊小，則體用皆備。初時不重實闊大，為無體，無以臨陣；後來不輕虛緊小，為無用，技不造極，游場受侮於人。

然脫化實有門焉！

初時鋒影圓者，其闊大重實，可以漸收為輕虛緊小。鋒影若作人字形，則愈精熟，愈闊大、愈重實，雖欲脫化，不可得也！

敬岩貴輕虛，真如貴緊小，皆以圈為脫化之門。沖斗不圓，是以老死於重實闊大，雖於秣陵見敬岩而憮然自失，亦終無以改其故轍也。

釋義

東坡居士談論做文章時說道：「年輕時寫作文章，文

辭要華美多彩。隨著人的閱歷成長，再做文章就漸趨成熟老練，最終歸於平淡。」這是說脫化，槍也是一樣。

最初練戳革，要使槍勁猛厲，真扎實革，使槍圈壯大。三四年後，慢慢變作輕靈詭巧，使槍圈緊密微妙，則槍之根本與作用都充分得到發揮。開始不槍勁猛厲，真扎實革，槍圈壯大，是沒有根本，無法上陣；後來不輕靈詭巧，緊密微妙，是沒有作用，技藝不精純，到了游場就會受人欺侮。

然而，脫化其實是有途徑的。

起初槍尖轉動的影跡呈圓形，槍圈壯大，槍勁猛厲，真扎實革，可在此基礎上慢慢收作輕靈詭巧、緊密微妙。如果槍尖的運轉影跡呈人字形（向右大力直劈敵杆使之至地，為大封；向左大力直劈敵杆使之至地，為大劈。大封大劈的軌跡連起來，是人字形，即棍勢），那麼越是練的精練的熟，就會越壯大越猛厲，即使想要脫化，也無法達到目的。

敬岩的槍法貴在輕靈詭巧，真如貴在緊密微妙，都是以槍圈下足功夫作為脫化的途徑。沖斗的槍技不崇尚圓，故至死仍是猛厲壯大，就算在秣陵見到敬岩，驚訝之際卻恍若有失，也畢竟無法改掉其故有的路數了。

開始練戳革，要圓而闊大重實，三四年後，漸收作圓而輕虛緊小，是此篇的中心。開始如卵大，呈橢圓形，隨後如銅錢大，呈圓形，可貼杆纏繞而入，即脫化成矣！

第十二章　短降長說

原文

世人輕言以短降長，余不敢言，又不敢不言。不敢言，為其無萬全必勝之道；不敢不言，為其有不得已而用之之時。

夫我槍九尺七寸，彼槍二丈四尺，若彼單殺手來，我可一革竟入。若彼半虛半實而來，我欲拿攔，則煩動自搖，欲竟進，則彼槍正活，豈有萬全必勝之道？正如兩陣相遇，事不如己，則亦有降長之法焉。此無他，拼命得活而已。

蓋長之所以制短者，用其虛也。然遠則可以用虛，近則不得不實。我直進迫近彼槍，使彼不得不實發，實發則不過單殺手，我可以一革竟入矣。迫近彼槍，乃田州土司瓦氏女將雙刀降槍之法，而余移之於槍者也。雖然此時彼實進，則我幸矣！若彼能虛退，何有萬全？但兩陣相對，必無虛退之槍耳！

世間庸師隨意講授短槍降制長槍的技法，我卻不敢講，又不敢不講。不敢講，是因為沒有萬全必勝的把握；不敢不講，是由於確有不得已而用短制長的時候。

我的槍長九尺七寸，敵槍長二丈四尺，如果敵方單殺手扎來，我可以一革開就整條扎入。如果敵方半詭半真扎來，我想拿、攔敵槍，卻因敵槍晃動擾亂我心，使自己的槍也隨之亂搖。

想整槍扎進，而敵槍正處靈變之態，哪有萬全必勝的把握？就好像分別持長短械的兩支軍隊碰到一起，由不得自己不戰，那也就有了短降長的辦法。這其中沒什麼奧妙，只有拼命才有可能僥倖不死罷了。

長槍所以能壓制短槍，是應用長槍的詭詐。但是距離遠可以使用詭詐，距離近卻不得不實扎實革。我直接進步，以身體逼近敵方槍尖，使敵不得不真扎，真扎不過乎單殺手，我方可以一革開杆就整槍扎入了。

逼近敵槍，是田州土司瓦氏女將用雙刀降制長槍的辦法，而我將其移至槍法中來。即便這時候敵槍真的扎進來，那麼，我還要靠運氣啊！

如果敵方能夠詭詐退卻（迴龍槍），我還能有萬全之身的可能嗎？但是，兩軍戰陣相對峙，肯定是沒有詐退的槍了！

這篇寫得很實際，現代也有很多胡思亂想的短降長的辦法，而真正使用時，短械多數敗北。兩個水準相當的人，短降長，要撲身長器，逼敵實發，才能僥倖贏敵，完全是靠運氣。

第十三章　臨陣兵槍說

臨陣者，戚少保所謂「千百人成列而前，一齊擁進，轉手皆難」者也；兵槍者，教之易解，學之易能，用之易效者也。

沖斗云：「臨陣無過大封大劈，此時人心惶遽，唯有槍擊地而已。」「大封大劈」甚類擊地之常情，而借地勢激起，易以發戳也。

至於數十槍手截路守伏，行列疏寬，可以轉退出入者，則有沖斗所云「進退鬥殺，以鳳點頭為最疾。如敵人敗走，我將槍頭點地，或閃左或閃右趕進，將近戳之。彼若革開趕來，我將槍頭拖拉點地，退走離開，即有救手」。余謂此比前進一階矣！

更近乎此，則教以「顛提」，沖斗云：「圈裏戳去，於彼拿時我槍轉至圈外著之。」余謂此更進一階矣！

人能熟習「大封大劈」，必勝之兵也；能「鳳點頭」，選鋒之兵也；精於「顛提」，臨陣必勝之鬥將矣！

冲斗論槍，遠勝《紀效新書》也！

所謂臨陣，即戚繼光將軍所講千百餘人成隊列向前齊步擁進，掉轉手臂都非常困難。而兵槍，教給士卒容易明白，習練容易掌握，使用容易見效。

冲斗說：「臨陣不過乎大封大劈，這時人心慌亂恐懼，僅能用槍打地罷了。」大封大劈特像以槍打地的常見情形，而借打地之勢將槍迅速繃起，以便借此發扎（即雞啄粟，鐵牛耕地、直搗碓與此類似）。

至於幾十名槍手截斷路徑蹲守埋伏，隊形寬鬆，可以輾轉退卻進出的情況，則像冲斗所說：

「進退拼殺，以鳳點頭最為迅疾。如果敵人敗逃，我將槍頭微微指向前方地面，使槍尖或晃左或晃右追刺（即鳳點頭），將要迫近敵身發槍扎下（意指從後追趕，先以鳳點頭戳刺敵持械之手）。敵人如果革開我槍迅速扎進，我將槍頭一拖一拽，槍尖朝向地面，向後跳離其攻擊範圍，即能救護我持槍之前手（即白猿拖刀勢）」。

我說這比大封大劈前進了一個層次。

與此特接近的槍技，還要教給士卒顛提之法，冲斗說：「我槍向敵圈內扎去，在敵拿我槍的時刻，我的槍忽然轉到敵之圈外刺及其身（即穿袖）。」

我說這比鳳點頭又進一層次。

人能夠熟練大封大劈，即可成為必勝之兵。能夠掌握鳳點頭，即可選作精銳之兵。能夠在顛提上精熟，即可榮

任臨陣對殺的鬥將（兩軍勇將單挑，即鬥將）。

沖斗談論槍法，遠勝於《紀效新書》啊！

此篇是吳老對沖斗槍法作為臨陣兵槍的肯定，大封大劈、鳳點頭、顛提，由低到高的三個層次，針對兵槍而論，掌握這三類技法，在軍隊中是足夠應用了。但比之石家槍、峨嵋槍，由於缺乏手法上的輕虛緊小，還是相對粗疏。

第十四章　古論注

原文

上游場，撥草尋蛇上；下游場，秦王摩旗下（此雖古法，今不必也）。

一截（程真如有截法，見「行著」）、二進（鐵幡竿勢中有此語）、三拿（見革法）、四纏（即纏槍）、五攔（見革法）、六直（見闖鴻門勢，槍頭、槍根、前肩、後肩、前腳、後腳皆直，為六直）。

大游場秦王摩旗（即前意），鐵掃子，逼無路（見行著），裙攔槍（即跨劍勢）。

伏虎槍，地蛇槍破（解見本勢）；盡頭槍，中平槍破（解見本勢）。中平槍，槍中王（諸法皆從此出，又能破諸勢也），高低遠近多不妨（高來有勾、剔等勢，低來有提、擄等勢，遠謂闖鴻門、迴馬在遠作勢子者，近謂梨花、騰蛇深入逼我者）。高不攔、低不拿，中間一點難招架（所以平日只練拿、攔也，此句言革法）。去如箭，來如綫（此句言戳法）。指人頭，扎人面（泛言哄誘）。圈

裏搭，圈外看，圈外搭，圈裏看（所以防閃賺、顛提也），高低遠近多看見（看見故不妨）。你槍扎，我槍拿（常道也），你槍不動我槍扎（不動謂立勢把守，扎謂梨花等，非直戳也）。

槍是纏腰鎖（余注此篇，專為此句，將以為敬岩、真如之證據也！夫拿、攔而槍根稍起，則全體皆浮，彼之變弄百出矣。必槍根低於槍頭，而後全體堅實，不困於閃賺、顛提，即以我槍頭制彼槍根之理也。纏腰只是正勢，言其變或當毛際或著腳面耳。沖斗大封大劈，槍根當胸矣，其謬可知），先扎手和腳（扎手謂制其槍根，扎腳謂制其影手步等），扎了手和腳，閉住五等都路口。他法行，隨法行（脫化盡者，方合此語，東坡所謂江至石鐘山而奇出也）。中平六路總，變化有多般（六路謂左右各有上中下也）。疾上又加疾，扎了還嫌遲（隨法行者能疾，稍有意為之必遲）。

槍有三件大病：身法不正，是一大病（著著有身法，工夫純粹，嚴師琢磨，方免此病）；當扎不扎，是二大病（不能隨法行也，余深恨之！曾見敬岩，故自恨也）；三尖不照，是三大病（上照鼻尖，中照槍尖，下照腳尖）。

此篇為吳老親自對「古論」作的注解，可謂言簡意賅，詳盡明瞭。

我方處在游場中較高的地方，持槍進步要用撥草尋蛇手法；我方處在游場中較低的地方，持槍退步要用秦王摩

旗手法（這雖然是傳統方法，但現在沒有必要這樣做）。

【解析】

游場源於狩獵場，山林草地，凹凸不平。在游場中與人比槍，我方如處在高位置，想進步，就必須用撥草尋蛇手法防守，因為敵方位置比我方低，其首選扎我膝腳。我方如處在低位置，想退步，就必須用秦王摩旗手法防守，因為敵方位置比我方高，其所發的槍都是奔我中上部而來。吳老說現在沒必要這樣做的原因，意指現在的游場不像過去高低不平的游場，而是專業化的平坦場地了。

一用截槍（程真如有截槍之法，參見行著）、二上步（鐵幡竿勢中有這個詞）、三用拿法（參見革法）、四用纏法（纏槍）、五用攔法（參見革法）、六樣都直（參見闖鴻門勢，槍頭、槍根、前肩、後肩、前腳、後腳都直，稱作六直）。

【解析】

按程沖斗《長槍法選》及《紀效新書》，一截二進三拿四纏五攔六直，兩人對練的話，即稱作六合槍。現代對於六合槍的解釋五花八門，很多人不知道它的真正意思。

在闊大的游場裏比試，要用秦王摩旗手法防守（即前面的意思），然後可用鐵掃子、逼無路（參見行著）、裙攔槍（即跨劍勢）。

【解析】

與敵距離遠，不得不用秦王摩旗，可防可攻，半虛半實，以便變化各勢。

地蛇槍可破伏虎槍（地蛇槍勢中有解法）；中平槍可破盡頭槍（中平槍勢中有解法）。中平槍，是槍中之王（各種槍法都從此勢變化而出，又能夠擊破各個槍勢），高槍、低槍、遠槍、近槍多個方向扎來也無所謂（高槍扎來，有勾、剔等革法防護；低槍扎來，有提、擄等革法防護。遠槍指的是像闖鴻門、迴馬槍在距離我遠的地方做出的槍勢，近槍指梨花擺頭、騰蛇槍深入我防守範圍，槍尖逼近我身）。

敵方高槍扎來，不必攔它，低槍扎來，也不必拿他，此時我只發中平槍還擊，敵方自然無暇招架（由此可知，平時要重點習練對中平槍的拿、攔，這句說的是革法）。

槍要如箭般戳出，像綫般收回（此句說戳法，速去速回，滾轉扎出才能似箭，原路收回才能使影跡不斜似綫）。

槍尖指向人的前額，實際上扎在人的側臉（大意指哄騙誘擊，即串槍）。

我槍搭上敵圈裏發的槍，要注意圈外，我槍搭上敵圈外發的槍，要注意圈裏（其原因是防止敵方閃賺、顛提），高槍、低槍、遠槍、近槍，不同方向的槍都要顧及到（能夠注意到才無所謂）。

你發槍扎我，我用槍拿你槍（常用辦法），你的槍一不動，我的槍立即就扎（不動是指你立某個槍勢進行防守，扎指的是梨花擺頭的閃賺扎法，並不是直接戳）。

槍根是貼腰之鎖（我寫這篇文章，專為這句以作說明，以此作為敬岩、真如槍法的證據。拿、攔敵槍時，槍根稍高於槍頭，就會整體輕浮，而敵槍的百般變化都會借

此而出。一定要使槍根低於槍頭，才能整體堅實，不會為閃賺、顛提所困，也就是用我的槍頭來壓制敵方槍頭的道理。槍根貼腰只是標準的姿勢，這句話還指槍在變化中，槍根可擋住下陰或附在腳面以作防護。沖斗崇尚大封大劈，將槍根把在胸前，可見他有多麼荒謬），先扎敵方的手和腳（扎手是說控制敵方的槍根，扎腳是防範敵方使用影腳步等步法），扎了敵方的手和腳，也就阻斷了敵槍想扎我四肢和軀幹的意圖。

不論敵方用什麼方法扎我，我都隨著他的方法進行還擊（槍技完全脫化的人，才適用這種說法，就像東坡居士描繪的江水行至石鐘山，各般奇妙突現其間）。

中平槍涵蓋了六條路徑的槍法，變化繁多（六條路徑，指左右各有上、中、下三槍）。快上加快，扎完還嫌慢（隨敵之法而扎的，能夠快上加快，稍微猶豫必然慢）。

練槍者，常常存在三大弊病：

身法不標準，是第一大弊病（每招每式都有身法，平時訓練要規範，師父要嚴格調教，才能夠根除這一弊病）；

該扎時不扎，是第二大弊病（不能夠隨著敵槍之法而扎之，我深感遺憾！曾見到敬岩用此法十分純熟，故而自己感到慚愧）；

三個尖不相互對應，是第三大弊病（上面要對應鼻尖，中間要對應槍尖，下面要對應腳尖，即鼻尖、槍尖、前腳尖在同一垂直面上）。

第十五章 二十四勢圖說

原文

二十四勢說

行槍不可有勢，勢乃死法，存於胸中，則心不靈矣！況勢遇莊（「妝」的意思）家則得益，遇會家則受損。古訣云「他法行，隨法行」，正謂此也。

馬家槍本帶棍法，其所作「二十四勢」，惟「上平」、「中平」、「下平」於立身處不期而然必合一勢。「獻爪」是扎法，「擺尾」是躲法，「滴水」以降長禦眾，「騎龍」、「紉針」以左右轉換，「轉角」以救急，「摩旗」以嘗試，「鴻門」中有抛梭槍手法。此十一法，皆是槍法所常用。余若「鐵牛」、「地蛇」、「拖刀」或可一用，外此則皆棍勢，於槍無干。但其傳已久，人將謂「別有長處」，故留之卷末，使學者見之，知所取捨云。

釋義

使用槍不能夠依賴於擺姿勢，姿勢是死的，如果長存

於胸中，那麼打心眼裏槍就不可能靈活多變。況且依賴於姿勢，碰到半吊子的槍師可能占到便宜，但遇到技術高深的槍家就會受到傷害。古話曾說「不論對手以何種方法用槍，我都能隨他的槍法而變化」，正是說的這一點。

馬家槍本就夾帶棍法，馬家槍的二十四勢圖中，只有上平槍、中平槍、下平槍從站的樁架上看，很自然地可合成為一個姿勢。青龍獻爪是扎法，蒼龍擺尾是躲法，滴水勢為了降制長器、抵禦多槍，騎龍勢和美人紉針以左右轉換步法為特點，白牛轉角為了緊急情況下救護前手，秦王磨旗是為了試探敵方，闖鴻門勢中有左右拋灑梭槍的手法，這十一種槍技，都是槍法的常用招式。其他的像鐵牛耕地、地蛇槍、白猿拖刀偶爾可以用一下，除此之外都是棍的姿勢，跟槍沒有關係。

但馬家槍流傳很久，有的人說「別有長處」，故而留在本書卷後，使後學之人看罷，知道有所取捨。

子勢圖及解

四夷賓服勢

槍尖在左，開前門（見圖24）。

古訣云：「乃中平槍法，作二十四勢之元，為六合之主。」六合乃馬家槍名，足知二十四勢馬家法也，是以峨嵋不言。此妙變無窮也！

跨劍開圈外門，此開圈裏門，二勢相對。

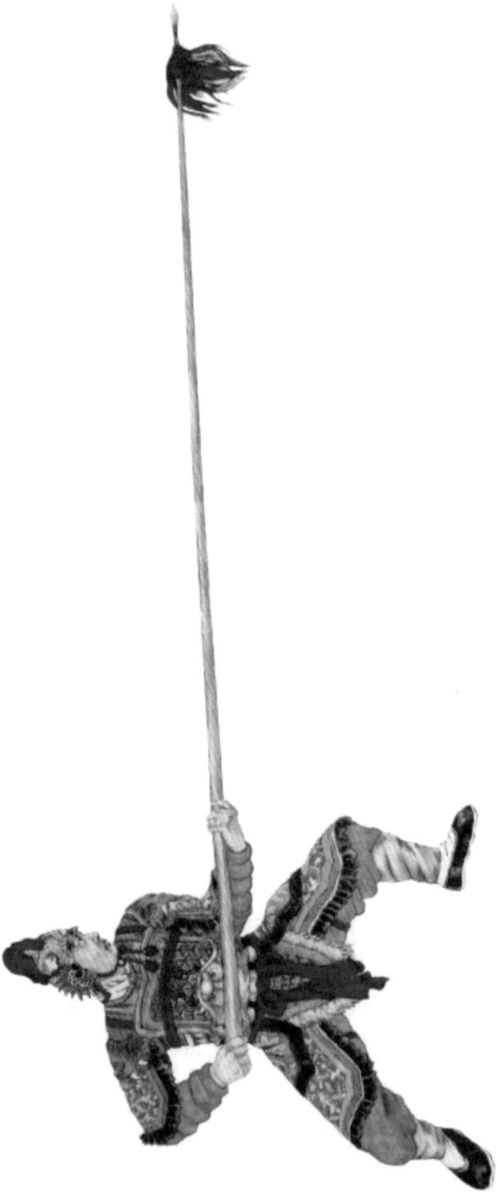

圖24　四夷賓服勢

圖24注：盔甲參考《武經總要》步人甲繪。

此勢雖正，然實畏「下平」，何況「月兒側」、「騰蛇槍」，所以不得不變。

古論云「盡頭槍，中平槍破」，謂戳其虎口。

孫子曰：「我不欲戰，雖畫地而守之，敵不得與我戰者，乘其所之也。」「中平」備諸變勢，乃為「乘其所之」，「死中平」一無所用。

四夷賓服勢，槍尖在左邊，敞開前邊門戶（故意露出右邊身體引誘敵扎）。

古槍訣講：「屬中平槍法，是二十四勢的核心，又是六合槍的主要姿勢。」六合槍是馬家槍的稱呼，足以知曉二十四勢是馬家槍法，故而峨嵋槍不提六合二字，此勢妙變無窮。

跨劍勢敞開的是圈外門戶（左邊），此勢開放的是圈裏門戶（右邊），兩個姿勢中，兩根槍是相對的（都是左腳在前，右腳在後，左撇子除外。四夷勢槍尖稍指向左，跨劍勢槍尖稍指向右，相對而站，只有槍是對著的）。

這個姿勢即使擺得再正，而實際上害怕下平槍，何況月兒側、騰蛇槍？所以不得不進行變化。

古論說「中平槍可破盡頭槍」，是說戳刺持槍前手虎口。

孫武子說：「我不想決戰，即使隨便占領一個地方進行防守，敵人也不能迫使我軍決戰，那是因為我們設法改變了敵人的行動方向。」中平槍可藏匿各種變化槍勢，正

所謂改變行動方向。死板的中平槍，沒有一點用處。

中平槍，乃槍中之王，一切槍勢變換及手法轉化的基本，套用拳法的術語，即樁架，必須勤奮練習。

指南針勢（見圖25）

古訣云：「乃上平槍法，其類近乎中平，而著數不離六合之變。有心演悟，二十四勢可破其半。」

大抵短降長，槍頭宜高，誘其「單殺手」來，我倒下槍頭，變為「滴水」，後踮步而進，勝矣。

此勢及「朝天」、「壓卵」、「護膝」用法皆同。若彼用「梨花」、「螣蛇」、「降槍」等虛法，則困我矣！

沖斗云：「頭高則犯拿攔，低則犯提擄。摩旗勢槍稍高，誘彼拿攔，我即閃賺花槍扎入。」此說宜在「上平」，若以解「摩旗」，誤也。

古槍訣講：「屬上平槍法，跟中平槍有些相近，但招數沒有離開六合槍的變化。有心思演練、領悟此勢的話，二十四勢裏的其他姿勢也就熟悉了一半。」

大多數情形下用短槍降制長槍，槍頭應該高些，引誘

圖25 指南針勢

圖25注：盔甲參考《武備誌》唐猊鎧繪，推測為皮甲，適用於步兵、騎兵。

長槍以單殺手扎來，我低下槍頭，變作滴水勢（用提、擄，敲起發扎，即海馬奔潮），後腿從後向前腿蓋步，帶動前腿上步，即能取勝。

此勢與朝天槍、泰山壓卵、護膝槍勢的用法完全相同。如果敵方用梨花擺頭、螣蛇槍、降槍等詭巧的扎法，那麼我就犯難了。

沖斗說：「我方槍頭高，易被敵方拿、攔，槍頭低，易被提、擄。秦王磨旗勢槍頭稍微高些，引誘敵人拿、攔，我即可用閃賺等花槍扎進敵身。」這種說法應該針對上平槍而言，如果用來解釋磨旗，就錯了（吳老意指磨旗不只存在於上平，中平、下平也能用磨旗。磨旗其實跟姿勢無關，因為是虛槍，所以妙在手法）。

十面埋伏勢（見圖26）

古訣云：「乃下平槍法，門戶緊於上平，機巧不下中式，精於此者諸勢可降。」

沖斗云：「彼立中平，我即立此勢，以槍入彼槍下，可拿即拿，可攔即攔，革開發戳，彼不能守待矣。」此語為得法。

此勢本以驚中平，彼若「蜻蜓點水」，我不得不變「滴水」、「紉針」，皆下平之勢。

訣云「十面埋伏」，言「虛變」多也；「門戶緊於上平」，言不受「虛變」也；「機巧不下中式」，言「提、擄」之用也。「提、擄」可破下平，而下平「逆敲」又可

圖26　十面埋伏勢

圖26注：盔甲參考《出警入蹕圖》繪，適用於騎兵。

破「提、擄」，速者勝。下平「滴水」，後手以次而高，槍頭以次而下。

棍勢二十四，有立下即是者，此三勢是也；有用而後成者，「獻爪」、「擺尾」、「騎龍」、「紉針」是也；有擺出以誘人者，「拖刀」之類是也。立下即是者，槍豈能離之！用而後成者，槍雖無意於勢，勢自隨槍而成！擺以誘人，棍也，槍無是事！以此三條，斷盡天下古今槍式、諸家槍法。

此種勢在我本無用處，而敵有用之者，故不可不知。

古槍訣講：「屬下平槍法，需防守的門戶比上平槍要緊密，暗藏的詭詐不遜於中平，精通此勢的人能夠降制其餘各種槍勢。」

沖斗說：「敵方擺出中平勢，我立即擺出此勢，將槍扎入敵方槍下，能拿就拿，能攔則攔，將敵杆革開既而發扎，敵則無法防禦。」這句話說得很對。

這個姿勢本就為了驚擾中平槍，敵方如果用蜻蜓點水（即槍頭點我前手），我不得不變成滴水勢或美人紉針勢，都是下平槍的姿勢。

所謂十面埋伏，是說我槍詭詐多變；門戶比上平槍緊密，是講不能為使我槍詭詐多變就忽視了對空檔的防守；詭詐不遜於中平，是說提、擄在下平槍的應用不比中平槍裏少。提、擄可以破下平槍，而下平槍逆戳又可以破解提、擄，誰動作快誰能勝。下平槍中用滴水勢，持根的後手要視敵槍由遠及近隨之提高（敵槍尖扎來越近，我後手則提的越高），槍尖也隨之直指地面（敵扎的越近，我槍尖與地面的角度越來越大）。

棍勢二十四圖，有一擺開姿勢就能達到目的的，即上平槍、中平槍、下平槍三個姿勢；有先用一個姿勢再用一個姿勢才見成效的，即青龍獻爪、蒼龍擺尾、騎龍和美人紉針（參見吳老所述《槍法圓機說》）；有故擺姿勢來誘敵的，比如白猿拖刀等勢。一擺開姿勢就達到目的的，槍法怎能與此背離！先用一個姿勢再用一個姿勢才見成效的，用槍雖然不崇尚姿勢，但姿勢卻隨著槍的使用自然成形。故擺姿勢來誘敵的，是棍法，用槍不應存在這樣的情形（他法行，隨法行，才是槍之本意）。

就憑上述這三條，就可判斷出天下從古至今槍的規格及各家槍法的面貌。

這種槍勢對於我來講根本沒什麼用，但對抗中有人用到，故而不能不知道。

蒼龍擺尾勢

古訣云：「乃綳退救護之法，雷轉風回，驚破梨花閃賺。」

此勢有二用：

身不大倒後者，後跕步進敵者也（見圖27）；

身大倒後、胸著右膝者，脱「螣蛇」、「梨花」等凶槍及救圈外敗槍者也（見圖28）。

圖27　蒼龍擺尾勢一

圖27注：盔甲參考《出警入蹕圖》繪，適用於騎兵。

圖28　蒼龍擺尾勢二

圖28注：盔參考《武備誌》繪，緝甲參考《紀效新書》繪，適用於步兵。

無故作此勢，若「單殺手」來，我綳起即勝。若後踮步進右足，釘我之前足，便立不起，敗矣，速退猶可。

沖斗云：「倒身向後作敗勢，槍來我即回身拿開彼槍戳之。」此「拖刀」之「迎封接進」移於「擺尾」，但可對「單殺手」，何以解「釘膝」？又云：「回身右足推向前，便成騎馬。」敵人側亦不算釘膝者也。

「換」法亦在此勢中救戳腳，即「吃槍還槍」也。

古槍訣講：「屬綳槍退步、救護敗槍的槍法，如霹靂般掉轉槍頭，如疾風般回身還扎，即使敵用梨花擺頭等閃賺技法，也可使其驀然慌亂，即刻破解。」

這個姿勢有兩種用途：身體向後傾的角度不大，要用後踮步向敵進擊；身體向後傾得很厲害，並且胸部都貼在右膝蓋上了，可以躲避螣蛇、梨花擺頭等凶槍，並能夠解救圈外的敗槍。

沒來由地擺這個姿勢，如果敵方用單殺手扎來，我將敵槍綳起就能還扎取勝。如果我用後踮步，邁進右腳的同時，敵槍突然釘住我左腳，我無法站立，也就敗了，這時我能做的也只有向後迅速退出。

沖斗說：「身體向後傾，故意做出敗的姿勢，敵槍扎來我立刻回身拿開敵槍再刺扎。」這是將白猿拖刀中的迎封接進移植到擺尾裏，只能對付單殺手，又怎能破解敵方對我的釘膝？沖斗又說：「回身後，右腳向敵方推進，便成騎馬勢（即騎龍）。」我成騎馬勢後，敵人恰在我側

面，其對我膝的戳扎也不能算作釘膝了。

槍法中的換，也可在這個槍勢中使用，用於解救戳腳，即所謂吃槍還槍。

青龍獻爪勢（見圖29）

古訣云：「乃孤雁出群槍法，勢勢之中，著著之內，發槍扎人，不離是法。」

練時須後手出至前手之前，前手只伺於後手下。尤或救不及，前手灑向後過也！筋骨方直，至於實事，只用八分，欲其深，足稍進可矣！此敬岩、真如秘奧。

沖斗以「活綳對」等為此勢救手，總是手太猛、足不進耳！

戚南塘謂此為「孤注棄槍」，真是門外漢語。

短器皆有破「單殺手」之法，不可不知！沖斗云：「前手放時後手盡，一寸能長一寸強。」在練則可，在破未然。

古槍訣講：「屬孤雁出群槍法，每個槍勢中，每招之內，出槍扎人，都沒有脫離這個技法。」

練習時須後手伸到前手前，前手只能置於後手下，其原因是怕前手向後甩得幅度太大，一槍扎敗，從而來不及使前手接杆以救後手。整個身體要正要直（吳老意指身體

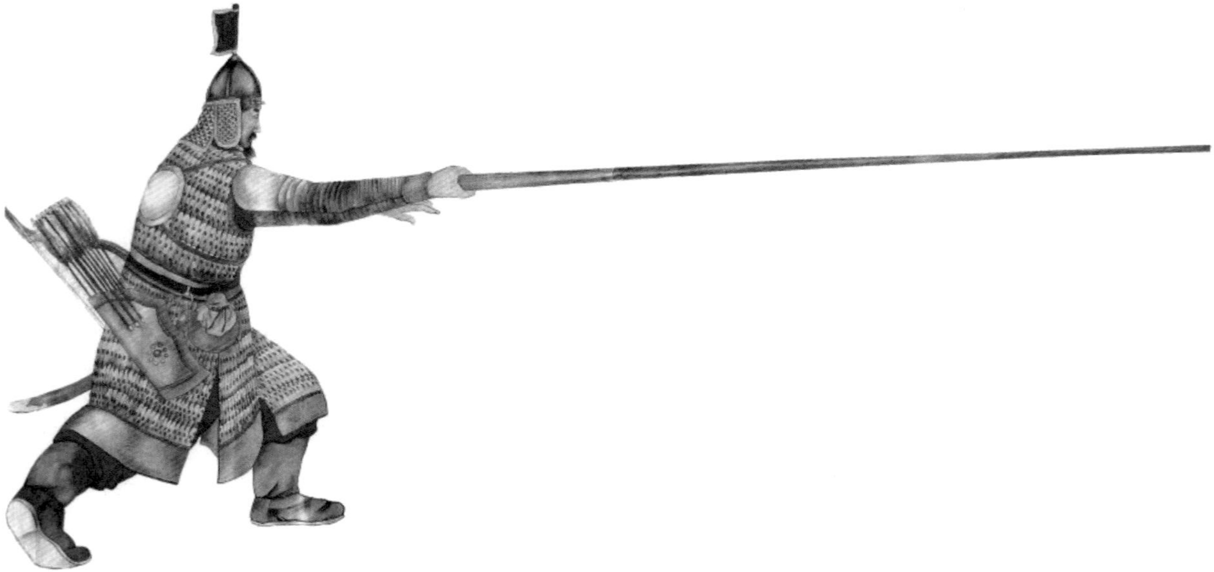

圖29　青龍獻爪勢

圖29注：盔甲參考《武備誌》繪，適用於騎兵。

如果過於前傾，一旦被敵革入，就無法後退跳出以救敗槍），實戰時只用八分力，想要扎得深入，前腳進一小步、後腳跟進即可（類現代拳擊之滑步，進退迅速）。這是敬岩、真如的秘法。

沖斗用活綳對退槍為這個槍勢的敗槍解救後手，這是由於扎時後手出得太猛，而腳不進步（戚繼光說此勢不進步是楊家槍的弊病）。

戚繼光說這招是孤注一擲的棄槍，真是門外漢的說法。

短械都有破解單殺手的方法，不能不知曉。沖斗說：「前手向後甩的同時，握持槍根的後手要完全抻直胳膊，一寸長，一寸強。」這種說法在練習時是可以的（吳老也說過，練習此勢時要用十二分的力氣，將槍全力扎出，但實用時不能這樣做，因為這招的風險太大，尤其是在游場），在破解敵槍時是不一定成立的。

原文

滴水勢（見圖30）

古訣云：「乃是提顛之法，順手鳳點頭。披撲（披，擊、拿也；撲，打也）中取巧，進勢用騎龍，出可綳退勇。若還破低槍，難同伏地槍，百發百中。」

「顛提」者，手一「提」即「顛」起，而左右換勢也。

「鳳點頭」即槍尖左右拋灑者是也。

「騎龍」此勢變而之右也，「顛提」中事。

圖30　滴水勢

圖30注：盔甲參考《武經總要》步人甲繪。

「伏地槍」大意同「卷」。

凡低來槍有二勢，皆戳虎口：一者平來，一者蹲身，而槍尖高，皆以「伏地勢」革之。彼持勢嚴固，我欲動之，須左右換勢而疑彼槍尖，故必淺戳之，俟彼拿攔，我即以「滴水」手法換左換右也。

此勢後手陽仰過頭。後踮步於圈裏進，槍頭「提」至彼前手，即勝；或於彼槍半帶「擊」帶「擄」；插下至地，剪步跳入。皆破「地蛇」之法。

此勢拗步即少林棍之「飛天夜叉」。

此與「紉針」持久，即為「虎口槍」所破。

「下平」花槍，此可破之，防其「逆韼」。「逆韼」彼此皆有，疾者勝。

「滴水」可革「子午」、「騰蛇」，疏破緊也。

「滴水」合「跨劍」，即「海馬奔潮」。

「朝天」、「壓卵」變「滴水」，「滴水」變「伏地」，「伏地」變「地蛇」，「地蛇」變「白牛」，「白牛」變「中平」、「跨劍」，皆自然之理。

古槍訣講：「屬顛提槍法，滴水過後，順手就用鳳點頭反擊。擊打中討巧，進步用騎龍勢，退出要敢於使用繃退槍。如果還擊破解敵方扎來的低槍，可用滴水勢和伏地槍配合，共同困敵（即海馬奔潮），定能百發百中。」

顛提的意思，即手一提完敵槍，隨即脫開敵杆或拿或扎，從而左右換勢（靠後踮步和騎龍步左右轉換，後踮提

為滴水，騎龍提為伏虎）。

鳳點頭，即槍尖或左或右拋灑（又名蜻蜓點水，以槍尖點扎敵手）。

騎龍勢，即此槍勢的後腿向右上跨進（左撇子相反），所謂顛提中的右換勢。

伏地槍大致意思跟卷槍差不多（卷，即蹲坐而拿）。

凡是低處扎來的槍有兩種姿勢，都得戳其虎口。一個是槍杆平行地面扎來（即兩手垂下，左臂緊貼肋部，左撇子相反，蹲著身子，即地蛇槍），另一個是蹲著身子扎來，但槍頭稍高（所謂昂頭槍，即螣蛇槍），都得用伏地勢（即大蹲坐而拿）革開其槍。敵方防禦嚴謹牢固，我想移動（此時無法正面進槍），必須左右變換姿勢才能得手。這就要讓敵之槍尖不明白我的意圖，故而我革槍後隨即淺扎，等敵正在拿攔我槍之際（我淺扎，敵無法拿攔至我前手），我就可以用滴水的手法提擄敵杆（此時手法很重要），或換左或換右勢而戳其虎口了。

這個姿勢中，持握槍根的後手要陽仰過頭。用後踮步從圈裏進，我的槍頭提至敵之前手，即能完勝；或者在敵槍杆中間先打後擄；或者將槍斜插至地，然後剪步跳進（即由後踮步轉換為側步跳進）發扎（即盡頭槍），都是破解地蛇槍的方法。

此勢用拗步（即騎龍步）進敵劈打，即少林棍法的飛天夜叉勢。

這個槍勢如果跟美人紉針勢相持太久，就會被紉針勢的虎口槍所破解（紉針勢以扎虎口見長）。

下平槍勢中如有閃賺類花槍，用此槍勢能夠破解，但

要提防對手逆懟（順著杆子向上滑扎）。此時逆懟，敵我都可用，誰快誰能勝。

滴水可以革子午槍、螣蛇槍，所謂粗破細。

滴水跟跨劍組合，即是海馬奔潮（即先提後拿）。

朝天勢、泰山壓卵可以變成滴水勢，滴水可以變成伏地槍，伏地槍可以變成地蛇槍，地蛇槍可以變成白牛轉角，白牛轉角可以變成中平槍、跨劍勢，都是自然形成的槍法。

滴水勢，是吳老在二十四勢圖說中所用文字最多的篇幅，解釋最詳盡，足見吳老對滴水勢的情有獨鍾。吳老是很重視地蛇槍一類扎法的，這不能不說跟石家槍的槍法有關，石家槍重視蹲步而扎，即所謂鴨踏步，因為防護面積相對小，所以扎法也就刁鑽，而滴水恰恰可以破解地蛇，屬下平槍，且滴水勢可以瞬間轉換成不同的槍勢，能夠以短敵長、以一敵眾，故滴水勢應該著重訓練。

騎龍勢（見圖31）

古訣云：「乃拗步槍法。」

「迴馬」尚是虛勢，一變「騎龍」便成殺勢。「騎龍」戳手最長。

此勢於長槍用最多，短槍以為「顛提」之用。

圖31　騎龍勢

圖31注：盔甲裝備參考《武備誌》繪，適用於步兵、騎兵。

「鐵牛」、「地蛇」怕「騎龍」，「騎龍」與「鐵幡竿」同用「撲鵪鶉」者，以其皆是拗變也！

「騰蛇槍」、「月兒側」皆可用「騎龍」破之、脫之，大破小也。

此勢又可破「白牛」。

叉、鏟進深，「騎龍」可破。

古槍訣講：「屬拗步槍法。」

迴馬槍姑且是個虛退詐敗的動作，一變作騎龍就成了真扎實刺，騎龍以戳手見長。

這個姿勢在長槍的應用中最普遍，短槍專用作顛提。

鐵牛耕地、地蛇槍怕騎龍，騎龍跟鐵幡竿勢共用於撲鵪鶉勢中，因其都是用拗步換勢。

騰蛇槍、月兒側槍，都可以用騎龍槍破解、躲避，所謂闊大槍勢破小巧手法。

這個姿勢還能破解白牛轉角。

敵方若用叉、鏟擊刺進來，用騎龍槍可以破解。

美人紉針勢

後手捲而陽，在右肋下，前手覆而陰，與「滴水」左右相對（見圖32）。

古訣云：「乃盡頭槍法，槍尖至地，好破地蛇，防他

圖32　美人紉針勢

圖32注：盔甲裝備參考騎兵藏甲實物繪。按《練兵實紀》，旗總攜背旗。

顛提（死中反活也）。起手鳳點頭（即顛提也），披閃（輕擊進左）認直戳。」

「紉針」進步，應用「騎龍」乃為得勢。沖斗用後踮步，混於「滴水」，拗矣！

「滴水」用於圈外破「地蛇」，「紉針」於圈裏破「地蛇」。

「盡頭槍」者，言槍尖插地一躍而入。

美人紉針勢，後手掌心朝上，陽捲槍根，貼在右肋下，前手手背朝下，陰持槍腰，和滴水勢左右相對。

古槍訣講：「屬盡頭槍法，槍尖插至地面，擅長破解地蛇槍，但防其顛提。順手鳳點頭，或者擊打，閃步進入（輕打，進扎敵左），徑直戳敵。」

紉針勢進步，應該用騎龍勢才會協調，沖斗用後踮步進身，跟滴水勢混淆！

滴水用在圈外破地蛇槍，紉針用於圈裏破地蛇槍。

所謂盡頭槍，即槍尖斜插至地，一跳進入敵身發扎。

紉針，就是針對破解地蛇槍而言。敵槍扎來，我用騎龍步閃過，同時我槍一戳至地，其實是斜擋住了敵杆，類似長倭刀的斜插刀勢，因為只是槍頭插地擋住了敵杆，手法上無緊密可言，所以要防止敵方地蛇變換顛提。為此，

有必要再打敵杆，定住敵槍，然後我用顛提，以鳳點頭手法，戳敵虎口。

紉針的意思，想像敵槍是根針，我的槍是根綫，用我的綫穿上敵的針鼻兒，哪裏是針鼻兒？即敵之虎口。紉針與滴水是相對的，一個圈裏破地蛇，一個圈外破地蛇；一個用騎龍步，一個用後踮步；都有顛提，一個在敵左側用插槍、劈打、鳳點頭，一個在敵右側用提擄、劈打、逆鼓，即海馬奔潮。盡頭槍的意思，從字面上理解，槍一插至地，沒了槍尖，即盡頭。

抱琵琶勢（見圖33）

古訣云：「乃白牛轉角槍法。」

此非在場可立之勢，但向急槍時有所用之。

此勢畏「騎龍」、「伏虎」。

此勢手法放盡即是「撩」，故沖斗不論圈裏、外也。

此勢蹲坐即「埋伏勢」，放下手即「地蛇槍」。

古槍訣講：「屬白牛轉角槍法。」

此勢並非在戰場或游場可隨意擺的姿勢，只有對付緊急的迅猛槍時才能應用。

此槍勢怕騎龍槍、伏虎槍（意指騎龍、伏虎右上步，可釘我腿）。

圖33　抱琵琶勢

圖33注：藤盔、緝甲、護臂參考《紀效新書》繪，此為步兵。按《紀效新書》，步兵與將領盔甲的區別在於緝甲和盔內　帽所用布料的貴賤。

此槍勢手法大幅甩出，則是撩槍，故而沖斗關於此勢不管是圈裏還是圈外都有應用（意指勾法屬攔法，只應急時用於圈外來槍，而沖斗圈外用勾，圈裏用撩）。此槍勢蹲身而坐，即十面埋伏勢，完全放下手則是地蛇槍。

白牛轉角屬緊急應用的槍法，當敵以猛槍快槍從圈外扎近我頭頸時，常用的攔或剔來不及應對如此迅猛的槍，故而左臂緊貼脅部（以防敵槍削我前手，左撇子除外，這也是抱琵琶一名的由來），前手向後翻捲至手背朝天，後手陽仰，滾轉槍杆，使槍尖旋轉的影跡呈幾望形，用弧外側先革敵杆，再以弧的空缺部分加深革的力度，從而攔截敵槍。這個方法也叫勾，當鞭鐧等短器近身打來時，也可用此法救急。

太公釣魚勢

妙在手法，身勢無用（見圖34）。

古訣云：「乃摩旗槍法（摩旗為拿、攔而不轉腕），諸勢可敵，輕挨緩捉（惟不轉腕，故可輕緩），順敵提拿（真如謂之和槍），進退如風，剛柔得體。」

「拿」、「攔」不轉腕，謂之「死手」，以從此入頭者日後必無「月兒側」、「騰蛇」等妙處也。

圖34　太公釣魚勢

圖34注：盔甲、箭插參考《抗倭圖卷》繪，劍式據實物繪，盔甲適用於騎兵。

然轉腕者，一發不收；必不轉腕者，乃可輕可緩，不受敵侮。敬岩、真如絕技在此！

世人但貴轉腕「拿」、「攔」，則深入壺奧，而不知不轉腕者，有更深勝者焉。

太公釣魚勢，奧妙在手法上，至於擺什麼樣的姿勢起不到決定作用。

古槍訣講：「屬摩旗槍法（摩旗即不用轉手腕的拿攔），可以對付各種槍勢，挨貼敵杆力度小，拿貼敵杆速度慢（因為不轉手腕，所以才力度小、速度慢），隨敵槍的運轉或提或拿（真如稱之為和槍），進步退出，行動似風，有剛有柔，恰到好處。」

拿、攔不轉手腕，稱之為死手，如果一開始練槍就不轉腕子，時間久了，必然使不出月兒側、騰蛇槍等妙法。

然而轉腕子，一發扎就不可收（槍是滾轉著扎出的，不到盡頭確實不易收回）；只有不轉腕子的，才可以力度小而緩慢，不受敵槍欺侮。敬岩和真如的絕技恰在此處。

世俗之人只認為轉腕拿攔水準高，於是乎深入研究，豈不知道不轉腕子，有更深的道行以致取勝。

摩旗是虛槍，作為試探敵人的槍法，表面上看太輕浮，一旦敵方忍不住先動，我則可以立即轉陰陽迅猛扎

出，可謂暗藏殺機。摩旗儘管不轉腕，但槍圈同樣不是很大，如果槍圈大如鍋蓋，即稱作團牌變，為了擋箭護體。摩旗是用槍尖畫圈的，所謂不轉腕，與其說是兩手不轉陰陽地擺動攔拿，不如說不需要兩手擰動槍杆滾轉畫圓，所以力度才小，拿攔才慢。現代很多槍法所謂的轉圓，正是如摩旗般用槍尖來畫圈，槍杆是不轉的，所用的攔和拿，相當於半摩旗，恰如吳老所言「以從此入頭者，日後必無月兒側、螣蛇等妙處也」。

鐵牛耕地勢（見圖35）

古訣云：「乃急搗碓（搗，打也；碓，音ㄉㄨㄟˋ，搗也）槍法。硬去硬回莫軟，惟有此槍無空，他能平伏閃吾槍，就使黑龍入洞。」

此勢手法有二：硬槍搗碓而入，軟槍捺彎而入。

倪觀樓以「仙人指路」破此勢，輕破重也。

「搗碓」之輕者名「雞啄粟」，戚公曰：「兩人對『雞啄』，我忽變大凶槍劈剪他前手二尺甚妙。」此忽變故妙，深得用重大之神！不忽變即沖斗「大封大劈」矣。

沖斗曰：「撲鵪鶉——來硬打硬，莫若變勢另思量。」謂「滴水」也。

古槍訣講：「屬急搗碓（搗，是打；碓，是搗）槍

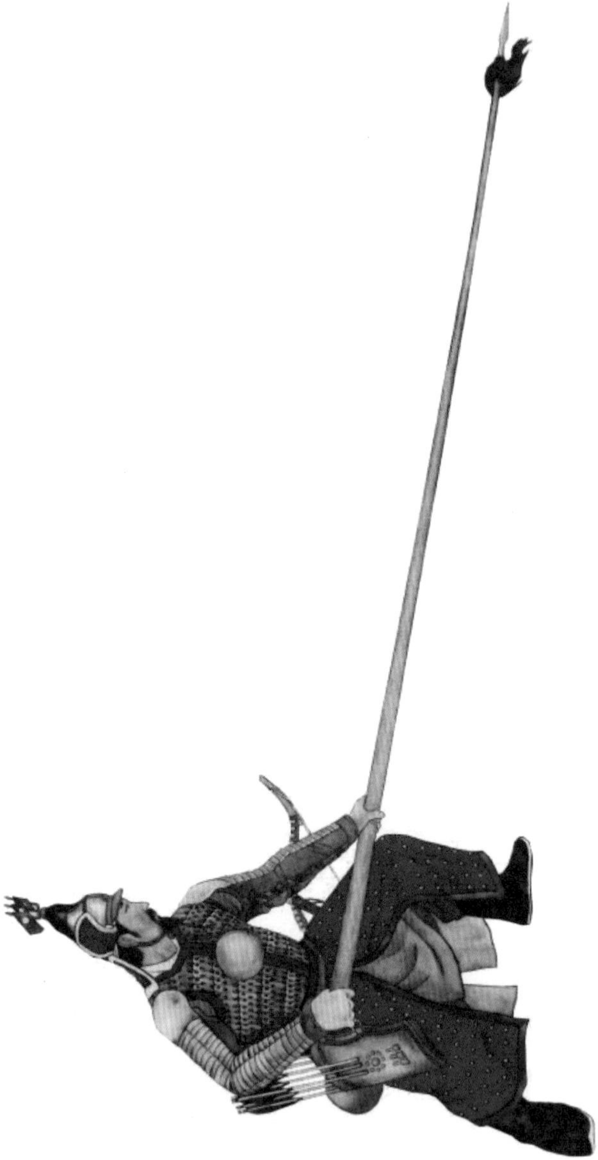

圖35　鐵牛耕地勢

圖35注：甲冑參考《武備誌》繪，弓箭參考《四鎮三關誌》繪，盔甲為騎兵所用。

法，硬扎硬收不鬆軟，只有這種槍勢沒有空閑。敵若能平定或躲避我槍，我隨即借勢用槍戳其心窩。」

此槍勢有兩種手法，如果用硬槍（即硬杆槍），就先打敵杆，借與敵杆的反作用力揭起我槍進扎，如果用軟槍（即軟杆槍），就先將我槍打在地上，捺彎後借地勢繃起發扎。

倪覲樓用仙人指路勢破解此槍勢（仙人指路，即不革敵槍，避其猛烈，靠身法步法閃開再扎），是用輕破重。

打揭力度小，即雞啄粟，戚公講：「兩人比試雞啄粟，我忽然變作大凶槍劈剪敵前手外二尺處最妙。」這種忽然間的變化確實巧妙，深得重大之神用。如果不忽然變化，即成沖斗的大封大劈。

沖斗說：「撲鵪鶉槍勢，敵硬槍（這個硬，指的是用力僵猛）扎來，我就硬槍（同前意）擊打，不如變換槍勢另考慮捷徑。」是說變作滴水勢破解。

闖鴻門勢（見圖36）

古訣云：「乃抛梭槍法。」訣語甚多，只此盡之，不過身進而槍退耳！

游場追敵，必用「抛梭」法乃不傷人。訣雖極口贊此勢，然非有秘奧也。

深進須用抛梭手法，不然槍尖過老，彼入我槍胸，敗矣！

（身隨槍進，閃坐剁攔，捉攻硬上。用長貴短，用短

圖36　闖鴻門勢

圖36注：盔甲裝備參考荷蘭畫作《鄭成功鐵人軍》繪。

貴長。短而長用者，謂其可禦彼長。長入短不中，則反為長所誤。故用長以短，節節險嫩，就近身尺餘，法更不老。彼見我長，安心欲使我進深無用，我忽節節短來，彼乃知屈心違，倉卒使致對我不及。據《紀效新書》補注。）

古槍訣講：「屬拋梭槍手法。」槍訣特別多，總而言之，不過是身體向前而槍後退。

游場裏追擊敵人，務必用拋梭槍手法，才能夠不傷及人命。槍訣雖然特別地頌揚此槍勢，卻沒有什麼秘密奧妙可言。

深入進敵要用拋梭槍手法，否則槍尖太老，敵槍扎入我槍胸，我就敗了。

（身體隨槍而進，可以閃避，可以蹲坐，可以劈攔，可以提槍，可以硬闖。用長槍貴在善用其短，用短兵貴在善用其長。短兵如能長用，可以說就能對抗敵之長槍。長槍扎進短兵圈內如不能命中，那麼長槍反被其長所誤。故而要想使長槍發揮出短兵的功效，定要讓短兵手感覺長槍手的長槍一直處在凶險、凌厲的狀態，就算扎近短兵手身前尺來長度的距離時，槍尖也依然不老。敵執短兵見我槍長，就安心放我槍扎入，以待我槍尖老而無用時革杆而入。此時我忽然將槍變短，敵即曉得與他先前的判斷相違背，但倉猝之間想對抗贏我已來不及。據《紀效新書》補注。）

鋪地錦勢（見圖37）

古訣云：「乃地蛇槍法（下平手法，加以蹲坐），起手（先發也）披挨（輕拿也）急刺（戳也），高來（言應兵也，極平戳來在此勢已高）直擦（輕拿兼戳）難饒，若他滴水紉針（滴水在圈外，紉針在圈裏）穿，蘇法死中反活（或急打，或逆龠）。」

論云：「伏虎槍地蛇槍破。」夫「伏虎槍」是「左海馬」，必以「地蛇」脱之，足知「地蛇」亦可破「海馬」。「地蛇」脱法：身大倒後，槍括地一圈即立起。

「滴水」、「紉針」皆可破「地蛇」，而有「死中反活」之法。「滴水」來，即「逆龠」起；「紉針」來，即「顛提打」。

「白牛」放下手蹲坐即此勢。

冲斗此勢用偷步進，即鴨踏步也。

此勢革槍只用「摩旗」手法，故曰「披挨直擦」。

古槍訣講：「屬地蛇槍法（即蹲坐的下平槍手法），能夠先於對手發槍，有劈打、輕拿、猛扎等法。敵用下平高槍（意指敵槍已近我身，下平所發的特平直的槍相對此勢也算高槍）扎進我圈內，我槍如果貼著敵杆輕拿戳刺，敵則很難活命。如果敵用滴水、紉針（滴水用於圈外，紉

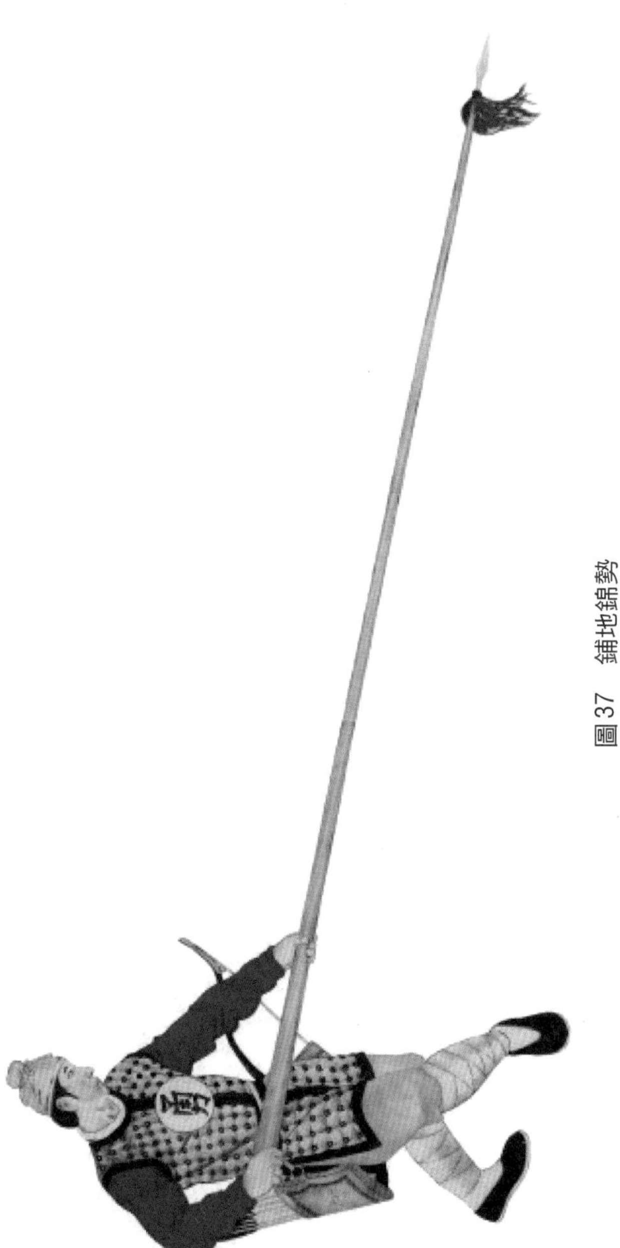

圖37　鋪地錦勢

圖37注：紫花罩甲裝扮參考《抗倭圖卷》繪，為步兵所用。

針用於圈裏）提削我前手，正所謂死中反活的救法（敵紉針、滴水後，分別用顛提猛擊我杆、用逆皷削我前手）。」

古論講道：「地蛇槍可以破伏虎槍。」伏虎槍是左海馬奔潮，必須用地蛇槍才能夠解脫，足以曉得地蛇槍也能破解海馬奔潮。地蛇解脫的辦法：身體向後大傾，將槍畫地一圈即能站起身。

滴水勢和紉針勢都可以破解地蛇，所以才有死中反活的槍法。滴水用後，隨即變作逆皷；紉針用後，隨即變作顛提劈打。

白牛轉角垂下兩手加上蹲坐即可變成此槍勢（白牛屬上平槍，地蛇比下平槍還要低，足見槍勢的變化迅疾）。

沖斗用此槍勢，以偷步（後腳從前面邁向前腳上步，類似今日蓋步）前進，即鴨踏步（大蹲著身子的蓋步）。

此槍勢革敵槍，只能用摩旗手法（不轉腕的拿攔），故而稱作輕拿輕打而戳（在如此低的姿勢、胳膊基本不彎曲的情形下，無法用封閉的手法）。

原文

白猿拖刀勢（見圖38）

古訣云：「乃佯輸詐回槍法，逆轉硬上騎龍（進左足於右也），順步（仍還左足於前也，此步有一法，彼圈外來則用纏攔繃靠，圈裏來則用迎封接進，蹲坐極低，大拿以開其槍，有類於手捲）纏攔繃靠，迎封接進弄花槍，就是中平也破。」

戚公云：「回伏之槍，俱是誘我發戳，彼即繃起還

圖38 白猿拖刀勢

圖38注：藤盔、穿山甲片鱗甲參考《武備要略》繪，為步軍將領所用。

槍。」此勢不能發戳，若釘在左膝彎，即四門槍（倪之沙家法，用「白猿拖刀勢」，左足不落實，謂之四門槍。落於前則為正勢；落於後則為退勢；落於左，右足用後踮步，成順單鞭；落於右，退右足成「騎龍勢」。——竿子之總要，故曰「沙家用在足」，短槍不用此步。沙家以四門槍退法為樞要，妙處在此，病亦在此。妙在於活，病在於鬆。蓋退乃長制短之事，長對長而用退，則鬆矣）。

古槍訣講：「屬佯敗詐回槍法，往相反方向轉身，左腳向右側拗跨步，進右腳成騎龍步，然後再順步（還將左腳還原到前面，這種步法包含一種技法：敵槍圈外扎來，我用纏攔、綳靠，圈裏扎來則用迎封接進，蹲坐特別低，用大力革開敵槍，類似於手捲）纏攔、綳靠，或者迎封接進，擺弄閃賺花槍，即便敵是中平槍，也能破解。

戚公說：「詐回暗藏殺機的槍，都是引誘我發扎，敵即可綳起我槍還擊。」這個姿勢轉身拗跨步時沒法發扎，如果我順步後敵槍釘住我左膝彎（我左腳要虛點地，以便應急時移動躲閃），我此時的姿勢即成為四門槍（倪覲樓的沙家竿子槍法，用白猿拖刀勢，左腳不落實，稱作四門槍。左腳回到前面，是正規姿勢；回到後面，即是後退的姿勢；回到左面，右腳用後踮步進，即成作順單鞭；回到右邊，退右腳成作騎龍勢。這是竿子的大略精要，故而稱沙家槍法用在於腳，短槍不用這類步法。沙家以四門槍退法為核心，妙處在這，弊病也在這裏。妙在於腳步靈活，

病在於整體鬆散。後退是長槍降制短槍的情形，但長槍對長槍也要用到後退，那就鬆散了）。

推山塞海勢（見圖39）

古訣云：「乃護膝（後手出在前膝間，又蹲坐也）槍法，高來搖旗挨捉（謂以摩旗手法輕拿輕攔也），低來鐵帚（即鐵掃帚）顛提（即提擄），中來如箭有虛（此語最妙！對破不堪用單殺手也）真，可用鐵牛耕地。」

《紀效新書》解此云：「彼長我短，蹲坐，槍頭起高，慢慢逼近，彼扎來，一提粘住，用蒼龍擺尾步趕進，萬無一失！」余謂此言只可用於「單殺手」耳！若彼用「降槍勢」，大難大難！

古槍訣講：「屬護膝（後手在前膝附近持握槍根，又蹲坐）槍法，敵高槍扎來就用摩旗手法輕拿輕攔，敵低槍扎來就用鐵掃帚提擄，敵中平槍扎來迅速，半假半真（這句話說的最精妙，與敵中平對扎不能僅靠單殺手這招實扎），我變作鐵牛耕地先打敵槍再發扎。」

《紀效新書》將此勢解釋為：「敵槍長，我槍短，我蹲坐，槍頭抬高，慢慢逼近敵身，敵扎來，我用高提粘住敵槍，再用蒼龍擺尾的後踮步上步進戳，萬無一失。」我說這句話只能針對革敵方單殺手而言，如敵方用降槍勢，

圖39　推山塞海勢

圖39注：盔甲參考《武經總要》步人甲繪。

我則很難取勝。

鷂子撲鵪鶉勢（見圖40）

古訣云：「乃撥草尋蛇槍法，高接雖用纏拿（雖用，言不恃之也），逢中披（輕拿也）擦（進戳也）直過。倘他繃退把槍還，滾手中平一剁。」

此實有二勢焉：用「鐵幡竿」腳步打彼毛際者，「撲鵪鶉」也；不進右足「八字打」者，「撥草尋蛇」也。

《紀效新書》云「破伏棍須剪他手前二尺」，沖斗「鐵牛」云「撲鵪鶉——來硬打硬」，此言「撲鵪鶉」也；《少林棍》云「左右拿看八字行」，此言「撥草」也。

短降長，長若用「降槍勢」、「螣蛇槍」等，必不可破！用「撲鵪鶉」或可圖僥倖耳。

古槍訣講：「屬撥草尋蛇槍法，與敵高槍接觸雖然使用纏拿（雖然使用的意思是說不單靠纏拿），碰到中平槍則輕拿進戳直扎敵身，倘若敵用繃退撤槍還扎，我則於中平勢兩手互轉陰陽向下劈剁。」

這個槍勢其實有兩種用法，用鐵幡竿拗步劈打敵之下陰，即鷂子撲鵪鶉，不進右腳八字打（以摩旗手法左右劈打，劈打的軌跡可連作八字形），即撥草尋蛇。

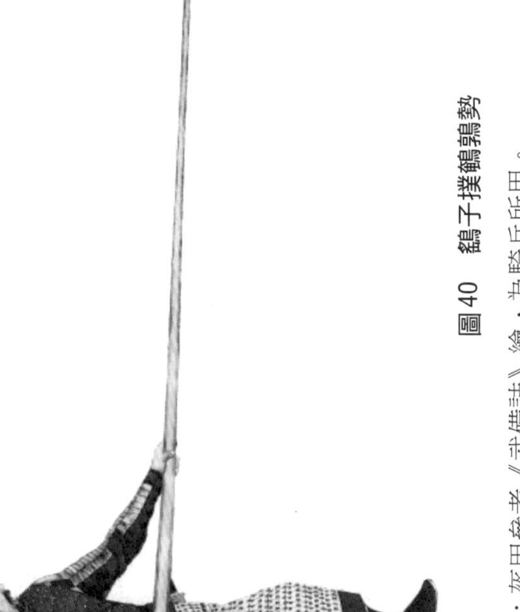

圖40　鷂子撲鵪鶉勢

圖40注：盔甲參考《武備誌》繪，為騎兵所用。

《紀效新書》說「破解敵下平棍要打在他前手前二尺處」，沖斗鐵牛耕地說「撲鵪鶉勢，敵硬槍扎來我就硬槍劈打」，這都是說撲鵪鶉。《少林棍》說「左右拿敵槍，看住敵槍，作八字形影跡」，這是說撥草尋蛇。

短槍降制長槍，長槍如果用降槍勢、螣蛇槍等法，肯定破解不了，用撲鵪鶉偶爾可圖僥倖。

鷂子撲鵪鶉，這個名字起的很有意思，鷂子是旋轉飛行的，人和槍在此勢也是透過用騎龍步繞至敵側，所以稱作鷂子，而鵪鶉即鳥，所謂人的下陰，比喻很形象。其實就是用騎龍上步劈打敵之下陰。

不用拗步，也就是不必繞至敵側，用連枝、後踮等步以摩旗手法左右劈打，即撥草尋蛇。

鐵幡竿勢（見圖41）

古訣云：「乃外把門(槍頭在右也)黃龍颭（音ㄓㄢˇ，顫動，搖動）杆槍法（杆靠腰推槍、開槍，不用拿攔），一接（以腰力革槍）二進（扎也，四字言應兵）蛇弄風(三字言先發也，白蛇弄風即颭杆手法)，撲著鵪鶉不放鬆(進右足深打其小腹，此句又有注，在撲鵪鶉勢中)。」

用「撥草」手法兼此步法，方是「撲鵪鶉」，出槍既長，又進右足，故可以降長。

圖41　鐵幡竿勢

圖41注：盔甲裝備參考《武備誌》繪，為騎兵所用。

此勢而槍尖在左，即少林棍之「右八字打」、左槍之行著名「左拗步打」。

古槍訣講：「屬外把門（槍頭在右）黃龍颭杆槍法（槍杆靠腰推槍、開槍，不用拿攔），一接（用腰力革槍）、二進（進指的是扎，一接二進是説對付敵械）、蛇弄風（三字意指先發至人，白蛇弄風即颭杆手法），撲著鵪鶉不放鬆（進右腳深打敵之小腹，此句的注解，在撲鵪鶉勢裏）。」

用撥草尋蛇手法兼用此步法，才是撲鵪鶉，出槍能夠長，又進右腳，故而可以降制長器。

此槍勢槍尖在左邊（從左往右打），即少林棍之右八字打，也是槍尖在左的行著，亦名左拗步打。

靈貓捕鼠勢（見圖42）

古訣云：「乃無中生有槍法（謂彼立勢嚴固，無間可入也），進步（左足大步，右足隨步）虛下撲纏（撲謂後手出槍甚長而假撲者也。纏謂彼硬迎，我即纏攔；彼軟避我，即纏拿也）。賺伊槍動使梨花（此不專指梨花三擺頭，為騰蛇槍、月兒側等皆是），遇壓（謂橫壓）挑天沖打（挑起破之）。」

訣中有手法五、步法一，「進步撲纏」本勢已完，後

圖42　靈貓捕鼠勢

圖42注：盔甲面罩參考《武備要略》鐵甲繪，龍鱗靴參考《喻子十三種秘書兵衡》繪，此身盔甲為騎兵所用。

乃防變之詞。

「壓」即「溜壓沉槍」、「壓攬沉槍」等。遇「壓」，「挑」不如「打」。

古槍訣講：「屬無中生有槍法（是說敵立勢嚴謹穩固，沒有破綻可扎），上步（左腳大步邁進，右腳跟著上步）假裝向下劈打，敵如果硬著迎槍，我就纏攔敵槍，敵如果閃避我之劈打，我即用纏拿。然後誘使敵槍發扎，我則用月兒側、螣蛇等閃賺梨花槍法革戳。如果敵槍橫壓我槍，我則向上挑起敵槍後再向下劈打。」

槍訣中有五種手法（即撲、纏、攔、拿、挑），一種步法（左足大步，右足隨步）。截至上步劈打、纏攔、纏拿，本槍勢動作已完成，後面說的都是防範敵槍變化的語句。

橫壓，即溜壓沉槍、壓攬沉槍等勢，遇到橫壓，與其向上挑起不如直接劈打。

伏虎勢（見圖43）

古訣云：「乃六封槍法（曰封，謂槍頭在右），斜倒硬上如風（謂我進右足），退閃（退閃以敵言）提攔（二者法相近，故並舉之）纏捉（即纏攔），他如壓卵又朝天，鐵掃（打也）迎封接靠（亦是打也）。」

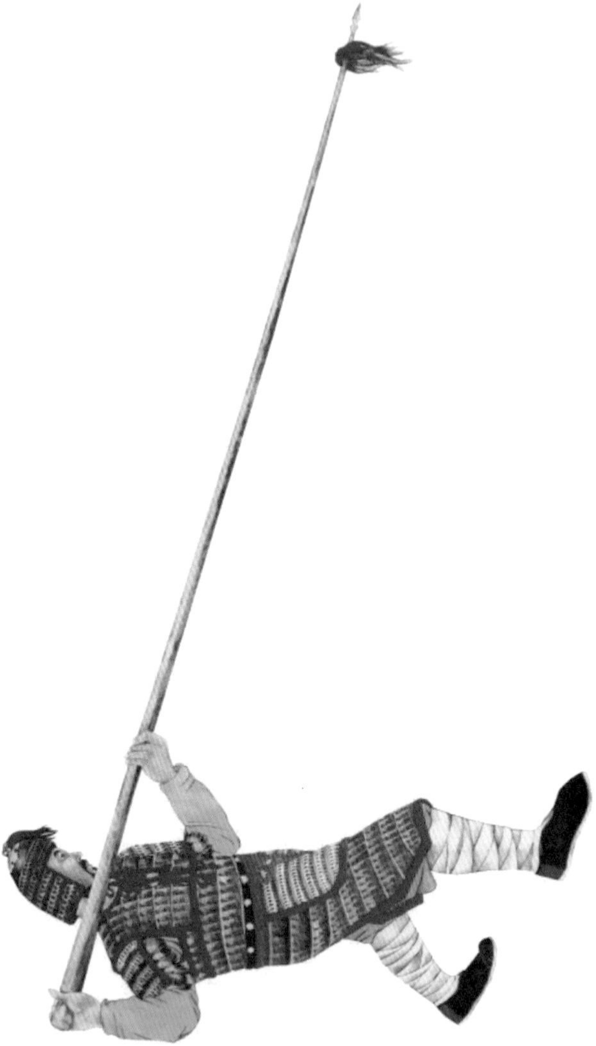

圖43　伏虎勢

圖43注：盔甲參考《武經總要》步人甲繪，布鞋參考《中興四將圖》張俊所穿繪。

「鐵牛」打來，我進後足於圈外，釘其股使不能起，是為「伏虎」之正用。「伏虎」手法與「海馬」同，但用之於右邊耳。

「六封」者，左右之上、中、下皆無空也。

「騎龍」於此大意相同，但「騎龍」腳步大，兩手托滿，不虛靈，馬家難用，不如此勢。

叉、鏜可用「伏虎」打之。

古槍訣講：「屬六封槍法（所謂封，即槍頭在右），將槍頭斜指地面疾速上右腳，敵向後退閃發槍我則用提攔或纏攔，敵若用泰山壓卵或者朝天勢，我則直接擊打敵之下部。

敵人以鐵牛耕地打來，我從圈外上後腳，槍頭直釘敵大腿令敵不能站立，才是伏虎勢的正規用法（此法即前文倪覬樓之仙人指路）。伏虎的手法與海馬奔潮是一樣的，只是應用於右邊。

六封的意思，即左右兩面上、中、下三個位置都能封住敵槍。

騎龍勢跟此勢差不多，但騎龍勢步法闊大，兩手持槍較僵，不靈活，馬家短槍難用騎龍，不如用這個勢子靈便。

對付叉、鏜，可以用伏虎擊打。

邊攔勢（見圖44）

古訣云：「乃裏把門（槍頭在左也）封閉槍法，守門戶（此言應兵）有纏提（即纏綳）、顛拿（即反擊）、閃賺（此言先發）、上穿指股袖（穿指、穿袖見後戳法，股即袖，皆顛提中事），倘他出馬一槍迎，抱著琵琶埋伏（抱琵琶蹲坐即埋伏勢）。」

此勢前手陽，此勢乃革戳腳者，若以革「中平」，一遇「閃賺」死無日矣！

沖斗云「彼槍來，我一攔至地，顛起還槍」，與江湖游食者何異？

「邊」、「裙」二攔，馬家槍中之雜棍者也，於槍用之甚不合，可去！

古槍訣講：「屬裏把門(槍頭在左)封閉槍法，用於戰陣，防守門戶用纏、綳、反打、閃賺、向上穿指、穿袖，如果敵疾速迎槍，我則用抱琵琶勢蹲坐，即十面埋伏勢。

此槍勢前手掌朝天，用以革敵槍戳腳，如果用來革中平槍，一遇到閃賺就難以活命(因為此勢槍頭低於槍根)。

沖斗說「敵槍扎來，我一攔到地，借地勢綳起還扎」，這與江湖賣藝耍槍的有何區別？

邊攔、裙攔，是馬家槍雜棍的槍勢，用在槍法裏十分

圖44　邊攔勢

圖44注：藤盔、皮甲、衣鞋等裝扮參考《武備要略》繪，此身盔甲適用於步兵。

不適合，可以丟掉。

跨劍勢（見圖45）

古訣云：「乃裙攔槍法，大開門戶（槍尖在右，開後門）誘他來，遂（隨）我中途拿剁（剁即削也），他虛（槍頭高也）我實（槍頭低也）搖花槍（弄風等法），他實我虛綳退（綳退見行著）救。」

「跨劍」與「中平」左右相對，槍根纏腰。古人立此二勢，自有妙用。

沖斗以「跨劍」混於「邊拿」，即誤，又曰「到地發戳」，其誤更甚！

「捲」即「跨劍」之盡極者耳！

此勢進必「鴨踏步」，此勢前手陰。

古槍訣講：「屬裙攔槍法，大開左邊門戶（槍尖在右，故露左邊身體），敵槍扎來，任我中路拿削，敵槍尖高扎，我則槍頭低搖花槍，敵槍頭低扎，我則閃賺槍頭用綳退救護我手。」

跨劍勢與中平勢左右槍頭相對，槍根貼腰，古人立下這兩個槍勢，自然有巧妙之用。

沖斗將跨劍勢混在邊拿之中，是錯的，又說「拿下敵槍至地再發戳」，其謬更甚。

圖45　跨劍勢

圖45注：鐵盔皮甲參考《武經總要》步人甲繪。

捲槍，即跨劍勢的極致表現。

此槍勢進步必須用鴨踏步（後腳向前腳蓋步），前手手背朝上。

朝天勢（見圖46）

古訣云：「乃上驚下取槍法（一語盡之矣），搖旗掃地鐵牛耕（此言取下），哪怕他拖刀詭計（拖刀變勢多，故以高勢變滴水總壓之）。」

古槍訣講：「屬上面晃敵下面實用的槍法（一語道盡伏機），可以由秦王摩旗轉變為鐵掃帚或鐵牛耕地（這句話是針對下方而言），哪怕敵用拖刀勢（拖刀勢變化多，故而要從高槍勢變作滴水以壓制敵槍）。

泰山壓卵勢（見圖47）

古訣云：「乃鷹捉兔之法，勢雖高發，身中變異（開前足），任他埋伏地蛇衝，我又摩旗掃地。」

「朝天」、「壓卵」，今日峨嵋絕不言之，蓋棍法耳！古訣有此者欲大全耳，不必實用。

圖46　朝天勢

圖46注：頭巾、紙甲參考《抗倭圖卷》繪，此為水兵。

圖47　泰山壓卵勢

圖47注：盔為葫蘆製，甲為牛皮製，皆外塗桐油。鼻、口有呼吸用錫管。此為水兵，參考《武備要略》繪。

古槍訣講：「屬鷹捉兔子的槍法，槍雖然從高姿勢而發，但前腿提起，就算敵用埋伏勢或地蛇槍來刺，我又以摩旗變作鐵掃帚。」

朝天勢、泰山壓卵勢，現在峨嵋絕不會提這種槍勢，因為是棍法。古槍訣所以包括這兩勢，就是為了全面湊數，沒必要實際採用。

夜叉探海勢（見圖 48）

古訣云：「乃持槍行立看守之法，遇敵變勢，隨機應用，無不中節。」

滄塵子曰：「此二十四勢中，多有無關係者，以中平、上平訣有『六合』二字，決其為馬家法。故與少林切近，與峨嵋不合。古傳舊式，以是聊借用之。」

此勢彼打來，可點其前手；若扎來，即不能禦。去之可也！相近則上、中、下三平，猶慮其疏；相遠則無所不可。此等勢留之無用！

古槍訣講：「屬握槍行走、站立看守的槍法，遇到敵槍扎來則變換姿勢，隨機而用，沒有不見成效的。」

圖48　夜叉探海勢

圖48注：盔甲參考《武經總要》步人甲繪，長槍參考《武經總要》槍式繪。

滄塵子（即吳殳）說：「這二十四種槍勢裏，很多都是跟槍沒有關係的，由於中平、上平的槍訣裏有六合兩字，故而推斷這是馬家槍法。因此與少林槍有點相近，跟峨嵋槍無法混同。因是歷來流傳的傳統槍勢，暫借用其為槍法作一解說。」

此槍勢中，如果敵打來，可以點敵前手，如果敵扎來，則無法防禦。這種槍勢捨棄即可。與此槍勢相近的，是上、中、下三平，但此勢相對這三平太免粗疏。與此槍勢關係遠點的，其他槍勢都能取代之，所以這種槍勢保留它沒有用處。

學槍者都很在乎二十四勢，以為二十四勢是槍法的真傳，更想急於求成，對手法技巧並不在意，甚至不知，卻忽略了吳老在本篇之首說過的「其傳已久，人將謂別有長處，故留之卷末，使學者見之，知所取捨云」。

第十六章　戳　法

原文

單殺手：即青龍獻爪勢，練時十二分硬槍，一發透壁，則槍頭、槍杆戳手皆盡善矣！（有口授訣）

穿指：於圈外進而於圈裏著。

穿袖：於圈裏進而於圈外著。（有口授，二法真如名「串」）

油：彼下體凸出，我順其攔勢以傷之。

換：彼傷我緩處，我即傷其急所。

疊穿：程真如名「左右圈扎」。（有口授）

以上馬、沙皆有。

就：真如名「迴龍扎」。（有口授）

硬：即「鐵幡竿」之先發者也。（有口授）

掛：破「拿」無筋節者。（有口授）

冒：真如謂之「蓋」。（有口授）

勒：有似於「硬」。（有口授）

抽拔槍：用於能革圈手者。（有口授）

鯉魚趵（音ㄅㄠˋ，跳躍）：亦能革圈手者。（有口授）

偷：破革手嚴密者。（有口授）

兩節槍：有似「抽拔」。（有口授）

雙頭槍：敬岩名「圈手」，真如名「虛扎」。

疊圈：纏槍，須坐膝。

月牙槍：串而子午。

豁裏透：彼中平勢開前門，我槍於彼槍下竟進，可傷彼之前手腕之左邊。

索穿錢：能管前後手者也。

無影槍：彼於我槍下進來，扎其前手，真如名子午槍。

五法皆短槍法，皆有口授。單殺手為「入門」，穿指等為「雜小品」，此五槍為「登堂」。

萬派歸宗（須自悟）。

戳法至此，百尺竿頭矣！

以上馬有沙無。

單殺手：即青龍獻爪勢，習練時要用出120%的力氣，一扎即能使槍尖完全洞入牆壁（明代槍，槍頭分為槍尖和槍褲），那麼用槍頭或者槍杆戳刺敵手就能練出殺傷的力度了（如圖1紅方、圖29）。

穿指：我槍由圈外扎敵，敵攔我槍，我槍貼杆閃賺至圈裏扎敵之前手指（如圖23戚家軍，槍尖影跡如圖6）。

穿袖：我槍由圈裏扎敵，敵拿我槍，我槍貼杆閃賺至

圈外扎敵之前手背（如圖1紅方，槍尖影跡如圖6）。

油：敵前腿腳沒有防護，我順著敵攔槍之勢戳扎敵前腿腳。

換：敵扎我行動慢的地方，如腿腳，我無暇革槍，就扎敵動作最快離我最近的部位，如前手。

疊穿：即真如所謂左右圈扎（如圖6）。

就：真如稱之為迴龍扎，敵槍扎來，我身體蹲坐稍作退步，待敵收槍時我再發扎（類似圖28）。

硬：即我搶先用鐵幡竿勢（如圖41）以硬橫力革開敵槍之腰肚。

掛：敵槍拿我槍，用力不夠，我則可以用掛來破解（如圖9）。

冒：即真如所說的蓋槍。

勒：跟硬類似，我槍扎入遇敵槍時，敵封我槍，我前手上迎，後手下按，再次扎入。

抽拔槍：我槍扎入至六七分，忽然將槍退出再扎，可以革敵之圈手。

鯉魚趵：我槍扎入至六七分，前手將我槍打在地上，借地勢激起再扎，也能革圈手（類似圖35）。

偷：我假裝後退，然後用單殺手扎敵，不管扎沒扎上就迅速跳出，能夠破解擅長緊密革法的人（類似圖38）。

兩節槍：類似於抽拔槍。

雙頭槍：敬岩稱之為圈手，真如稱之為虛扎（如圖6）。

疊圈：即纏槍，必須蹲坐（如圖4）。

月牙槍：串槍加子午槍，又名葉底藏花（如圖3）。

豁裏透：敵立中平勢，露出右側身體空檔，我槍在敵槍下扎入，可翻上來傷及敵持槍前手腕的左邊。（如圖1紅方、圖6）。

索穿綫：可扎敵前手或後手（如圖8）。

無影槍：敵於我槍下進槍，我可疾扎敵前手，真如稱此為子午槍（如圖8）。

疊圈、月牙槍、豁裏透、索穿錢、無影槍這五槍都是短槍的用法，單殺手為入門槍，穿指到雙頭槍為雜小品，這五槍稱作登堂。

萬派歸宗：必須自身感悟。

豁裏透、索穿綫、無影槍，都是單殺手的高級技法。

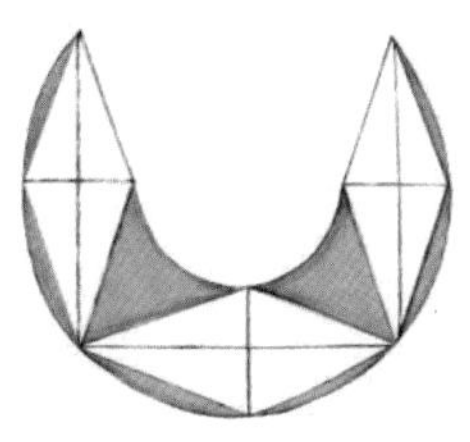

圖6　仰月形

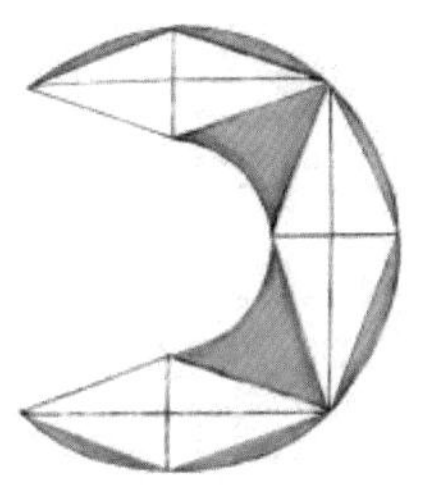

圖8　右偃月形

第十七章　革　法

封：少林僧洪轉曰：「我立中四平持槍，腕前陽後陰，彼槍圈裏扎來，我前腕向前一覆，後腕向後一仰，槍頭於彼前手外六寸封下也，封後即可扎其虎口。」

滄塵子曰：「拿，即封之用於高來槍者也。」轉公語甚詳，故取用之。觀此，知少林非不知槍意，但不知於此下萬苦練習之工，便是不知槍耳！

封下槍身才直，不可向右，亦不可用力。

閉：洪轉曰：「中四平持槍，腕前陽後陰，彼槍圈外扎來，我前腕向後一仰，後腕向前一覆，槍項於彼前手外六寸閉下也，即可扎之。」

滄塵子曰：「攔，即閉之用於圈外低來槍者也。」我身全在圈外，極要防守，閉時大須用力，又蹲坐以助其力。彼槍死於地，抽不去，方是練法。閉滿時，槍尖開於身後三尺也。

練閉工足，用於圈裏來槍，即是大捲，出其意外，其

槍飛去至橫，大敗矣！

練時，封下即於左邊向上圈起，閉下即於右邊向上圈起，作望月形，使手法圓熟，日後破槍，百倍得力！動手必要陰陽互換，轉得圓熟，百巧自從此出。

雙頭槍極難革，只以封閉革之，能革雙頭槍，封閉方小成也！

豁裏透、子午槍，足略蹲坐，以封閉革之，乃為正理。

少林於封閉無工，故用他法，可笑也！

即扎法亦帶封閉，則直力中有橫力。

凡重輪形、偃月形、纖月形、玉玦形等法，皆於此中分出，或多分、或半分、或少分而為之也。

封閉手熟，諸法說破即能用，不熟，說會亦無用。天下事皆有總頭，有先務，豈法法而練之哉？初學時，欲重實，作卵形，漸練漸收作圓形，至精至熟，圓大如錢，則能用迎槍，槍技終矣！

提：即「閉」之前手低、後手高者也，用於圈裏扎下部。槍在離彼前手外尺半開其槍於右也，即可還扎下部。革法槍根忌高，而提之槍根直過頭。

真如曰：「長竿雖利，提拿可降。」蓋謂用於「滴水」者也。提拿者，提而又拿，再提再拿，進後跕步，即「海馬奔潮」也。

擄：用「提」於下部槍自圈外來者也，比「提」多腰腿向前一擺，亦死其槍於右，身在槍左。雖死槍，亦不容其在槍左，恐有變也！擄後皵（音ㄑㄩㄝˋ，粗糙坼裂）起發扎，即「白蛇登樹」也。

滄塵子曰：「古法『擄』含於『提』中，不自立名，故但曰『封、閉、提、拿』。」來槍前後皆有上、中、下共六槍，而革法只有四，古人之意深矣！

拿：即「封」之用於高來槍者也。

滄塵子曰：「封、閉、提、拿，古人立此四法，非獨攝盡諸法，亦欲人知上下來槍皆同於無，而專注力於中平之封閉也。」

洪轉補之以「擄」，而又加「攔」、「還」、「纏」以為「八槍母」。

夫「擄」即「提」之次身，「攔」即「閉」之次身，而亦尊之為母，「纏」即「封」、「閉」之耳孫，「還」則小小一法，何以稱之為「母」？

總由少林之槍知有教學而不知有習練，故以劉仲、張敖同尊為「太上皇」也。槍母如此，餘法可知；槍師如此，其徒可知！

砑：槍之離我杆來者，擊打可開；貼我杆者，擊打不能致力，非封閉不開。至於豁裏透、子午槍，非封閉加蹲坐以砑之尚不能開也。

捲：真如曰：「開步蹲坐而拿，直至彼前手削扎也。」又曰，「前捲後出，無不傷人！」

反捲：敬岩妙法也。彼槍圈外來，我偷槍於其槍之右，大開之，必飛去數尺。

攔：有「邊攔」、「裙攔」，即提、擄之後手起至胸者也。

此手法本沙家之封閉，槍長腰軟，若後手不起，則與槍尖不相應，不得已而為此。楊家不察而雜收之，自此莫

有辨之者。本不當收，收之以顯其失。

勾：真如曰：「即攔也，緊密者肘貼肋下。」

滄塵子曰：「高槍來迫，唯勾能開之，即白牛轉角之手法也。」然肘貼肋下，猶未極緊密，須捲至乳前，腕自陽而更轉之，至手背向天。

真如曰：「破鞭、鐧用於前，即勾之手法也。」

剔：革圈內扎頭者，亦帶纖月形。

大封：連環革法也，彼扎、革往來不已，名為「連環」，用實工，使手熟，乃可用諸法耳。

封（如圖49A、圖3），少林僧洪轉道：「我用中四平勢握槍，前手心朝上，後手心朝下，敵槍向我圈裏扎進，我前手往前（身體正面為前，背面為後）一翻，後手往後一仰，槍頭在敵前手外六寸處封下，封完隨即貼杆扎敵虎口。

滄塵子（即吳殳）道：「所謂拿，即用封來對付敵高來之槍。」洪轉公說得很詳盡，故選用他的話。見此語句，知道少林並非不瞭解槍的真意，但如果不知道在封上要下萬般勞苦的練習功夫，便是不懂槍。

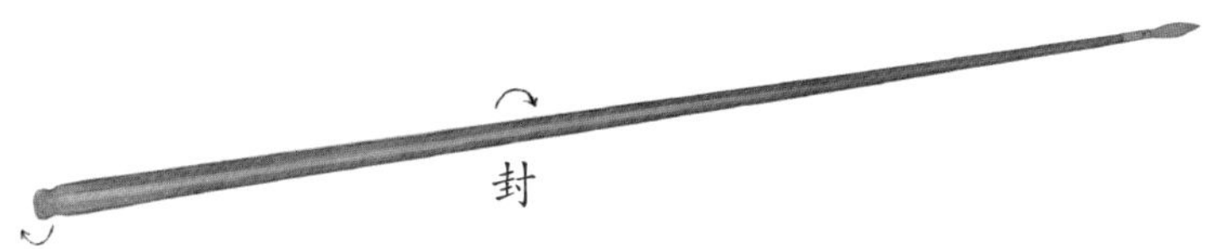

圖49A　封

向下封，槍身才能夠筆直，不能偏右，也不能用力。

【解析】

只要中四平持槍，腕就要前陽後陰，槍根要跟臂骨相對。

閉（如圖 49B、圖 3），洪轉道：「我用中四平勢握槍，前手心朝上，後手心朝下，敵槍向我圈外扎來，我前手往後一仰，後手往前一翻，槍項（槍項指的是槍頭下的杆部，不是槍頭，用槍頭無法壓死敵槍）在敵前手外六寸處閉下，隨即扎敵。」

滄塵子道：「所謂攔，即用閉對付圈外低來之槍。」我身體完全處於圈外，必須做好防守，閉時要用大力，還要蹲坐以助力，把敵槍壓死在地上，使敵無法抽回，才是閉的真正練法。閉完全發揮之際，敵之槍尖已在我身後三尺處（意指要用如騎龍等闊大步法，先閃避敵之扎槍，讓敵槍扎到我左身後三尺處，我再用槍項閉，才能壓死敵槍）。

閉的功夫練得久，對於敵向我圈裏發的槍，即使是大捲槍（蹲坐而拿，亦名伏地槍），也能出其意外，令敵槍橫飛出去，招致大敗。

習練封閉時，前手封下的同時，後手將槍根向左上圈轉，前手將槍閉下的同時，後手將槍根向右上圈轉，槍尖旋轉的影跡皆呈望月形。要讓手法圓而熟，長期下來破解

圖 49B　閉

敵槍，輕鬆百倍。槍一動作，就要兩手陰陽互換，轉得圓而熟了，百種巧法都能由此發揮出極致。

雙頭槍（即圈手）特別難革，只能用封閉來革，能革雙頭槍了，封閉的功夫方小有所成。

對付豁裏透、子午槍，腿要稍微蹲坐，用封閉革槍，才是正規用法。

少林在封閉上沒有下工夫，刻意去用其他的辦法，可笑之極！

事實上，扎法中也有封閉，所以扎的直力中才有橫力。

凡是重輪形、偃月形、纖月形、玉玦形（即幾望形）等技法，都從封閉中分出來，或分得多，或分得一半，或分得少，以此轉化。

封閉練得手熟，其他行著槍法只要一說透就能使用，手不熟，再說盡也沒用。天下之事都有根源，有最先要做的，怎能每招槍法都能習練得了？

開始學封閉，要用猛勁實革，槍尖影跡呈卵形。隨著習練水準的上升，慢慢將槍尖影跡收作圓形，圓如銅錢大小，就能用迎槍了，此時槍法已獲大成。

【解析】

能用迎槍，槍技終矣！

提（如圖 30、圖 9），即閉的手法，但前手低，後手高。用來防禦敵向我圈裏扎來的下部槍。我槍在離敵前手外尺半處將敵槍開於我右側，然後還刺敵之下部。革法中忌諱槍根高於槍頭，但提法的槍根要徑直超過頭部。

真如道：「長竿子雖然猛利，我用提拿之法可以降制

它。」這是說用在滴水勢裏。提拿，即先提後拿，又提又拿，用後跕步進敵，所謂海馬奔潮。

【解析】

提的後手或者槍根要超過頭部，吳老在二十四勢中說過，在此又強調，程真如在《峨嵋槍法》中也說過。

擄（如圖50、圖11），用提的手法對付圈外低來槍，相較提增加了腰腿向前一擺，也要將敵槍開死在我右側，我身在敵槍之左。即使敵槍是死槍，也不能讓敵槍在我槍左邊，怕有變故。擄後即逆皷發戳，所謂白蛇登樹。

滄塵子道：「古槍法中，擄是包含在提裏面的，不單獨命名，故而只說封、閉、提、拿。」敵槍扎來，前後都有上、中、下共六種槍法，但革法卻只有四種，古人創此的本意很深奧！

【解析】

現代很少有人理解擄的動作，誤以為提是向圈裏畫槍，而擄是類似鐵幡竿向身後撥槍，其實錯了！擄和提都是將敵槍向圈裏畫撥，不同的是，提所面對的是敵向我圈裏扎來的槍，而擄所面對的是敵從我圈外扎來的槍。所以，用提時可以僅憑後手，而不需腰力，用擄時要用上腰勁，必要時還要擺動前手前腳以躲避敵扎。

拿（如圖1藍方、圖7、圖49C），即用封法對付敵高扎之槍。

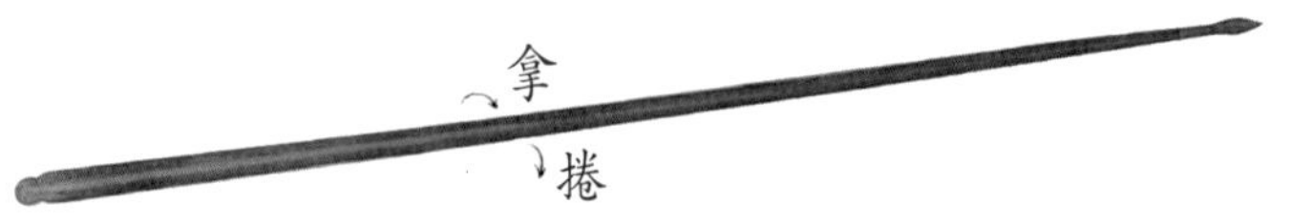

圖49C　拿、捲

滄塵子道：「封、閉、提、拿，古人創立這四種革法，並非僅要收全各類革法，也是要人明白敵上下扎來的槍權當沒有，只專心致力於對敵方中平來槍的封閉。」

洪轉在古革法上增加了擄，卻又加上攔、還、纏作為八槍之母。其實擄是提的次身，攔是閉的次身，卻也尊稱為母（意指擄與攔皆為兒子身份），纏是封和閉的遠孫，還只是一種小小的技法，怎能稱之為母？

究其原因，是少林槍派只知道墨守先人的教法，卻不知要在習練中反思其中的緣由，故而將劉仲、張敖都奉為太上皇。槍母是這樣，其他槍法也就知道是什麼樣子，槍師是這樣，其徒弟水準如何也即知曉。

【解析】

拿是封的前半手法，即前手由陽轉為陰。

砑（如圖 8、圖 15、圖 49D），敵槍不貼我杆扎來的，我用擊打就能革開，貼著我杆扎來的，擊打用不上力，不用封閉不能革開。像豁裏透、子午槍，如不是封閉加上蹲坐來滾砑敵槍就不能革開。

【解析】

砑即封之後手返上進而向下滾壓敵槍，但要蹲身，跟直壓不同，直壓是直力，砑是旋轉後向下的力。有重長之砑，也有輕小之砑。

圖49D 砑

捲（如圖 8、圖 49C），真如道：「閃步蹲坐拿敵槍，直奔敵前手削扎。」又道：「前手捲槍，後手出槍發扎，沒有不傷敵的。」

【解析】

捲要蹲坐，由封轉化而成。

反捲（如圖 7），敬岩妙法，敵槍向我圈外扎來，我將我槍從圈裏轉下向圈外移至敵槍的右側，大力開槍，敵槍必飛去數尺。

【解析】

我立跨劍勢，敵從我圈外扎來，我可以用反捲。

攔（如圖 9、圖 44、圖 45、圖 49E），分為邊攔和裙攔，即提、擄的後手不過頭，只到胸部。

此勢的手法本出自沙家竿子的封閉，槍太長，所以腰軟，如果後手不抬起來，就不能與槍尖相互照應，出於不得已而為之。楊家槍不明白此中道理，將此勢也混入自家槍法內，從此就沒有能分辨出此勢源頭的人。本來這兩個攔法不該收入此書，所以收錄是讓世人知曉此勢的來源。

【解析】

不過頭的提擄那是攔，所用偃月部位又有區別。裙攔即跨劍勢。

勾（如圖 33、圖 5），真如道：「勾，就是攔的一種，但要動作緊密，前肘須緊貼肋下。」

圖49E　攔

滄塵子道：「敵高槍逼近我身，只能用勾法，即白牛轉角的手法。」但前肘緊貼肋下，還不算太緊密，必須將前手捲到乳前，前腕由陽而變成陰，直到手背朝天。

真如道：「對付將近我身的鞭、鐧攻擊，就要用勾的手法。」

【解析】

對付圈外來槍，緊急情況下，常用的攔拿起不到作用時，就要用勾法。勾和撲，經常配合使用。

剔（如圖 34、圖 13），用來革圈內扎頭的槍，也帶纖月形。

【解析】

剔不用轉腕，即半摩旗手法。

大封，連環（如圖 1）對殺時所用的革法。敵我扎革來往不斷，稱作連環。連環時，各自要用真功夫，只有手上封閉熟練了，才能實施各種行著革法。

【解析】

敵用子午槍扎我前手，我以封閉手法或左或右擊打開敵杆，稱作大封，跟程沖斗不轉圓直劈而下的大封是不一樣的。

圖50　擄

圖50注：盔甲參考明季覺華島士兵畫稿繪。

第十八章 步 法

原 文

鴨踏步：敬岩法也，蹲坐而行，其形如鴨，短槍神境也。彼將發圈裏槍，我即開步於左，以脫其扎，而用諸手法。

連枝步：倪、石俱有，長、短槍同用。左足不離地而進，後足隨之。回馬從右進，後踮從左進，此從中進。

隨手步：撲鵪鶉所用，大意似騎龍，拗步也。

影手步：有口授。

步法至此，百尺竿頭矣！

以上馬有沙無。

後踮步：敬岩法也，圈裏進最便。

挈（音ㄑㄧㄝˋ，提著）腳步：金雞獨立所用。

救步：倪法，前足被釘，以此脫之，只退後。前足無故提鬆，最是大病，一被釘住，更難落實，急退後足以救之。

暫步：倪法，黑夜不可平步，只用此。

影腳步：倪之沙家法，足從槍下而進，乃不受傷，亦名「十字步」。

十字步：說見前。

剪刀步：倪之沙家法，進退常用，楊家尤甚。

虛腳步、鴨腳步：俱有口授。

四門槍步：倪之沙家法，用「白猿拖刀勢」，左足不落實，謂之四門槍。落於前則為正勢；落於後則為退勢；落於左，右足用後踮步，成順單鞭；落於右，退右足成「騎龍勢」。——竿子之總要，故曰「沙家用在足」，短槍不用此步。

沙家以四門槍退法為樞要，妙處在此，病亦在此。妙在於活，病在於鬆。蓋退乃長制短之事，長對長而用退，則鬆矣。

騎龍步：回馬丟足而成。

以上沙有馬無。

鴨踏步，敬岩常用的步法，蹲坐行走，樣子像鴨子，可謂短槍如神的境界。敵要向我圈裏扎槍，我立即閃步向左，躲避敵扎，再用相應的手法（如圖37）。

【解析】

鴨踏步，要蹲坐行走，後腳向前腳邁進，即今之蓋步。

連枝步，倪覲樓、石敬岩都用這步法，長槍、短槍皆可應用。左腳不離開地面進步，後腳隨左腳而行。回馬步，左腳要從我方右側邁步，後踮步，左腳要從我方左側邁步，而連枝步是要從中間進步（如圖1紅方）。

【解析】

連枝步，即今之滑步。

隨手步，鷂子撲鵪鶉勢中用到，大概意思類似騎龍步，是拗步（如圖40）。

【解析】

後手與後腳同側而上步，步法幅度比騎龍步小。

影手步，即向左斜進腳步。

【解析】

影手步要在蹲坐移動時保持槍尖對敵，且槍頭高於槍根，才能遮蔽兩手。如捲槍時使用。

上述步法都能掌握的話，也就夠用了，這些步法，馬家槍（指石敬岩改造後的馬家槍）有，沙家竿子沒有。

後踮步，敬岩所用的步法，向敵圈裏進步最方便（如圖30）。

【解析】

這一步法名稱今天仍在沿用，即後腳從後側向前腳邁進。

挈腳步，金雞獨立時應用（如圖46）。

【解析】

躲避敵下部近扎時提起腳來的步法。

救步，倪覲樓所用步法，前腳被敵槍釘緊，用此步閃避，只向後退步。前腳無緣由地虛貼地面，是最大的弊病，一旦被敵槍釘住，前腳也就很難再貼緊地面（前腳不落實，無法蹲坐發扎），只能迅速退後腳以救前腳（如圖

27）。

【解析】

也相當於今日滑步，是後退的滑步，先退後腳，再退前腳，在今日拳擊上廣泛應用。前腳不要故意的虛步，一旦敵槍扎前腳，就無法踩實地面，也就無法革扎。

暫步，倪覬樓所用步法，黑夜裏不要平步走，只能用這種步法（比圖47提腿高度低）。

【解析】

平步指的是滑步，因為夜裏路面看不見凹凸，故用踩踏的步法行走。

影腳步：倪覬樓的沙家竿子步法，腳要從我槍杆下進步，才能不受傷害，也稱之為十字步（類似圖26）。

【解析】

用槍杆遮住兩腳，那麼兩腳與槍以及兩臂基本都在同一直綫上，是防止敵槍釘我腿腳。槍為橫，身為豎，加起來即十字。

十字步，見影腳步。

剪刀步，倪覬樓的沙家竿子用法，前進後退經常使用，楊家槍應用的最多（如圖48）。

【解析】

現代槍法也用剪刀步的名稱，但意思可能與明末不同。按吳老的意思，剪刀步類似常人行走的步法，今之槍法應用很多。

虛腳步、**鴨腳步**，都有口授訣。

【解析】

虛腳步即前腳虛提，鴨腳步為全蹲式行走的步法。

四門槍步，倪觀樓的沙家竿子用法，用白猿拖刀勢，左腳不落實，稱作四門槍。左腳回到前面，是正規姿勢；回到後面，即是後退的姿勢；回到左面，右腳用後踮步進，即成作順單鞭；回到右邊，退右腳成作騎龍勢。這是竿子的大略精要，故而稱沙家槍法用在於腳，短槍不用這類步法。沙家以四門槍退法為核心，妙處在這，弊病也在這裏。妙在於腳步靈活，病在於整體鬆散。後退是長槍降制短槍的情形，但長槍對長槍也要用到後退，那就鬆散了（如圖38）。

【解析】

短槍用不著。

騎龍步，即回馬步，不上前腳只是後腳的步法（如圖31）。

【解析】

騎龍步應用很廣，尤其是在閃避敵槍之時。

上述步法沙家竿子有，馬家槍沒有。

第十九章　行　著

原文

戳革在行著用者，迥與練習者不同，不可以戳革論也，身法、步法大抵與二十四勢相出入。

半拿、半攔：二法亦和槍也，有口授。

摩旗：拿、攔之不轉腕者也，有口授。

半摩旗：亦和槍也。

白拿、白攔：我先發，有口授。破白拿、白攔，須於空處戳之，有口授。

擠：用小小右偃月形，有口授。

挨：用小小左偃月形，有口授。

此二法，真如有扎者名截槍，無扎者名和槍。

挑：地蛇勢所用，有口授。

繃：揭之大者，從下而起。

繃退：手繃而身退也。

托：前手向右。

扯：前手向左。

小提：提之小者。

捺：與小提相反。

推：單手推也，有口授。

逆攱：即兩手推。

點：蜻蜓點水所用。

葉底藏花：破中平，有口授。

砑：有口授。

圈擊：圈而擊也。

披撲：捲而深撲者也，法皆似香烟篆。

拖：我槍敗於地，彼槍戳來，我拖近，以橫力開其槍。

反拖：仙人坐洞所用。

鐵幡竿：有口授。

吞吐：於彼槍胸兩畔淺進復出，以探其能否也，須防彼點前手。竿子須用大踏腳，以身出入助手勢。

穿：真如謂之投壺扎，有口授。

白捲：破高頭槍。破白捲，有口授。

通神：捺之頭高者也。

直符送書：擠之頭高者。

左右顛提：探水之法也，真如名穿簾扎，有口授。

隨龍槍：禦串槍者，有口授。

反拿、反攔：有口授，二法敬岩心血也，又名纏拿、纏攔，有口授。

纏槍：有口授，沖斗謂之蛇蟠槍。真如破纏，用無中生有扎。

無中生有：有口授。

左右插花：沖斗云「提槍，斜步而進，以探其動靜老嫩」。

披閃：輕白攔以動其槍，而換勢於右也，意與顛提同。

撲纏：先撲又纏也，有口授。

滴水打：以滴水進步而劈之。

滴水反攔：滴水進又反攔之，有口授。

木雞槍：又名鎮守邊牆，真如謂之截槍扎，有口授。

直走大梁：破鐵牛，有口授。

懶漢鋤田：亦截槍之類，有口授。

金雞獨立：破戳前足。

白蛇登樹：破戳前足。

青猿獻果：破戳頭。

紫燕穿林：破戳頭，拿下即戳之。

有此四法，故曰「高不攔，低不拿」。

蜻蜓點水：破梨花三擺頭、白蛇弄風，有口授。

鐵掃帚：沖斗云「彼立中平勢，我一拿，雙足一跳，又一攔一跳，彼守勢不得，即發戳」，余謂此但欺低手耳，一遇閃賺立敗！

仙人坐洞：此右肩在前之反勢也。初時，我於圈外進右足，以鷂子翻身戳之，彼攔開戳來，我即右手拖槍以革之，又蹲坐以躲之，舞法耳！

繃靠：拖刀勢誘彼戳來，我從下繃起其槍發戳。

迎封接進：身法即卷也。拖刀、擺尾轉而向前，故有此名（沖斗以從槍為迎封，以花槍為接進，又以滴水破法為迎封，皆誤）。

活綳對：救圈裏敗槍，後跕步斜進，兩手綳起彼槍發戳。

死綳對：圈裏敗槍失前手，只後手陽仰斜拉向後，綳開他槍，前手即得持槍也。

活綳退：救圈裏敗槍，剪步跳出，後手斜拉向後，綳開他槍。

翻身綳退：圈裏敗槍失前手，只後手斜攔過頭，綳開他槍，身從右轉，退後足，前手即得持槍。

勾槍勢：救圈外敗槍，失前手，急移前足於後（孟浪極矣，必來不及），左手急持槍，仰掌一勾，左肘緊貼脅下，以開其槍（妄語也）。

此五法皆出於沖斗，前四勢已疏，勾槍更謬！留此以破執迷者，非槍法也。

海馬奔潮：短降長恃此，凡破皆可用，遇以逸持勢者，即敗。有口授。

跌落金錢：右偃月形，左右皆用，有口授。

左纏藤：破刀劍如神，鐵槍不須，有口授。

三奇槍：有口授。

鴛鴦槍：上偃月形，開多槍甚善，有口授。

蜈蚣鑽板：下偃月形，有口授。

梨花擺頭：上偃月形，有口授。

香烟篆：重輪月形，有口授。

香烟梨花：有口授。

絛環槍：仰月形，有口授。

月兒側：幾望形，有口授。

逼無路：左、右偃月形，有口授。

螣蛇槍：仰月形，有口授。

行著至此十三法，百尺竿頭矣！以上馬有沙無。

鳳點頭：十字步追敵，將槍尖丟灑，閃左閃右以惑之。

白蛇弄風：與硬槍不同，用肩力推扯，槍尖打開丈許最有勢，而左邊偃處有空。

搭：竿子之白拿、白攔也。

梨花滾袖：兩手托直，以身法顛提。

跌膝槍：騎龍勢，左足拖出誘人，彼戳來，我收足，膝一點地，兩手垂勢，一攔即戳。

以上沙有馬無。

黑鵨：圈外戳來不革，進右腳於圈外截之。

白鵨：即前勢之先發者。

戳死腳：彼前足提鬆，即釘之。

戳活腿：破彼用回馬，有口授。

戳後肩：即實扎，用其大者。

左實扎：破圈裏戳，有口授。

右實扎：破圈外戳，有口授。

仙人指路：破鐵牛、八字打，有口授。

以上馬、沙俱有。

溜壓沉槍：我圈裏斜進，彼槍串入圈外，我用騎龍入彼圈外，橫壓其槍於地。

壓攬沉槍：進步圈外，橫壓彼槍，彼槍串入圈裏，我又後踮步橫壓之。

此二勢皆出沖斗，不可用也！蓋橫壓，真如用之探手，先發制人者也。以為應兵，迂矣！何如戳之？「鐵牛」應兵，可用橫壓，直勢難當故也。然壓攬難用！

圈裏沉槍：蹲坐以槍壓之，有口授，此真如法，不同沖斗。

圈外沉槍：用於右。

二勢沖斗以為實殺，真如不然，以為探水，二公所見，相去天淵。

左順打：有口授。

右順打：有口授。

左拗打：即鐵幡竿之用撲鵪鶉也，有口授。

右拗打：有口授。

以上四法專為鐵牛、地蛇。

摩旗左打：脱槍乘勢打下。

摩旗右打：即前法之對。

此二法用之對長柄叉最善。

連擊：彼槍已死，連打而進，必無反覆。

顛提：地蛇打紉針者也，從圈外打其手，即纏攔手

法，故名顛提。

以上借棍法。

行著所用的戳法、革法，跟我們平時習練的大不一樣，不能用本書前文所說的戳法、革法來評判，身法、步法大多與馬家槍二十四勢相出入（行著專用於游場角技，不以殺死殺傷為目的，而是要制服，因此戳革方法因槍師水準的高低而良莠不齊，用什麼的都有，有實戰技法，也有花法，所以不能一概而論）。

半拿、半攔：兩種技法也可稱作和槍。拿、攔主要靠前手勁力，拿、攔是轉腕90度，半拿、半攔只轉45度（如圖13、圖14）。

摩旗：不用轉腕的拿攔。即手不轉陰陽，不用擰轉槍杆，只是用槍尖順時針或逆時針畫圈，圈或小如銅錢，或大如鍋蓋，可以擾敵，也可以防禦，屬虛槍。但兩手陰陽一轉，擰轉槍杆，槍尖即可滾轉扎出，可攻可守（如圖3、圖34）。

半摩旗：也可稱作和槍。不用擰轉槍杆，但手腕是有擺動的，擺動幅度近半拿、半攔，可用槍尖畫上、下、左、右的弧（如圖13、圖14）。

白拿、白攔：敵還沒向我發槍，槍尖離我還遠，沒到我用拿或攔的拍位時機，我主動發出拿或攔槍，目的是先革敵器，讓他沒法發扎。這種情況可適用於敵我對峙時，我主動出擊。破解白拿、白攔，必須向敵不易防護的部位

發扎。因為敵先發的拿或攔沒有後手返上的動作，力度沒有封閉強，但速度快，如果我來不及革，最多將我槍盪開，不能壓死我槍，此時我要反敗為勝，就必須看敵身哪裏防禦最弱往哪扎，就不要想貼杆深入了（如圖7、圖9）。

擠：貼著敵杆前手腕陰、後手腕陽擺動45度，槍尖軌跡小，呈小右偃月形（如圖12）。

挨：貼著敵杆前手腕陽、後手腕陰擺動45度，槍尖軌跡小，呈小左偃月形（如圖14）。

擠和挨，程真如管用這兩種手法貼著敵杆進扎的叫截槍，沒扎只革的叫和槍，跟白拿、白攔的手法一樣。

挑：兩臂下垂伸直握槍，大蹲坐，為地蛇勢，於此勢將壓我槍的敵杆向上、向左、向右挑起或直接挑敵（如圖37）。

繃：自下向上而繃，主要是後手的發力比前手更強勁，瞬間的爆發力，向上挑如果勁道為綿勁，則繃勁更為剛烈（如圖10）。

繃退：敵槍壓在我槍上，我以後手將槍向上繃開，然後向後退步。此勢是程沖斗汊口槍的用法，用在單殺手扎出去來不及收回而被敵槍壓制的情況。

托：敵槍向我胸腹以上扎來，我利用步法、身法將前手向右橫擺（類似圖14）。

扯：前手向左橫擺（如圖10）。

托、扯，敵我近身兩杆相交時易發生此類情況。

小提：幅度很小的提法，以攔的技法革圈裏低來槍，用左纖月形月牙的右側（如圖14）。

捺：用拿的技法革圈外低來槍，用右纖月形月牙的左側。小提、捺，後手都高於前手（如圖13）。

推：僅用前手或後手握槍身推敵杆（如圖48）。

逆詖：兩手握杆而推（如圖15）。

點：蜻蜓點水技法，一般用於兩手握杆點刺敵持槍前手或者點杆，使敵撒槍或杆子落地（如圖10）。

葉底藏花：由下向上繞敵杆進扎敵之前手，即串加子午槍，可破中平槍，又名月牙槍（如圖3）。

砑：後手轉杆向右向下發力滾壓，力用在槍根，為纖月形（如圖15）。

圈擊：先用圈槍，再用劈打（如圖6加圖8）。

披撲：先蹲坐而拿，即捲槍，然後深打之（如圖7加圖8）。圈擊和披撲的手法都類似香烟篆。

拖：我用單殺手扎槍，被敵槍革開，我槍尖落地，此時敵槍向我扎來，我疾速將我槍拉近我身，前手接槍，兩手用橫勁猛開敵杆。

反拖：我用單殺手勢扎槍，槍尖落地，此時我後手後腳在前，而敵槍向我扎來，我來不及收槍收腳，順勢用後手將槍拉起，前手接住，兩腕相交，並蹲坐，用橫力開敵槍，此勢名仙人坐洞（如圖51）。汊口槍擅用，吳殳稱此為「舞法」。

鐵幡竿：上騎龍步硬橫力向左後開槍（如圖41）。

吞吐：貼著敵杆前1/3段先淺扎再退出，以試探敵槍的防禦能力，須提防敵順我杆滑扎我之前手。如果是用沙家竿子，就要用大跨步跟著竿子進退，憑身體的向前向後來協助手臂的動作（言外之意，短槍是沒必要動步法的，

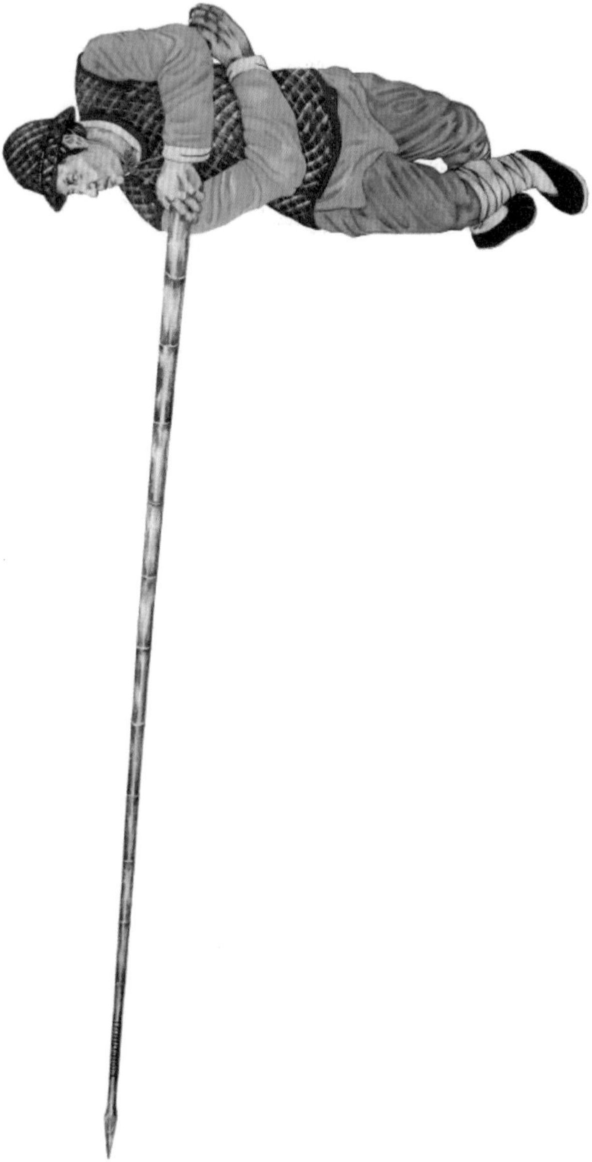

圖51　仙人坐洞

圖51注：藤盔、藤甲參考《武備誌》赤藤鎧繪，適用於步兵。

靠兩手足矣，因為竿子長而軟，易塌腰，所以需要身法的推動）。

穿：程真如稱作投壺扎，即美人紉針（如圖32）。

白捲：捲槍要蹲坐而拿，可破中平、下平槍，白捲也是我方主動出擊的技法，當敵我雙方對峙，敵槍尖較高未扎之際，我突然用捲槍將其壓下，即白捲（如圖7）。

通神：捺的槍頭較高，即持杆前手高於後手。

直符送書：擠法，槍頭高，槍根低。

左右顛提：左右指起勢為中平勢（如圖24）或跨劍勢（如圖45），兩勢的槍為左右相對，這裏的顛提指的是滴水勢（如圖30），直提敵之前手，程真如稱之為穿簾扎。

隨龍槍：防禦敵串槍的技法，敵串我也貼著敵杆串，是閃賺技法。

反拿、反攔：這是石敬岩的心血之作，拿由跨劍勢發出，即反拿，攔由中平勢發出，即反攔，又名纏拿、纏攔。

纏槍：槍尖影跡為重輪形（如圖4），程沖斗稱之為蛇蟠槍。程真如破纏槍，用無中生有的扎法。

無中生有：我槍被敵槍纏住，看好時機將槍抽回，再扎入。

左右插花：程沖斗謂之使用提槍的技法，或用後踮步向左進，即滴水勢（如圖30），或用騎龍步往右進，即伏虎勢（如圖43），以試探敵之來槍是老是嫩。

披閃：以少許槍勁主動發出白攔技法，目的是引誘敵槍做出動作，敵槍的動作如果是避開我的攔法而將槍從我

的左側串至右側，我則也隨之將我槍由攔勢轉為拿勢，槍項從左移至右，意思與顛提一樣。

撲纏：先用打擊敵杆，如敵杆未下落而採用革法，我再施以纏法（如圖8加圖4）。

滴水打：由滴水勢（如圖30），進後踮步先提槍再打之。如再貼杆逆戳而推扎，即海馬奔潮。

滴水反攔：敵發地蛇槍（如圖37）扎來，我則用滴水勢（如圖30），我槍將敵槍提起，此時我槍貼在敵槍之下，用手法將我槍串至敵槍之上，以攔法（如圖44）打擊敵杆。

木雞槍：又名楊六郎鎮守邊牆，程真如稱之為截槍扎，石敬岩稱之為懶漢鋤田，輕用擠、挨手法。

直走大梁：可破鐵牛耕地。敵用極低的身勢扎進我身，我萬萬不能與其杆子硬磕，而敵的兩腳是跨開的，不方便變換身勢，我就上騎龍步繞到敵身後戳其後背。

懶漢鋤田：也屬截槍。

金雞獨立：破敵槍戳我前腳，敵槍由下扎來，我提起前腳，所謂低不拿（如圖46）。

白蛇登樹：敵槍向我前腿腳扎來，我用提、擄將敵槍革開，再將敵槍打下，順敵杆滑扎敵之前手，即逆戳，所謂低不拿。

青猿獻果：敵槍向我頭扎來，我閃過，即以單殺手法（如圖29）還扎敵首，所謂高不攔。

紫燕穿林：敵槍向我頭扎來，我將敵槍一拿至地（如圖35），然後戳刺其身，所謂高不攔。

金雞至穿林四法，可謂高不攔、低不拿。

蜻蜓點水：可以破梨花三擺頭（槍頭低於槍根，故易被點扎前手）、白蛇弄風（僅靠兩臂左右擺弄槍尖），即點扎敵之前手。

鐵掃帚：程沖斗說「敵立中平，我先一拿敵槍，然後跳起兩腳（敵槍從下扎來），進而再攔一槍（敵槍又扎我下部），再跳雙腳，敵則慌亂無法防守，我則可以發戳」，這個也就能欺負下低手，一遇到閃賺立即見敗。此技法在現代的六合槍套路中仍有使用。

仙人坐洞：這是右肩在前的反架。我從敵之圈外進右足，即騎龍步刺敵，敵攔開我槍還刺，我立即右手拖拉拽回我槍，並以拖拉的力量試圖革開敵槍，同時蹲坐蜷身以躲閃敵扎，其實是舞法（如圖51）。

繃靠：以拖刀勢將槍尖指向地面向後退，誘敵追扎進來，我則從下面以腰力將我槍繃起而開敵槍，進而發扎。

迎封接進：敵槍向我圈內扎來，我蹲身小拿敵槍的同時並扎刺敵身，即捲槍的方法，這是拖刀勢、擺尾勢攔完敵槍的後續動作，即拿、扎，故而有此稱呼。程沖斗把從槍稱作迎封，把閃賺花槍稱作接進，又把滴水提拿稱作迎封，都是錯誤的。

活繃對：我槍在圈內被敵槍拿下，我則用倒插步向敵之右側斜進，讓我的槍與敵槍的夾角角度更大，便於我可兩手繃起敵槍進而發扎。

死繃對：我槍扎至敵之圈內，我槍落敗，前手不能持槍，只能靠後手陽面仰著將槍向後拉拽，並繃開敵槍，前手就能握槍了。

活繃退：我槍被敵槍壓在圈內，未待敵刺，我即以剪

刀步向後跳出，同時後手將我槍向我之身後大幅度拉拽，以繃開敵槍。

翻身繃退：此勢開始動作是以單殺手向敵圈裏扎的扎法，失敗後（此時，右腿在前，並非左腿在前），右手在頭部位置向後斜攔，繃開敵槍，右轉身（轉180度），右腳向後退，轉過來後（此時左手左腿在前，變作中平勢）恰好持槍。

勾槍勢：敵從我之圈外向我發槍，刺我前手，我即撤回前手，立刻向後退前腳，即將左腳退至右腳後，變成右腳在前，前手即能握槍，仰掌向內一勾，左肘部緊貼肋部，即可開敵槍（吳殳說，這招這麼使的話，第一，前腳向後退可能來不及，第二，動作不到位。其實這招在現在的六合槍套路中還真有人這麼使，樣子挺好看的，後退結束的樣子，似乎是胸腹正對敵人。勾槍，是救急的槍法，向後退，不能幅度太大，因為來不及，僅用滑步後退就夠了，而不能改變胸腹所對的方向，即不要轉身。再者，前手不僅要貼肋，還要捲至乳前，才能破釜沉舟地使出勾槍之法。如圖33）。

從迎封接進至勾槍的用法，都出自程沖斗，前四勢的動作就大開大合，而勾槍更是錯的，所以保留這些，是讓那些執迷不悟的人清醒過來，這幾勢根本不算槍法。

海馬奔潮：短槍破長槍，靠此勢，即憑滴水勢提拿而扎。但如果故意先擺此勢而待敵，必失敗（意指此勢本是個槍頭在下的動作，槍尖低於槍根，沒有防守，當然易敗）。

跌落金錢：右偃月形（如圖8），敵槍扎來，我憑步

法或左或右閃開敵槍，輕封敵杆，依其杆而下，即扎敵前手，又名畫烏絲。

左纏藤：可破刀劍。敵之刀劍從我之圈外砍在我的槍杆上，欲順杆滑斬我手，由於敵刃吃杆深，我則以勾槍之法將敵械甩開。如果我用的是鐵杆槍，就無必要勾了，金屬杆不畏刀劍（藤指槍杆）。

三奇槍：即跌落金錢、月兒側、綠環槍。

鴛鴦槍：適用於被敵槍所圍，我則蹲步，靠身法躲閃敵槍，並以槍攻擊敵之最左邊的人，每次都攻擊最左邊者，槍尖影跡呈上偃月形。

蜈蚣鑽板：槍尖影跡呈下偃月形，游而不扎，攻敵下部。

梨花擺頭：上偃月形，指敵內，扎敵外，或指敵外，扎敵內。

香烟篆：槍尖影跡為重輪形，即纏槍。

香烟梨花：即香烟篆加梨花擺頭。

綠環槍：仰月形，又名螣蛇槍（如圖55明軍）。

月兒側：幾望形。

逼無路：左、右偃月形。

螣蛇槍：同綠環槍。

從海馬奔潮至螣蛇，這十三招是行著的精微之處，可謂百尺竿頭。上述馬家槍有，沙家沒有。

鳳點頭：用十字步（槍杆遮住兩腳）追敵，將槍尖左右丟灑，攻敵持械之手。

白蛇弄鳳：跟硬槍不一樣，需靠肩膀的力量帶動兩臂

推扯竿子，使槍尖可離我身外丈遠左右擺動，特有氣勢，但我之左側門戶會有空檔（偃，同堰，在此指門戶）（類圖70叉手）。

搭：沙家竿子的常用方法，搶先拿、攔敵槍。

梨花滾袖：主要靠身體躲閃，兩臂抻直以提拿敵杆。

跌膝槍：擺出騎龍動作，故露左腳誘敵扎來，我則收左腳，跪左膝，膝一挨地，則兩手垂下一攔敵槍即發扎。

上述方法沙家竿子有，馬家沒有。

黑鷂：敵槍向我圈外扎來，我不革，以騎龍步向敵圈外截擊（類圖52甲）。

白鷂：我與敵互立中平對峙，我搶先上騎龍步向敵圈外刺戳（類圖52乙）。

戳死腳：敵前腳向上一提（類圖47），即刺敵之後腳。

戳活腳：敵向後退，欲用回馬槍（類圖38），即刺敵之左腳。

戳後肩：以單殺手扎敵之右肩（類圖1），因為單殺手力量足，扎得遠。

左實扎：敵向我圈裏扎來，我左腿斜向左上步以閃避敵之槍尖，即用單殺手扎敵後手。

右實扎：敵向我圈外扎來，我向右前上騎龍步以閃避敵之槍尖，即用單殺手刺敵。

仙人指路：可破鐵牛耕地、八字打。鐵牛耕地是先一打至地，然後再借向地的反彈力扎出，而少林八字打，是下三路的左右擺動打法，反覆畫上偃月弧綫，這兩種都是

圖52　甲乙丙丁

圖52注：馬上將領盔甲參考《倭寇圖卷》繪，刀兵紙甲、牛皮甲參考《武備要略》繪，長槍兵盔甲參考《紀效新書》繪（甲、乙、丙、丁見腰牌）。

先打，那麼我則上騎龍步先避其打，再提槍擊敵腿。

以上馬家、沙家都有。

溜壓沉槍：我以後踮步向敵圈內斜步進扎，敵槍串到我的圈外，即我之左側，我又變換步法成騎龍步，橫槍將敵槍壓至在地上。

壓攬沉槍：我以騎龍步進到敵之圈外，即敵之左側，橫槍壓制敵槍，但敵槍將我槍繃起，向我圈內即我之左側扎來，我再變作後踮步壓制敵杆。

這兩招都出自程沖斗，不要用啊！其實橫杆壓敵槍，是程真如用作試探敵槍的手法（即降槍扎），是先發制人。如果刻意用作防守，就太迂腐了！有那個變換步法的工夫，還不如想辦法戳呢！如果對付鐵牛耕地，我可上騎龍步橫壓，這是因為鐵牛力道直猛，來不及格擋。但壓攬沉槍很難使用。

圈裏沉槍：蹲坐以槍直壓敵杆。真如也有此用法，跟程沖斗不同（程是大直壓，真如是卷槍）。

圈外沉槍：騎龍步而用。

兩個動作，程沖斗以此為實招，大封大劈，但真如卻注重手法，虛實結合，兩位槍師的造詣，可謂一在天上，一在水中。

左順打、右順打：左腿在前，向左打，向右打。

左拗打、右拗打：右腿在前，向左打，向右打。

上述四種打法存於鐵牛耕地及地蛇勢中。

摩旗左打：脫開敵槍後向左打下。

摩旗右打：脫開敵槍後向右打下。

這兩勢可用於對付長柄叉，效果非常好。

連擊：敵槍被我槍一打至地，為防止敵槍再起，我則繼續打擊敵杆，讓敵械死於地上，不能再起。

顛提：地蛇勢打紉針勢，從敵圈外打敵前手，即纏攔手法，故名顛提。

這兩勢借用棍的打法。

第二十章　槍法微言

原文

槍本為戰陣而設，自為高人極深研幾（細微），遂使戰陣之槍，同於嚼蠟。

槍有六品：

一曰「神化」，我無所能，因敵成體，如水生波，如火作焰；

二曰「通微」，未宏全體，獨悟元神，以一禦百，無不摧破；

三曰「精熟」，敏悟未徹，功力甚深，猶如魯賢，學由身入。

凡此三者，厥（音ㄐㄩㄝˊ，其）品居上。

四曰「守法」，有傳必習，不替家門；

五曰「偏長」，手、足、身、目，深有一得；

六曰「力鬥」，虛實全無，動即犯「硬」。

凡此三者，厥品居中。

初學，須先知棍與槍之辨，次須知馬、沙、楊之辨，

則不惑於邪說。余三十年來，每問槍師云：「槍與棍皆有革，何革為槍，何革為棍？」能對者絕少。嗟乎！槍棍猶不能辨，況深處乎！

先學成竿子，手鬆腳浮，於馬家槍永世不入矣！先學成馬家槍，分出十分之二，即是沙家槍，但加以大步耳！馬、沙既成，楊家不學而得。

馬取靜，沙取動；馬取手，沙取足；馬取進，沙取退；馬取小，沙取大；馬取密，沙取疏；馬取輕，沙取重；馬取大成，沙取適用。楊無正名，雜出於二者之間，故曰「騾槍」。

須槍槍見血以論勝負，然後能辨敬岩、沖斗之得失，此事非獨口不能傳。對槍稍留情面，即不能辨，此真破假也。

人有慧性者，方可教槍，不然，止堪叉、鏟。每有於余學得敬岩法一、二分，一遇俗師，即混（同混）於大封、大劈，盡失故步。人之識與志，豈易得哉！

楊家槍威勢最動人，而一遇馬家槍即敗。以初學之時，馬家槍步步進於人，槍頭上奪得性命，故手腳緊密。楊家槍多半以退誘人，故粗疏。

楊家槍破短槍用退，短槍破刀棍亦退，法固然也！莫咎楊家，但學者不當，株守一楊家法耳！

大封、大劈，門外漢望而卻步，同藝者以力為勝負。敬岩、真如見之，如篾縛紙鞔（音ㄇㄢˊ，鞋子）方相（驅鬼逐疫之神），才近身，即百雜碎，此緊破疏也。

意必相合法，則有與意違者，惟違乃真合也！以畫譬之：衣折回轉，與肢體相應，若畫錦衣者，則於衣折完

後，鋪一層平錦。不合衣折，若於衣外掛以網者。以意言之，寧不大違？然必如是，乃成錦衣！苟隨衣折而作錦，必不成錦，豈非違者真合乎？中四平，意也，衣折也；三十三勢，法也，掛錦也！求槍法者，於此用心焉。

戚公鴛鴦陣，每隊十二人，唯槍手四人，名曰「殺手」，以寡擊眾，莫善於槍，不可不知！

敬岩云：「槍杆重八斤，極硬，學成上陣，著著殺人！在游場時，人不能用我槍。若以輕軟者來對，如飄蘆葦，何須更破？」此實破虛、重破輕也，乃練習時之法，戰陣即用之。游場惡其帶烟火氣，犯硬不能必勝，須要脫化。問曰：「戰陣實事，生死勝敗系焉，子以游場為難，不亦左乎？」答曰：「棘院之文，貴賤系焉，豈非實事？而元魁墨義，敢與歐、蘇較高下乎？」曰：「予昔所見海上臨陣必勝之將，至王聖通、王克之極矣！」敬岩對之，不立一勢，不施一法，忽焉刃注其喉，罹懡(音ㄌㄧˊ ㄇㄛˇ，遭受羞愧）而退，臨陣必勝之槍安在？

來槍之虛實，於將發時面上測之，最是要訣。

誘人不如逼人，誘可不受，逼無不受也。以動逼人不如以靜困人，動則勞，靜則逸也。嗚呼！可與言此，其唯敬岩、真如哉！誘人，閃賺顛提也。動勢者，海馬奔潮等也。靜勢，須眼見口授。

唯欲革，劈打足矣，何須封閉？封閉非止革槍，古人立此以練手臂者也。深諳此意，乃可入峨嵋之門。馬家、沖斗不知，洪轉知而未深，世人可與言馬家、沖斗之法如泥沙，可與言轉公之法者如磚瓦，可與言峨嵋之法者如夜光之珠。

槍非可教可學之道，由教學而得者，至少林止矣。透過此關，方見峨嵋之妙。

戰陣矢石之下，賢愚同盡，大將得如真如、普恩、德長、敬岩輩數人，宜客之幕中，大用之則以選擇教師，小用之則防刺客。有如賀拔勝之襲高歡者。

敬岩槍法以萬派歸宗為最極，得此而視諸法，如登塔頂而視街衢也。手法中有二，身法中有一，只在此山中，雲深不知處。

敬岩在游場，遇低手不用戳革，槍淺直如不見深者，拔而擲之，常曰：「我乃可上游場，卿輩不可也！我上游場勝人，而人不能竊我槍法。卿輩得一勝，即以一法送人矣！」

打連環時，槍根空半寸、一寸，漸至一尺不敗，對破放出，是長於人一尺矣！此敬岩秘訣。孟子云「自反而縮」、孔子云「躬自厚而薄責於人」，正合。

槍戳一條綫，棍打一大片，初學練手事也，能人槍、棍如蛇行！來槍不妨拿、攔前著，萬勿拿、攔後著，切囑切囑！未進關手宜輕虛，已進關手宜重實，「關」即《紀效新書》所言「拍位」也。槍法貴小，棍法借來物卻貴大。欲知其戳，當驗其目，目所射處，是其戳處！關外認器不認人，關內認人不認器，常道也！神化者，關外亦認人不認器。

最精密者「螣蛇槍」，粗則為「海馬奔潮」，粗極則為「鐵掃帚」。其意一也，同一轉陰陽也，「圈手」力在槍頭，「螣蛇」力在槍根，須久久練習，得悟入處方知之。

槍之借棍有五：一降長、二鬪內、三禦眾、四夜戰、五舞弄。

倪覲樓短槍未純，而竿子絕妙。余嘗問：「沙家法須更學乎？」倪曰：「不然，子取竿極硬者，選馬家法用之，必勝！」余從其言，每困竿子好手。

覲樓云：「竿子手動則腳靜，腳動則手靜，手腳俱動，便無法矣！」又云，「竿子頭可軟，胸、腰必貴硬！」

沖斗云：「閃賺細密，左右變化，不致犯『硬』。顛提局勢闊大，諸勢相破，無不賴焉。」其餘槍法已知犯「硬」之賤辱矣，而 （通誤）横（放任）「闊大」二字於胸中，故其學與敬岩、真如畢竟相背。

沖斗云：「彼立中平，我以他勢驚之；彼換他勢，我以中平破之。」此言亦然亦否，各勢自能相破，不需收入中平也。

《紀效新書》槍法不及沖斗，言棍甚精。余取其通於槍者八條：

「拍位早不得，遲不得，能見肉分槍，自知拍位矣。決不可一發便要傷人，徒使自勢發盡，為人所乘。」

「須知他力出何處，我不於此鬥力，姑且忍之。俟其舊力略過，新力未發，然後乘之」，此語甚妙。

「轉陰陽不宜太早」，此深知甘苦之言，即翁慧生所謂「開槍宜先輕後重」也，「鴛鴦槍」不出此。

「一打一揭，步步向前，遍身著力」，即少林棍之「五虎攔」也。

「剪打急起磕，起磕復剪打，相連而進，彼不能發

戳」，此即槍家入室語。

「打在他手前一尺」，余謂此「拍位」注解也，練戳革二三年自知之。

「用彼敗槍之法連步趕上，切勿殺他，只管住他槍」，此語甚妙，即「連拿」也。

「持棍後手宜留三寸，以便換手，持槍必須盡根」，余謂槍根當在掌心中，與臂骨相對，則靈活而長。

三家法辨不清，即是邪說，不需更有邪說也。

叉、鏟頭重，一被打即沉下，連打而進，勝之必矣，槍若發戳，必敗。

鐵十字，馬家隱微處也。

力大者，得技藝三分，便可降人，故不能深入，自用則可，教人則疏矣。

刀劍降長，必須拼命撲身槍尖上去，逼之不得不發，乃能降之，稍鬆即敗。此死中求生之法也！短槍於長槍亦然。

戳革是正，行著是變，功夫缺一不可。

正當前握手處，是槍之心，於此稱（舉起）之，兩頭正平，方用得靈活。楊家槍長，其心必在前手外二三尺，雖大力者持之，終不能用馬家法，壓手故也。

淺可破深，深又可以破淺；輕可破重，重又可以破輕；緊可破疏，疏又可以破緊；實可破虛，虛又可以破實；直可破橫，橫又可以破直；正可破斜，斜又可以破正；下可破上，上又可以破下；中可破上下，上下又可以破中；右可破左，左又可以破右；長可破短，短又可以破長；真可破假，假又可以破真；進可破退，退又可以破進，而進又可以破退。有師承、有功夫、有悟門者，自能明之。孫子曰：「兵無常勢，水無常形，能因敵之變而取勝者，謂之神。」

余初學時，敬岩問曰：「君之學武，為意氣名高耳？我有二三捷法，只一月之功，可以眩（同炫，迷惑，炫耀）俗。」

余曰：「本以天下多事，故欲為此。若止眩俗，不能殺中原流賊者，吾不學也！」

敬岩曰：「若爾非千日苦功不辦（致力），須二年練戳革，一年學行著，方到小成。若要大成，必如我一世習練方得。」

余深信其言，癸酉甲戌，練戳革無間時者二三年。

行著甚多，豈能盡練？得其精要者數法，可以稱「通微」矣！多而生，不若少而熟也。數著既熟，旋旋加之，以迄「神化」。

長對短，勿竟進，竟進必敗。進而忽退，又進，則必勝矣。

短當長，若長竟進者，易破也。於其忽退時，能追入粘住不令脫去，則勝。不然必敗，難哉難哉！

洪轉曰：「柔能制剛，弱能勝強，此即軟中破硬之法也！彼以硬來，我亦以硬抵，是為犯『硬』，力弱者必敗，力等而鬥久，何能必勝？若於彼用力剛猛之時，我行『穿』、『勾』、『退步』之法以避其力，俟彼進深，猛氣已過，乃移身斜步扎之，即巧法中之斜步『單殺手』也，此時彼亦無所用其力矣！我變為軟，使彼氣力落空，然後相其無備之處取之。此皆『以軟破硬』也。又如彼此

立勢，我乃假作硬勢進槍，彼亦以硬力革我，我卻變『圈』、『串』軟法扎之，謂之『借硬用軟』。又如立勢之時，我以軟勢『吞吐』進出，使彼不防，我於進後忽用硬力，疾速取彼，謂之『借軟用硬』。此中變於無形，動於無聲，學者不可不留意！」觀轉公此段議論，見識高深細密之極矣！

少林之槍，所以與峨嵋有間者，「封閉」根本之工少！其於行著，未免因事制宜，不從根本而發，似乎下流塞水耳。

沖斗自取其性之所近，專抽少林剛猛之法以立教，偏於粗厲，其負少林者多矣！王子安（即唐代王勃）文章，為才所使，以致腸肥腦滿，失江庾（即南北朝庾信）清瘦逍遙之度。沖斗槍、棍為力所使，以致掀天揭地，失少林強弱互用之意，其病正同。

敬岩於江南槍師，惟許程真如、程沖斗。余於二君年齒相懸，皆不及識面，而皆得見其書。真如深會予心，沖斗道不同也。

真如云：「普恩立機空室，練習二載。」夫槍皆活法，豈立一機而可練習諸活法乎？予謂槍以「封閉」為根本，其所立機，只以練封閉耳。當是制一大弩，以杆為矢，張而發之。杆來深疾，不易革開。練至能革開一杆，則以二杆前後相隨而發。加至四五杆而不傷身，則眼明手快之極矣！蓋人力所發之杆，畢竟不如弩發之疾，且無情可畏也。普師誠志士哉，世不二見也！

深究敬岩、真如之異同，真如只學於普恩，一師而成，純乎純者也。敬岩自云馬家槍法，而緊要處全同真

如，蓋初本馬家之法，由其工力專深，不覺不知與普恩合，而馬家帶棍之法亦不驅逐，皆以槍法用之。由雜而純，既純之，後反以雜，故見其廣大者也！真如如昌黎（即韓愈），合下（原本）便是古文，自始至終，不帶六朝；敬岩如柳（即柳宗元）文，初本六朝，工力專深，不覺不知與昌黎合，具六朝之文在集中，反覺有別致也。

短槍如小楷，楊家槍如行書，沙家竿子如狂草。學成楷書，然後學草，乃有規則。先學草書，於楷遠矣！行書楊家槍，在二者間，既得二法，中間者不學而得。

楊家槍氣勢雄猛，而必折於峨嵋者，以峨嵋之初，站住腳跟，手熟而後動身，身熟而後動腳，根本固也。楊家槍用處在腳，故跳躍功夫多，封閉功夫少，以抵峨嵋，無可跳躍，焉得不困？楊家破短槍用退步，短槍破刀棍亦用退步，法固然也，但學者不應株守一楊家法耳！

中四平之足貴者，以其能含藏百法，隨宜即發也。死中平不如不學。

舞槍勢，舞與歌同類，安責其實？用《饒歌》（漢代樂府歌曲）為軍中之樂，則器舞亦軍樂中事也。而其合手法、步法、身法、行著為一敘，習之則技自精熟，以此不為剩技，然非精妙之極者，舞必不佳。予不知真如槍舞云，而敬岩曾於婁之海寧寺一見其舞，又於斗室中以短杖作三四轉身。六十老翁，白須如帚，赬（音彳ㄥ，紅色）面長身，平日有戚施（本義蟾蜍，此喻指駝背）之誚，及乎作舞，竊疑衛叔寶（晉代衛玠）、王衛尉（西漢初人）無此俊美也。太倉王元開，亦敬岩徒也，曾與同之皖城，每薄暮艤舟（停船靠岸），即於沙岸舞青田棍等法，皆槍

法也。如是者半月，愈出愈精，無以復者（即無以復加），恨不同行而且擊之。敬岩此行，遂死社稷，槍舞同與《廣陵散》矣！

余交敬岩者僅二年，槍法之處德依仁，傳猶未盡，何暇及於游藝？元開曾得其青田二三套，今亦為故人耳，徒悵惋矣！此中探海、壓卵、朝天　自馬家二十四勢中，坐洞以下八法皆出沖斗《少林棍法闡宗》，而誤雜於洪轉之書。

少林有風魔棍法，棍長丈二，重四十斤，絕力之士，不須別法，只此一法，臨陣槍猶避之，何況餘器？無此力士，故僅存其名，而失實用，實用既失，同於舞法矣。少林謂之觀音棍，蓋其寺之觀音堂曾有僧善此棍法，因以命名也。

夫舞字之轉換處、寂寥處，須有虛勢以濟之，不可兼貴實用。沖斗於諸舞勢曲為之說，以致疏舛（音ㄔㄨㄢˇ，錯亂）。

釋義解析

長槍本來是專為戰場布陣殺敵而設置的，自古以來，也被武學修為高深的民間人士進行細緻的研究。如果民間愛好者按戰陣的使用技法習練長槍，則會感覺索然無味，恍若嚼蠟一般。

槍法有六個品階：

第一品稱作「神化」，我之槍法沒有什麼特殊的招式，卻能因敵之槍法而隨之應對，好比水一動即出波紋，火一起即有光焰（此誇石敬岩，棍、棒、刀、牌，皆化槍法）。

第二品稱作「通微」，我的槍法並不全面（很多行著不知道），唯獨能悟出槍法的元神在哪裏（可活用封閉，舉一反三），從而可以一敵百，各個擊破（此誇程真如，行著沒有，只用十二倒手、十八扎法）。

第三品稱作「精熟」，對槍法的悟性雖然不高，卻專門在封閉上下的功夫最深，好比孔子的七十二賢徒，各自在所學領域博得一技之長（此誇吳殳自己）。

凡上述三品，可謂上等。

第四品稱作「守法」，只要有傳授槍法的，就跟著學，不管他是哪一派的（此指少林僧洪記）。

第五品稱作「偏長」，手法、步法、身法、洞察力，只有一樣特別精湛。（此指沙家竿子倪覲樓，擅長步法）。

第六品稱作「力鬥」，槍法沒有虛實，一動槍就是硬打猛扎（此諷程沖斗）。

凡上述三品，可謂中等。

對於初學者，必須先知道槍和棍的區別，其次要明白馬家、沙家、楊家三家槍法的異同，就不會被那些歪理邪說的槍法所誘惑。我習槍三十年來，每次見到教授槍法的師傅就問：「槍和棍都有革法，哪種革法是槍法？哪種革法是棍法？」能答對的人極少。唉！槍和棍的區別都不知道，更何況槍法的深邃之處就更別提了。

如果先學好了沙家竿子，則手法太鬆懈，且立足不穩，這輩子也就無緣再練出馬家槍的元神了。如果先學好

了馬家槍，拿出十分之二的東西，就是沙家竿子的練法，只是增加了大踏步的步法。馬家、沙家都練好了，楊家槍不用學就掌握了。

馬家槍以靜制動，沙家竿子是以動制動；馬家槍重手法，沙家竿子重步法；馬家槍強調進身殺敵（因為槍短，對付長器要撲身槍尖），沙家竿子側重後退殺敵（因為槍長，對付短器要先虛扎，再退再扎）；馬家槍槍圈緊小，沙家竿子槍圈闊大；馬家槍擅長虛中藏實，沙家竿子側重實刺猛戳；馬家槍要求鑽研入微，最終出神入化，而沙家竿子只要求滿足搏殺需要即可。楊家槍本沒有真正屬自己的槍法，其路數混雜於馬家、沙家之間，故而稱之為騾槍。

對練中，必須施以槍槍見血的殺招，與對手拼出勝負，才能分辨出石敬岩、程沖斗在槍法造詣上，誰的收益大，誰的錯漏多。這種辨識，如僅靠師父用嘴說的話，你是體會不到的。對槍稍稍礙於情面，沒有全力以赴地與對手搏殺，即無法辨別出石、程二者的造詣深淺，讓你全力拼殺，就是要你以真實的招數破解掉對手的假把式（現代對練有很多假把式或者是假打、留手。不僅是槍，在現代的拳法中也存在此種現象，足見四百年前的吳老爺子是深悟實戰技擊訓練方法的）。

對於悟性高的人，才可以教授他槍法，不然的話，也就只能習練叉、鏟之類的兵器（叉鏟類於棍，好蠻力，擅大封大劈）。每逢有人從我這學到敬岩師父的槍法剛剛一二成，他一碰到功夫平庸的槍師，立即施展開大封大劈，把此前學的路數全都忘掉了。對於所授新人的聰明程度和

毅力，怎能輕易地就能觀察出來？

楊家槍的威猛氣勢最能觸動人的感官，但一遇到馬家槍即為之挫敗。這是因為初學馬家槍時，步步向敵進逼，迎著敵之槍尖而上，方能保住自身的性命。故而馬家槍手法、步法動作幅度小，少有破綻（即蜷身蹲步而行）。而楊家槍大多數的招數都是向後退，誘敵扎入，再反制，故而技法粗笨，漏洞多。

楊家槍破解短槍的進扎，用退步的方式反擊，短槍破解刀棍的進逼，也是採用退步的方式，這本就是因器的形制而自然形成的方法。所以不應歸罪於楊家槍擅長後退，只是習練者資質愚笨，只會死守著楊家槍的長破短之法。

大封大劈的槍法，能使門外漢望而卻步，同門中人更是以力量的大小判定勝負。但像石敬岩、程真如這樣的高手碰到大封大劈之人，就如同用草繩捆扎起紙糊的驅鬼之神，敵剛一近身，就算有百般雜耍本事，也會立刻瓦解，這就是以槍圈的緊密來破解掉漏洞百出的大封大劈。

使槍時的樁架一定要跟對應的用法相吻合。然而，卻有與樁架相違背的用法，只有違背，才算真正的吻合。且用作畫來打個比方：

畫人穿的衣服，褶皺往復，與人肢體的動作相一致。如果所畫的衣服為緞子所製，就要在褶皺外再平塗一層色彩，其走向與褶皺的方向不符，就好像在衣服外掛了一層網。如從構圖角度而言，這種塗法豈不與之嚴重背離？而中四平勢，作為樁架，即相當於褶皺，三十三勢（戳法二十一、革法十二）是用法，相當於平塗的掛緞。索求槍法的人，當在三十三勢上用心練習。

戚公的鴛鴦陣法，每隊十二個人，唯獨槍手四人稱作「殺手」，以少勝多，沒有比槍更好的兵器，不可不知！

敬岩說：「槍杆八斤重，特別硬，學成槍法上陣，招招能殺人。在游場中，別人用不了我的槍，敵若用輕軟的杆子與我對拼，我槍猶如蕩開蘆葦一般，還有必要再破他的槍法嗎？」這是以實破虛、以重破輕。平日習練此技法，以備戰陣使用。而游場上的槍家，厭惡這類夾帶著硝烟火氣的技法，且動作犯硬，沒有必然取勝的把握，必須要脫化才行。

曾有人問敬岩：「戰陣交鋒都是真打實幹，關乎生死勝敗，你將此類技法用來為難游場內的槍家，是不是太偏激了些？」

敬岩答道：「考場裏學子們競相寫作的文章，關乎自身命運的貴賤，難道不是真打實幹麼？但即便出自頭名狀元的文章內容，敢跟歐陽修、蘇軾一較高下嗎？」

那人又道：「我過去見過的海上臨陣作戰必勝的將領，到王聖通、王克之就是最厲害的了。」

敬岩隨即與他比試，沒有擺任何姿勢，沒用任何行著，忽然間槍尖抵觸對方咽喉，對方遂羞愧而退，至於他所說的臨陣必勝的槍法在哪呢？

敵人來槍的虛或實，要在將要發扎時透過他的面部表情做出判斷，才是最妙的要訣。

誘人發扎，不如逼人發扎，因為誘他，他可能不受用，而逼他，他就不可能不受用了。以動勢來逼人，不如用靜勢困住人，動就會勞累筋骨，而靜則會身體安閑。嗚呼！能夠給後學者說出這些道理的人，也只有敬岩和真如

啊！誘人的技法，即閃賺顛提。動勢，即海馬奔潮等技法。靜勢，必須親眼看到師父講解才能曉得。

但要革槍的話，用劈打足夠了，何必還用封閉呢？封閉並非只是為了革槍，古人創立這種技法是為了鍛鍊手臂的緣故。只有深諳這層意思，才能入峨嵋之門。馬家、沖斗不知道，洪轉知道些，但知道得並不深。世間習槍者能相互談論馬家槍、沖斗槍法的多如泥沙，可相互談論洪轉槍法的量如磚瓦，可相互談論峨嵋槍法的如夜光珠般稀少。

槍法並不是一方教另一方就能學會的，但確實靠師父教徒弟學才掌握槍術的，那就數少林了。要說能超出師教徒受的範疇而精通槍法的，可見峨嵋派確有其神妙之處。

戰陣間矢石攻擊之下，有本事的、沒本事的都可能同歸於盡。作為領兵的大將，如果得到像真如、普恩、德長、敬岩這般本事的幾個人，應當將他們視為賓客，養在帳中。大用的話，就根據他們的特點選作士兵訓練的教師，小用的話就用來防禦刺客，就像當年賀拔勝率勇士執槊刺襲高歡一般。

敬岩的槍法以萬派歸宗為最高深的技法，掌握此技再看其他技法，如同登上塔頂俯瞰街巷一般。前文的手法中有兩種，身法中有一種，正所謂只在此山中，雲深不知處。

敬岩在游場碰到低手，不屑於用戳革，見敵槍直直地扎近身體，卻似強弩之末般不能深入，即可從敵手中拔出槍杆擲於地上，常對對手說：「我可以上游場與人比試槍法，你們不行！我上游場勝了對手後，對手無法竊走我的

槍法。你們一旦勝對手一次，就將勝的招式送給對方了。」

與人對練戳革時，將後手內的槍根向外留出半寸、一寸，慢慢地，練到留至一尺而不敗。再對攻時，突然將後手移至槍根盡頭，此時對手就會感覺出我槍比先前多了一尺。這是敬岩的槍法秘招，孟子云「自反而縮」、孔子云「躬自厚而薄責於人」，正合乎這個意思。

槍的戳刺影跡是一條綫，棍的掄打影跡是一大片，這是對於初學者練手法而言的，對於能人來講，不論槍和棍，其戳打的影跡都如活蛇凫水一般。敵槍扎來，一定先用拿攔與其對招，萬萬不可後用拿攔，再三叮囑！我槍未扎入敵之關內，手法應當輕巧，虛扎；我槍已扎入敵之關內，手法應當厚重，實扎。「關」，即《紀效新書》所說的拍位。

槍法貴在槍圈的影跡淺小，而槍中借用的棍法，貴在影跡壯大。

想要知道敵槍欲戳之處，應當察驗敵眼，眼光凝射之的，即是敵槍欲刺之處。敵之槍尖在我關外，我應考慮先控制住敵槍，而不要急於殺敵；敵之槍尖已進入我關內，我應速速斃敵，而不要再致力於如何控制敵槍，這是用槍的常理！對於用槍出神入化的人來講，就算敵槍在我關外，我也能疾速斃敵，而根本不必考慮如何控制住敵槍。

最精深緊密的槍法為螣蛇槍，相對粗疏的為海馬奔潮，最粗疏的為鐵掃帚。這三者的相同點都是轉陰陽，圈手之力用在槍頭上，螣蛇的力用在槍根上，必須長久地習練，才能適時感悟從而瞭解到妙處所在。

槍從五個方面借用了棍法：

第一是以短降長（撲身敵尖，革杆滑入）。

第二是關內（敵槍入我關內，或我槍入敵關內，應速速避開敵械的纏粘而擊殺敵身）。

第三是單槍突圍（以身勢的變化躲避敵械，如鴛鴦槍）。

第四是用於夜戰（看不清敵，用棍的闊大之勢）。

第五是舞弄（人前炫耀）。

倪觀樓短槍並不純淨，但竿子特別精妙，我問他：「沙家的槍法要不要從頭學起？」

倪觀樓說：「不用，你找根特別硬的竿子，選些馬家槍的技法習練，肯定能勝敵！」我聽了他的話，每次與高人比試竿子都能制勝。

觀樓說：「竿子手動時，腳不能動；腳動時，手不能動。手和腳同時動，即不成槍法。」又說，「竿子的頭部可以軟顫，但竿胸、竿腰一定要硬才行！」

沖斗說：「閃賺時槍圈的影跡要小而密，槍尖忽左忽右變換方向，才不至於犯硬。顛提時槍圈的氣勢要闊大，諸多槍勢相互破解，無不依賴於顛提時的氣勢。」但從他所留存下的槍法中，已然知曉他是自取犯硬之辱，錯誤地放任「闊大」二字根植胸中，故而他在槍上的學識畢竟與敬岩、真如相去甚遠。

沖斗說：「敵立中四平勢，我用其他槍勢打亂他。敵換作其他槍勢，我用中四平勢破解。」這一說既對也不對，各槍勢自然能夠相互破解，不必都歸結為僅用中平來破。

《紀效新書》論槍法不如沖斗，但對於棍法敘述得特別精湛（《紀效新書》的棍法選自兪大猷的《劍經》），我選取其中與槍法相通的八條羅列如下：

1.「拍位不能過早，也不能過晚，能夠見肉分槍了，自然知道拍位的時機。斷然不能一出槍就想傷敵，白白地讓自己因動作過猛而氣力用盡，從而為敵所乘。」

2.「必須知道他的力用在何處，我不在此與其角力，暫且忍耐不發，讓他把力發出來。待他剛把力用完，新力還沒發出，就乘此間隙用力殺之」，這段話說得特別妙。

3.「兩手轉換陰陽不應過早」，這句話深諳用槍的甘苦，即翁慧生所講的「革開敵槍應先輕後重」，鴛鴦槍例外。

4.「一劈一刺，步步向前劈刺，全身使勁。」即少林棍的五虎攔。

5.「提拿之後即速滑扎，滑扎之後再提再拿，連續進殺，使敵無法戳槍。」這句話可視作槍家內行的話（此處的「入室」並非指《無隱錄》中「槍分五品說」的室中品級）。

6.「打在敵杆前手外一尺處」，我要說的是這句話即是對「拍位」的注解，習練戳革二三年後自然曉得。

7.「敵欲救護自己的敗槍（如活繃對、死繃對、翻身繃退），我則以連枝步趕進，切記不能傷殺其身，而只需制住敵杆。」這句話說得很精妙，即連拿。

8.「握棍時，後手應空出三寸，以便換手，握槍時後手必須握在槍根盡頭。」我要說的是，槍根應握在掌心中，並與小臂骨直對著，那麼槍才能靈活運用到最長尺度。

如有人對馬家槍、楊家槍、沙家竿子這三家的槍法都分辨不清從而誇誇其談，那就可以判定他所說的就是邪說，再往下說的就更是邪說，也就不必聽了。

叉和鏟的頭特別重，一被打杆，即沉下去，故而進步連打，定能勝過叉鏟。而我要發戳槍，則肯定失敗！

與敵槍十字交叉（正十字或斜十字），如鐵鎖般牢固地與其粘連，從而施以封閉的手法，這是馬家槍的精密暗招。

力氣大的人，學得三分槍法，便可降制庸手，故而這類人無法深入鑽研，僅滿足於自身的使用，如果教授他人的話，其技法就太粗疏了。

用刀劍來降制長槍，必須拼命向前撲近槍尖，迫使槍手不得不發戳，才能降住槍手。如稍有鬆懈，即遭失敗。這是死裏求生的技法（《漁陽劍訣》裏講：死裏得生坐鐵屋），短槍對付長槍也是如此。

本書中的二十一種戳法和十二種革法是習槍的純正用法，書中的行著是槍法的各般變化，兩種功夫是缺一不可的。

立中平勢時前手握杆的位置，即是槍心（根前三尺處），以此點單手平托，能夠槍頭、槍根正好平行於地面，達到平衡，此槍才能用得靈活。楊家槍比較長，它的槍心肯定在前手握杆外二三尺的位置，就算力氣大的人來握持，最終也不能用馬家槍法，這是緣於杆子太壓手的原因。

淺扎可以破深扎，深扎又可以破淺扎；輕巧可以破重

實，重實又可以破輕巧；手法緊密可以破粗疏，粗疏又可以破緊密；實扎可破虛扎，虛扎又可破實扎；直勁可破橫勁，橫勁又可破直勁；正對的攻擊可破斜向的攻擊，斜向的攻擊又可破正對的攻擊；下部的攻擊可破上部的攻擊，上部的攻擊又可破下部的攻擊；中部的攻擊可破上下的攻擊，上下的攻擊又可破中部的攻擊；右部攻擊可破左部攻擊，左部的攻擊又可破右部的攻擊；長器可破短器，短器又可破長器；真槍可以破假槍，假槍又可破真槍；進步槍可破退步槍，退步槍又可破進步槍，而進步槍還能破退步槍。

有師父教授，肯花時間習練，具備悟性能入門的人，自然能夠明白這其中的道理。孫武子說：「兵無常勢，水無常形，能因敵之變而取勝者，謂之神。」

我剛學槍時，敬岩問我：「你學武不過是一時意氣用事，就為混個好名聲吧？我有兩三個速成的練法，只要練上一個來月，就能在人前炫耀或迷惑庸手。」

我回答道：「我本因為天下多亂事，才要習武。如果僅為了人前炫耀顯擺，便不能剿殺中原的流寇，因此，我決不學速成的槍法！」

敬岩說道：「既然如此，你非得下千日以上的苦功才行！必須練上兩年的戳革，練上一年的行著，才能達到小成。如想有大成，必須跟我一樣練上一輩子的槍法。」

我深信他的話，癸酉、甲戌年間，習練戳革從未間斷，差不多有兩三年的光景。

行著特別多，怎能全部習練？只要掌握了一些行著的精華要領，即可稱之為「通微」。練的行著雖多，但生

疏，不如練得少卻能熟練運用。將少部分行著練熟了，再慢慢增加行著的數量，最終達到「神化」。

長槍對短槍，不要猛然進槍，猛進必敗。先扎進去，再忽然退出來，再扎進去，必然取勝。

短槍對長槍，如果長槍猛然扎進，短槍很易破解長槍。當長槍忽然退回時，短槍能追進粘住長槍，使長槍無法脫開，短槍則能取勝。如不是這兩種情況，短槍必敗，難啊！難啊！

洪轉說：「柔能制剛，弱能勝強，這正是軟槍可破硬槍的道理。敵以蠻力拼殺過來，我也用蠻力與其拼殺，這是犯硬。力小的肯定落敗，力氣相當的，拼鬥的時間就會長一些，但兩者各自靠什麼技能來贏取對方呢？如果在敵用勁正值剛猛之際，我用穿槍、勾槍或退步槍避其強勁，等敵槍已深入進來，我則變換身勢，斜著上步而扎之，即用巧法中的斜步單殺手，這時敵也無法使用其蠻力了。我變作軟槍，讓敵的強勁之力落空，找到敵無防備的漏洞之處而反擊之。這都是以軟破硬的例子。再比如敵我各立好架勢，我即裝作以硬蠻力戳槍的樣子，敵也用蠻勁來革我槍，我卻中途變作圈槍、串槍，以此扎之，稱作借硬用軟。這其中，變化不能有先兆，動作要隱蔽，習練者不能不留意！」看洪轉公這段談論，覺得他的見識真是高深細密之極！

少林槍所以與峨嵋槍有隔閡，那是因為少林在封閉的根本功夫上花費的時間太少！他們對於行著，未免是根據實際的情況再採取應對策略，卻不從根本出發，好比在下流堵水一般。

沖斗根據自身的性情嗜好，專門抽取少林槍法中剛猛的招式教授弟子，使槍法偏於粗疏強勁，又背離少林槍法很多。唐代王勃寫文章，自恃才思驅使，以至於文中腸肥腦滿，失去了六朝以來像庾信《哀江南賦》那般清瘦瀟灑的風采（**庾信，南北朝時文豪，著有《哀江南賦》名作**）。沖斗的槍、棍都是講求蠻力驅使，甚至於掀天蓋地（**上揭就指天，下打必觸地，綳槍拖拉一大片**），失去了少林槍強弱相互輔用的真意，這跟王勃的病症恰好相同。

敬岩對於江南的槍師，唯獨欣賞程真如和程沖斗，我跟這二位由於年齡懸殊太大，都沒有見過面，但卻有他們各自的槍法著作，真如所說與我所習練的深深吻合，沖斗的則與之不同路。

真如說：「普恩在空屋子裏立了個機器，專門借此習練戳革有兩年。」

其實槍法都是與人對抗時活用的，難道立上個死機器就能練活法嘍？我要說槍法以封閉作為根本，普恩立的機器，肯定是專門練封閉用的。應該是製備了一張大弩，以長杆作為弩箭，拉開弦即發射長杆。杆射出時勁遠迅速，不易革開。練到能革開一根杆子了，就加上一根杆子前後相隨而發，加到四、五根杆子而傷不到自己，即達到眼明手快之極！因為靠人力戳刺的杆子畢竟不如強弩發射得快，且弩發射的杆子不會因顧念情面而留手。普恩禪師真可謂執著之猛士，世上再難找到第二個！

如果深入考究敬岩和真如異同點的話，真如只跟普恩學過藝，僅是一個師父教的，所以他的槍法是純中之純。敬岩自己說他學的是馬家槍法，但關鍵的地方與真如完全

相同。這是因為最初學的是馬家槍法，因為他功力專一高深，不知不覺與普恩的槍法吻合。而馬家槍裏夾帶的棍法，他也不捨棄，都按照槍法來使用。他是由雜而轉純，既然純了，又反而混雜了很多東西，故而可見他的槍法涉獵得很廣。

真如好比唐代的韓愈，一出筆寫的就是古文，從開頭至結尾，不夾帶六朝文風。敬岩好比柳宗元，最初學的是六朝文章，由於在基本功上下足了工夫，不知不覺，其最終的文章與韓愈吻合。柳宗元把所著六朝式的文章收錄於自己的文集中，反而讓人覺得別具風格。

短槍如同小楷，楊家槍就像行書，沙家竿子好比狂草。學會了楷書，然後學草書，才有規則。先學了草書，那就距離楷書忒遠了。行書楊家槍，在楷書與草書之間，掌握了楷書、草書，中間的不用學也能會啊。

楊家槍氣勢雄猛，卻必然敗給峨嵋，這是因為峨嵋槍初始習練時，要站住腳跟不移動，手法熟練了然後才能動身體，身法熟練了然後再動腳，其根本十分穩固啊！

楊家槍的使用關鍵在於腳步，故而跳躍功夫多，封閉功夫少，用來對付峨嵋，無可乘跳躍之機，怎能不被峨嵋困住？楊家槍破解短槍用退步，短槍破解刀棍也用退步，這種破解方法本來就是如此，但作為後學者不應只株守楊家槍一家技法（意指先學小楷再師草書，則楊家槍自能輕鬆掌握）。

中四平勢所以足夠貴重，是因為它能含藏百般技法，根據具體情況做出對應的動作。但如果是空擺架勢的死中平，不如不學。

舞槍的架勢，舞與歌是同一類的東西，還能指望舞槍會有什麼實用的技法嗎？將漢代樂府流傳下來的《饒歌》作為軍中的樂曲，那麼兵器之舞也是配合軍樂的東西。所以舞槍包含的手法、步法、身法、行著都會有專門的記述，習練的話技藝自然能夠精熟，這是因為沒有把它當作多餘的技藝（由軍隊中　生，自然正規，有一定的規範要求）。但如果練不到精妙至極，舞法定然不好看。

我不知道真如會不會舞槍，但曾看到敬岩在昆山海寧寺舞槍，還在角技室內用短杖做出三四個轉身。當時他可是個六十多歲的老頭，白鬍鬚如掃帚般繁雜，赤紅的面龐，高高的個子。日常總因駝背而受人譏諷，等到舞槍之際，我都以為像晋代衛叔寶、漢代王衛尉那樣的美男子也無這般俊美的風采。

太倉人王元開，也是敬岩的徒弟，曾與敬岩同赴皖城。每近黃昏時乘船出去，即靠於沙岸，舞青田棍等棍法，但實際上都是用的槍法。如此習練半個月，王元開愈跟著出去就愈練得精，達到了很高的水準。很遺憾我沒有跟著同去，向他學習棍的擊打技法。敬岩這次出行，後來也因平亂而殉國，而他擅長的槍舞也如《廣陵散》般成作絕響。

我跟敬岩交往只有兩年，所習的槍法如何處德依仁，猶沒有傳授完畢，哪還有閑暇顧及這些花俏舞藝？王元開曾得到敬岩傳授的兩三套青田棍法，現今也已故去，我也只剩下惆悵和惋惜了！該棍法中的夜叉探海、泰山壓卵、朝天勢都脫 離自馬家槍二十四勢，仙人坐洞以下的八個技法都出自程沖斗的《少林棍法闡宗》，但這八個技法卻錯誤地混雜於洪轉的槍譜中。

少林寺有風魔棍法，棍長一丈二尺，重達四十斤，必須大力士才能使用，根本不必用其他技法，只憑這掄出去的力量，臨陣時長槍猶且躲避，何況其他兵器呢？如果沒有這樣的大力士，那風魔棍法就是僅存個名稱而已，失去了它的實用意義，實用沒有，就跟舞法是一樣的了。少林寺稱風魔棍法為觀音棍，這是因為寺廟內觀音堂裏曾有大力僧人擅長此棍法，故而命名。

其實舞法中的轉換及單調之處，必須有虛華的動作來輔助才好看，卻不能以舞法冒充實用的技法。沖斗將各舞法胡亂解說作實用技法（如仙人坐洞勢），導致其槍法闊大，錯亂百出。

第二十一章　峨嵋槍法

序

余髫（音ㄊㄧㄠˊ，幼年）年即好武事，崇禎癸酉（即崇禎六年），受馬家槍法於常熟石敬岩。又二年（即崇禎八年），敬岩棄世，得其六七。後又得沙、楊二家法。復詢諸徽人，讀《少林禪宗》、《耕餘剩技》二書，識破程沖斗之技。十年之中，役心甚苦，致力甚勞，又甚自樂也。

革代之後，心如死灰，筆墨俱已廢閣，況槍法乎！

辛丑冬，以呼德下相勉，作《敬岩槍法記》一篇，敘述大略，非獨心所不存，兼以歲月良久，多所忘失也。

壬寅，鹿城辛五延余為子師，其友吳門朱熊占，弓馬精絕，而槍法得之程真如，真如親受之峨嵋老僧。余與談論，意氣投合，因追數敬岩之法，以詢質異同，而向所忘失者，頓還舊觀，煥若神明焉！

既追得之，不忍複棄，因作《槍法元神空中鳥跡圖及

說》一篇、《槍法圓機說》二篇，以明敬岩、真如之正論，距避沖斗之邪說；

作《槍式說》一篇，以明馬、沙、楊立法之根本；

作《六家槍法說》一篇，以別其門庭之高下；

作《楊家槍說》一篇，以正其源流；

作《竿子用法說》一篇，以明沙之大異於馬者；

作《槍根說》二篇，以明馬家之根本；

作《閃賺顛提說》一篇，以明大小之用；

作《脫化說》一篇，以明終始之理；

作《短降長說》一篇，以明不得已之故；

作《臨陣兵槍說》一篇，以不沒沖斗之長；

作《古論注》一篇，以為敬岩、真如之證據；

作《二十四勢解》及《說》各一篇，以詳明破法；

作《子勢圖》以神二十四勢之用；

作《戳法》一篇，凡二十有一法；

作《革法》一篇，凡十有二法；

作《步法》一篇，凡十有七法；

作《行著》一篇，凡一百有二法（行著者，槍家口語，游場所用，以望塵知敵，出其制勝者也，共百五十六法，馬、沙、楊三家之法皆備矣）；

作《槍法微言》一篇。

後之有志於槍者，能於戳革下十年苦功，四體不言而喻。得余此言，神而明之，上也；功力深久，不得余法者，次也；手足生疏，得余此書，僅以助舌鋒、眩無識者，斯為下矣，非吾徒也！

夫將擊刺，猶儒者之詩文，不可不能。若過於求精，

則為玩物喪志。而余入其元中，不能自已，然後知讀書不求甚解之難能也。

又嘗考之真如親得於峨嵋、敬岩之師劉德長，不言德長所自出。然敬岩常云：「德長初本少林僧，槍未造極，復遍遊天下，而後特絕。」夫曰「遍遊天下」，安之不得之峨嵋乎？不然，何其如水入水也？

夫技藝之學，必累代專門，然後推為正法眼藏。若一人獨擅，後無傳人，則名著而隨泯。今石電之名，東吳父老猶能道之，而知德長者絕少，百年之外，後生聞見，愈疏微矣！惟峨嵋師弟相傳，歷世不替，有志裹糧，即可親炙。況沖斗邪説，遍於海內，不標峨嵋為宗極，人亦何由知邪正哉？

是以余槍本得之敬岩，而輒名之曰《峨嵋槍法》，非獨以吻合，亦欲見此書者，知有峨嵋，則不錮於沖斗也。劉、石二公，九泉有知，必快然於余言。

——壬寅中秋　婁上吳殳修齡撰

《峨嵋槍法》

峨嵋僧普恩立法

海陽弟子程真如達意

古吳後學吳殳輯

昔蚩尤悖叛，而涿鹿興師，攻擊之用始備。自此而代有征伐，如干將、莫邪、風胡、薛燭、蒲元之鑄，皆極奇盡巧，神鑄鬼熔，兵家器用，未易更僕數也。乃談藝者，必以槍為首，稱其為諸器之門戶也！

若沙家竿子、馬家六合，進退奇伏，跳盪盤旋，亦有

能事。但開張漫衍，非夷原曠隰（音ㄒㄧˊ，田地），未易設施。若遇險阻，即窘束矣！而短槍則地之大小險夷，無往不利，洵(音ㄒㄩㄣˊ，誠然)絕技也！承平日久，武備日弛，世鮮其傳。

西蜀峨嵋山普恩禪師，祖家白眉，遇異人授以槍法。立機空室，練習二載，一旦悟徹，遂造神化。遍遊四方，莫與並駕。

屬余客遊蜀中，造席晤言，師每首肯，問及武事，則笑而不答。余揣其意在求人也，因與荊江行者月空禮師請教，師命余二人樵採山中。經歷二載，師笑曰：「二人良苦，庶可進乎？我有槍法十八扎、十二倒手，攻守兼施，破諸武藝，汝砍採久而得心應手，不知身法、臂法已寓於是。」遂教余二人動靜進止之機、疾馳攻守之妙。

久之，余南還，又訪沙家槍、馬家帶棍槍，則意味疏淺，較之余師之法，相去遠矣！

余敘其法，不忘所自，命之曰《峨嵋槍法》。苟非其人，千金勿示，其珍之哉！

——海陽弟子程真如撰

治心篇

用技易，治心難。手足運用，莫不由心。心火不熾，四大自靜。泰山崩於前而色不變，麋鹿起於左而目不瞬，能治心者也！故曰：「他行任他行，他搭由他搭。惹動真主人，龍動如摧拉。」

治身篇

持龍之道，身心為本。身法不正，則心無主而手足失措。持龍不固，進退無節，機局荒唐矣！故曰：「心動神

離殼，神疲氣必虛。」

滄塵子曰：「練習之功，積如丘山，則心身不治而自治。不然，起心治心，只益其亂而已。」此真如言外之意，讀者不可不神會也。

宜靜篇

持龍貴靜，靜豈易言？必身心皆治，而後能靜。故持龍如止水、如峙岳，淆之不濁、觸之不搖，機深節短，使人莫測。龍靜不可太凝，凝則勢久，勢久則心怠思沉，而龍憊矣！故曰：「金龍不貴漁龍貴，野鶴無糧天地寬。」

宜動篇

動者為行龍，陽也，其性剛，其德暴。持龍者當知其暴制其剛（流、和二法是也），如行雲流水，電射風飄，恍惚變幻，乍潛乍現，或有或無，與神消息通之，莫得其端，視之不見其跡，乃行龍法也。然動也不可太過，太過則勞能，勝人者鮮矣！故曰：「呼吸如經，其精愈固，來回有節，其妙無窮。」《法》（即《孫子兵法》）曰：「始如處女，動若脫兔。」

和暴制剛，即敬岩所謂脫化也！不脫化，游場多敗，勝亦牛鬥耳！

攻守篇

攻者搗其虛，守者備我暇也。

攻則一十八扎，隨機而運，可虛可實，遇眾龍則鴛鴦更妙；守則十二倒手，可劈可蓋，遇眾龍則纏撲（即石之纏攔、纏拿）為佳。

不攻之攻，降槍扎法是也；不守之守，鴛鴦扎法是也。

攻為陽，守為陰。降槍扎法，陰中之陽。鴛鴦扎法，陽中之陰。陽中之陽，連扎、帶打，攻守均堪。陰中之陰，和槍倒手，龍不兩著，息力養神，無如此善。迴龍扎法，手中最利。謂之截龍，帶扎帶打，攻擊莫當，是曰狠手。攻守之法，該括於斯。故曰：「有開無扎，豈能傷人？有扎無開，焉能守己？」《法》曰：「善攻者，攻人之所不守；善守者，守人之所不攻。」

審勢篇

兩龍相當，先審其強弱虛實。

施之以強，以觀其弱；施之以弱，以觀其強；施之以速，以觀其遲；施之以遲，以觀其速；施之以守，以觀其攻；施之以攻，以觀其守。

《法》曰：「審敵之虛實而趨其危。」

形勢篇

龍未形時，先須得也。

我取高而與彼以下，我取夷而與彼以險，我取晦而與彼以明，我取陰而與彼以陽，我取長而與彼以短，我取勁而與彼以柔。

取高則彼不能侵突，我得乘勢而臨之；取平則彼不能馳騁，我得挪移而進之；取晦則彼不見我形，因而擾之；取陰則彼為日所眩，因而欺之；取長、取勁，則彼不能攻，我因而困之。

先發制人，莫若虛扎、帶打二法，與捲槍、擊槍二倒手互出，人無所措手足矣！

戒謹篇

濘地還宜避，侵晨莫向東。

燈前不舉手，月下勿持龍。

最惡時多酒，偏嫌腹已空。

好勝休交姤（音《ㄡˋ，善），當取莫教鬆（此言游場，臨敵不論，當取莫教鬆）。

旨哉言乎，是謂八戒，不知者不與言，不仁者不與傳，談元授道，貴乎擇人。

倒手篇

有劈槍倒手，有纏槍倒手，有流槍倒手，有和槍倒手，有擊槍倒手，有蓋槍倒手，有提槍倒手，有撲槍倒手，有勾槍倒手，有封槍倒手，有挑槍倒手，有捲槍倒手。

劈貴坐膝，槍頭起不過五寸，直劈而下，後手一出，以擊其手。

纏者，先虛搭，彼轉下，我從上轉右而下；彼又從左轉上，我又從下轉左而拿之也。

流者，龍來或左或右，我身稍退，隨其左右而劈之，待龍老直搗其主人。

和者，擠、挨、扯、托也（即後所謂先輕開也）。

擊者，左右擊之，即繼以纏，入死龍之法也。

蓋者，進步斜壓其槍也，彼動即戳。

提者，革低來槍者也（槍根忌高，惟提槍根高）。

撲者，似捲而打也。

勾，即攔也，其緊密者，肘貼脅下。

封，即拿也。

挑者，彼蓋我槍，我伺其起槍稍鬆，即挑起扎之也。

捲者，開步蹲坐而拿，直至彼前手取勝也。

此十二倒手者，開槍之法也。

扎法篇

有單殺手扎，有左右串扎，有左右圈扎（即石之疊穿），有穿簾扎（即顛提），有帶打扎，有左右插花扎，有投壺扎（石名穿），有實扎，有迴龍扎（石名就），有截槍扎（即石之木雞），有無中生有扎，有迎槍扎，有虛扎（石名圈手），有月牙扎，有子午槍，有螣蛇槍，有鴛鴦槍，有降槍。

單殺手者，進步盡手扎之，傷人雖猛，自亦有空，不可輕用。唯恃騰跳（石名偷槍），先以帶打，則無虞矣。

串，即流俗通用者，粗法也，而峨嵋用之，別有神解。

圈者，串而串也。

穿簾者（即顛提），破叉、破鏜者也。

帶打者，撲、擊發扎也（與沖斗不同）。

插花，有左右，破叉、鏜。

投壺，破地蛇之扎也。

實扎，不下招架，開前足，扎後手。

迴龍扎者（敬岩名就），彼槍來，我隨槍稍退；彼收槍，我乘虛而入。

截者，輕用擠、挨手法，開之即扎也。

無中生有者，於彼纏槍中退出而用迴龍槍也。

迎者，兩來槍而我中彼開也。

虛扎者，串之無影者也。

月牙者，串而子午也。

子午者，單殺手之神妙者也。

螣蛇者，絲環之扎也，坐膝進步，槍頭稍高，左右連

扎，妙在手法，以制其動，然勿多游以衰我氣。

鴛鴦者，曰遇迴龍，則鴛鴦更妙；又曰不守之守，鴛鴦是也；又曰鴛鴦扎法，陽中之陰，有雲攻為陽、守為陰，此乃以攻為守，故曰不守之守。其用之於眾龍者，謂只攻左畔一人，即得遠余人矣，故曰身法躲閃。

降槍者，龍來我斜壓之，不令得起，彼挑起即搗其主人；彼不挑，待龍老即進。

此十八扎者，攻人之法也。

破諸器篇

槍破諸器，用各有宜。

帶打、穿簾、左右插花，破叉、钂也，勾、撲破鞭鐧也。長竿雖利，提擊可降。雙刀雖奇，帶打必落。三停偃月（古人將偃月刀分為三停，刀頭、柄、鑽各一停），虛串用而亡精。神棍一根，降槍舉而束手。虛迎兼用，挫戟鋒芒。插花互施，入牌（即藤牌腰刀）門戶。

破藝要訣，悉吐於斯。帶打可以破提刀勢，而不能破風雷滾轉。

身手法篇

身法乃藝之門戶，進退盤旋，皆由身法。身法既正，則十二倒手、十八扎法，無不應心矣！

手法，凡開槍，後手低則堅實，頭不過五寸，惟提，後手則高。

捲槍之法，前卷後出，無不傷人。

纏、提、蓋、擊，觀彼來龍為左為右，進步即勝。

勾、撲、和、封，盡在兩手。

實扎，移身而進。

鴛鴦，開法宜坐膝，須身法躲閃，乃生死之門。

子午、月牙，兩手微細功夫。

單殺手、左右插花，全賴騰跳進出。

連扎（即騰蛇）、帶打、劈槍，皆為狠手。

總要篇

翁慧生（洞庭東山人）補作

持龍之法，貴乎坐膝。身心手足，相應為佳。

凡扎之求中而中者，未盡善者也！盡善者，不求中而中，人之所不及防，神妙莫測。求中而中者，以巧取人，為彼識破，則反受傷矣！

凡倒手，身心手足之運用，不離（彼手）尺五，坐膝如鴛鴦、纏、流、降是也，身心相契，手足相孚（信任），動則必當，來急匆忙，安閑久熟，自然中節。

凡欲開人，先須守己，勝乃可全。若欲先發取勝，雖勝，半也！

凡開槍，先輕拿，近彼手乃重。起手重，則無救應。輕、重、疾、徐，貴相當也！龍來宜輕開者，恐彼陰陽互變，流而未定。我用重力，則顧右失左、顧左失右矣！故以輕開降住，使不得左右變幻，龍老則為我有矣！當取勿令鬆，謂不可放過也。若先發扎人，宜臨犯其穴，必須留性，以防其挨龍直下，深宜戒之！

凡應酬，須知虛實，先為運補，得宜為妙。譬如彼龍虛來，我但用輕開之法，彼必於我空處盡力實來，待臨主人二寸許，然後身心手足俱到，用纏、降之類，斜挨來龍，直犯主人，無不敗矣！

諸扎法、倒手，無一不善，攻守並得，超群絕倫之學

也！

真如之沒，後於敬岩十年，時遊吳門，竟不一見，抱恨何極！此書其手授翁慧生、朱熊占者也。壬寅冬初，熊占以惠余，字字珠玉，如見其人，可寶也！

——滄塵子吳殳敬志

評程真如《峨嵋槍法》

余彙集諸家之槍，遂得五百餘法，以皆棍雜槍故。至如槍、棍本二器，豈可等視？逐末法愈多，而槍意愈失！二器之法，遍行海內，知槍、棍之辨者誰乎？

余所師者石敬岩也，其於習練，門路最正，功力最深，手臂最熟，晚年棍、棒、刀、牌，入手皆化槍法，故於槍、棍之届不甚留心。余自於五百法深思久用，乃得其辨。

而徽州程真如所著《峨嵋槍法》，唯有革法十二、扎法十八，不言立勢，不言步法，卓哉，絕識家之正法眼藏也！然敬岩淄川之法，有以制百法者也。三十法中無之，彼（指程真如）豈不知？蓋不輕泄於楮墨耳！其他行著，亦不可廢。故余書合收百法左右，敬岩、真如博約（言簡意明）之間。

序

我從小就喜好武術，崇禎六年，隨常熟人石電學習馬

家槍法。又過了兩年，敬岩去世，只學到他槍法的八七成。後來又學到了沙家竿子和楊家槍法。再從徽州人處瞭解到他們的槍法傳承，得以閱讀《少林禪宗》和《耕餘剩技》，從而看破二書作者程沖斗在槍法中的短缺之處。習武的十年間，用心研習，頗費精神，付出的體力特別多，但卻自得其樂。

清朝統治後，心情悲慟，恍若死灰，筆墨都已閑置書房，何況槍法！

辛丑年冬月，經呼德下的勸勉，我寫了篇《敬岩槍法記》，敘述敬岩槍法的大概。但心中沒有存下多少內容，且時間太久了，多數東西都忘記了。

壬寅年，鹿城辛五請我做他兒子的老師。辛五的朋友吳門人（吳門，指蘇州一帶）朱熊占，弓箭、馬術精湛絕倫，所習槍法學自程真如，而程真如得自峨嵋老僧普恩的嫡傳。

我跟熊占談論槍法，脾氣秉性很投的來，因而羅列出敬岩的槍法追問之，以期問出與程真如槍法的異同點，而此前頭腦中遺失的、忘掉的槍法，霎時間想起，還原出舊貌，眼前一亮，恍若有神靈暗助一般。

既已追問出敬岩的槍法，不忍再拋棄，因而寫出《槍法元神鳥跡圖及說》和《槍法圓機說》兩篇文章，以向世人公布敬岩、真如槍法的正理精論，遠離沖斗的歪理邪說。

後來又寫的《槍式說》，以便讓人辨明馬家槍、沙家竿子、楊家槍槍法建立的根本。

寫的《六家槍法說》，以讓人區分出各家槍法造詣的

高低。

寫的《楊家槍》，以說明其槍法傳承的真正脈絡。

寫《竿子用法說》，以展示沙家竿子與馬家槍有很大的區別。

寫了兩篇《槍根說》，以明確馬家槍法的根本。

寫《閃賺顛提說》，以說明槍圈闊大和細小的應用範圍。

寫《脫化說》，以說明槍法由最初習練至最終要達到的目的。

寫《短降長說》，以解釋短器要降制長器不得已而為之的條件。

寫《臨陣兵槍說》，以不埋沒沖斗槍法的長處。

寫《古論注》一篇，以作為敬岩和程真如槍法的依據。

寫《二十四勢解》及《說》各一篇，以詳盡地闡述各勢間的破法。畫了《子勢圖》，以明示二十四勢的神用。

寫了《戳法》一篇，共二十一個。

寫了《革法》一篇，共十二個。

寫《步法》一篇，共十七種。

寫了《行著》一篇，共一百零二個（行著是槍家的口頭稱呼，專用於游場，須在飛揚的塵土中認識瞭解對手，從而出其制勝。游場中共有一百五十六十個技法，而我僅選了一百零二個，有關馬家、沙家、楊家的技法也全都包含在內了）。

寫了《槍法微言》一篇。

後輩中有志於練槍的人，能在戳革上下十年的苦功，

四肢受益不言而喻。能讀透我這本書，將槍法展示得出神入化，這是上等槍師。能長期致力於基本功的習練，練出深厚的功力，卻不能掌握我之槍法精粹的，是中等槍手。手腳生疏，僅靠我這本書誇誇其談，在庸人面前炫耀，這類人位居下等，算不上我的弟子。

劈刺對於將官而言，好比儒生寫作文章，不能不會。但要過於求精，就難免玩物喪志（意指將官的主業不是劈刺，而是指揮作戰）。而我自開始迷上槍之後，就不能自已，以至於後來看槍譜如不能細細品味揣摩則絕不罷休。

也曾經考證真如的槍法是來自峨嵋的嫡傳，而敬岩是學自劉德長，但他沒說過劉德長是跟誰學的槍法。然而敬岩常跟我說：「德長原本是少林和尚，那時槍法還沒達到頂峰。後來他遍遊天下，才使槍法絕倫。」既然說是遍遊天下，怎不可以推斷出劉德長的槍法也是學自峨嵋？不然的話，他的槍法跟峨嵋相比，又怎能如水入水般地合而為一？

其實技藝的學問，必須幾代人專門研習，才能推舉出正宗寶貴的東西。如僅是一人獨擅專長，後輩中沒有傳人，則名聲雖響亮但技藝卻隨人逝去而泯滅。現今石電的大名，東吳父老還能娓娓稱道，但知道劉德長的人特別少，而一百年之後，後輩人能知道他們的，就會更加稀疏。

唯獨峨嵋師父傳給弟子，代代有傳承，不致衰敗，其中那些有志於携帶乾糧遠赴峨嵋的求學者，必然能親身體會出其槍法的精妙之處。但沖斗的槍法邪說遍布南北，我如果不向世人公示出峨嵋槍法的正宗極致之處，世人怎能

知道何為正法何為邪說？

因此，我的槍法本學自敬岩，所以命名為《峨嵋槍法》，並非僅因為敬岩與真如的槍法吻合，還是想見到這本書的人，知道有峨嵋派，則不會僅著眼於沖斗的歪理邪說。而劉德長、石電二位前輩，如能在九泉之下知曉我這分心願，定然會大力支持我所說的話。

——壬寅中秋　婁上吳殳修齡撰

《峨嵋槍法》

峨嵋僧人普恩創的槍法。

海陽人弟子程真如根據普恩師父的槍法撰寫成槍譜。

東吳人後輩習練者吳殳據程真如的槍譜重新整理編輯成稿。

遠古之時，蚩尤叛亂，黃帝於涿鹿組織聯軍將其殲滅，那時候剛剛應用上攻擊的器具。自此之後，世代都有戰爭，像干將、莫邪、風鬍子、薛燭、蒲元等人鑄造兵器，都各自施展精湛技藝，似有神助般澆鑄銅鐵，使其如惡鬼般溶解在一起。戰爭中的兵器，一下子不易數的全，而要談及武藝，必然從長槍開始，因為它被稱作各般器械的門戶。

像沙家竿子、馬家六合槍法，槍兵在進攻、撤退、奇襲或埋伏時，可憑此跳躍革擊或搖身舞動，這也是這兩家槍法擅長的地方。然而，像這種大開大合的舒展動作，如果不是在平原或開闊的田地裏，就不易發揮出來。如受到道路險隘的阻攔，立即會覺得所學技藝特別受限。然而，短槍不管是在開闊地帶還是狹小空間，不論是險地還是平

地，所過之處，都能行得通，這其中定有絕技！只是太平日子過久了，對武藝器械的關注度日趨鬆懈，世間的傳承也就越來越少。

川西峨嵋山普恩禪師，俗家為蜀漢馬良的後裔（按《三國志》：鄉里為之諺曰「馬氏五常，白眉最良」，良眉中有白毛，故以稱之），曾遇到奇人傳授他槍法。他便在空蕩的屋子裏設立了一個機器，練習了兩年，某日突然徹底領悟出槍法的元神，從而創立了出神入化的槍法。於是乎，遍遊四方，向人討教，無人可與之齊名。

後來，禪師托人要我赴川坐客遊玩，我登門拜訪，與其交談，每當我拋出一些我的想法，禪師都點頭認可，而一旦我問詢武藝方面的事情，他卻笑而不答。我揣度他的意思，是在尋覓槍法的傳人，因而就和荊江行者月空向普恩禪師行拜師禮，請其教授我們槍法，師父命我們到山裏砍柴。

兩年以後，師父笑著對我們說：「你們二人這兩年來表現得非常好，也付出了辛苦，都是大有長進吧？我有槍法十八扎和十二倒手，能攻能守，十分齊全，可破解諸般武藝。你們長時間砍柴，已經得心應手，恐怕還不曉得槍法的身法、臂法都暗藏在你們平日的辛苦之中。」自此，師父方傳授我二人有關槍法動、靜、進、止的時機，以及如何動作迅速，如何攻擊，如何防守的奧妙所在。

很久以後，我回到南方，又尋訪到沙家槍、馬家帶棍槍，感覺其槍法粗疏不深奧，對比我師父的槍法，相差太遠。

我記錄的這本槍譜，不能忘卻我學自何門，故而命名

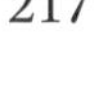

為《峨嵋槍法》。如果不是可習此槍法的人，就算他饋以千金，也不要拿給他看，一定要妥善珍藏。

——海陽弟子程真如撰

治心篇

施展武藝容易，控制心思困難。

手腳的運用，無不始於心中所想。心中的慾望不強烈，四肢自然安靜。泰山坍塌於面前而臉不變色，麋鹿在左側跳躍而眼睛不眨一下（為什麼不在右邊跳躍？因為持槍立中平是左手左腿在前，鹿起於左而不眨眼，表示左眼的餘光也就是最極限的目光也不受其干擾），這才能夠控制心中的欲念。故而可以說，敵槍愛怎麼動就怎麼動，他要搭我槍，就讓他搭，一旦入我關內，危及我身，再揮動我槍，如摧枯拉朽一般（此說強調忍）。

治身篇

用槍的關鍵，在於身法與心思的協調一致，這是用槍的根本。

身法不對，則心中沒底，以致手腳錯亂。握槍不牢固，進槍、退槍就不受自己控制，促使戰機乃至全域都會慌亂失控。故而稱之為：「由於身法不對而導致的心思動盪，從而使精神離開軀體，以致精神疲憊，最終膽氣也就沒了。」

滄塵子道：「練槍的功力，如能一天天的積累成山，就算心思與身體一開始不協調，功夫到了，自然能協調一致。如果下的工夫不夠，心思雜亂，而一味地只想靜心卻不下足功夫，只會使手腳更加混亂。這是真如的言外之意，讀者不能不領會。」

宜靜篇

用槍貴在平靜，而平靜怎是輕易說說就能做到的？

一定要身體和心思完全步調一致，然後才能讓槍平靜。故而用槍好比平靜的河水，好比靜立的高山，就算加了渾水它依然不渾，就算觸碰它依然不動。如同船在深水裏行進，如果用來測量船速的繩節太短，人就無法測出航速。槍要平靜，但不能凝滯不動，一凝滯就會使動作遲緩，動作一遲緩則心思懈怠、沉重，而槍就不靈巧。因此可以說：「金龍不貴漁龍貴，野鶴無糧天地寬（金龍算不上貴重，貴重的是如何捕獲到金龍。野鶴無人餵食，卻可在廣闊的天地間覓取食物）。」

宜動篇

運動著的槍稱作行槍，其外在陽剛，性情剛烈，品行凶狠。

使槍之人當曉得用自己槍的凶狠來壓制敵槍的剛烈（流槍、和槍兩種方法正是此類，都屬截槍），有如行雲流水，電射風飄（殺招要快），恍惚變幻（不斷變化），一會兒沉下一會兒浮起（如谿裏透），時有時無（有時則槍進扎與敵槍纏粘，無時則槍退出敵槍之圈），可以跟神靈互通消息（有如神助一般），令敵人無法覺察其中端倪（不知如何破解），根本看不透槍尖的運轉規律（即槍圈的各般變化），這才是用槍之法。然而，使槍的動作不能太過火（動作幅度、遲緩、槍圈的大小緊密等），太過火則徒耗體能，很少能勝敵。所以說：「呼吸要有度，體內的精華才得以穩固。用槍時進出也要有節奏，其中的奧妙才會無窮無盡。」《孫子兵法》說：「始如處女，動若脫

兔。」

用和槍的凶狠來壓制敵槍的剛烈，即敬岩所謂的脫化。不能脫化，在游場比試中就會大多落敗，即使勝也是靠蠻力如牛鬥般取勝。

攻守篇

攻擊者要往對方的空虛處擊刺，防禦者要防範自身的漏洞。

攻擊有十八種扎法，隨時可以動槍，可虛扎，可實扎，遇到很多槍來襲，則用鴛鴦扎法更為精妙。防守有十二種倒手，可以劈打，可以蓋打，碰上多槍來襲，最好使用纏打（即石敬岩的纏攔、纏拿）。

沒有攻擊的攻擊，即降槍扎，沒有防守的防守（僅靠身法躲閃），即鴛鴦扎。

攻擊在明處，防守在暗處。而降槍扎，是暗中之明。鴛鴦扎是明中之暗。明中之明是連扎（即螣蛇槍）、帶打，攻擊、防守都能勝任。暗中之暗，是和槍倒手，雖與敵杆貼著，卻不與敵勁鬥力，而是留勁等待時機再發，沒有比這招更精妙的槍法了。迴龍扎，是手上最易取勝的招式（兩手擰槍返而再扎，出敵不意）。

所謂截槍，既可以扎又可以打，其攻擊無可抵禦，故而稱之為狠手。攻擊、防守的槍法，主要的用法羅列於此處。因此說：「只有革開敵槍的防守，而沒有扎法，怎麼能傷人？只有扎法，而沒有革開敵槍的防守，怎麼能守禦自己？」

《孫子兵法》講：「善攻者，攻人之所不守；善守者，守人之所不攻。」

審勢篇

兩槍對峙，先要觀察敵方的強、弱、虛、實。

我試發猛烈之槍，以探明敵弱勢在哪裏。我故意示敵以弱勢之槍，以探明敵槍的強勁在哪裏。我發以快槍，以探測敵槍的防守是否遲緩。我發以慢槍，以探測敵槍是否反應神速。我作防守，看敵如何攻擊。我作攻擊，看敵如何防守。

《孫子兵法》講：「審敵之虛實而趨其危。」

形勢篇

槍未動之前，務必搶占天時地利的先機。

比如：我搶占高處，讓敵人處在低處；我搶占平地，讓敵人處在蹩腳的地方；我藏於隱蔽之處，讓敵處在明處；我背對太陽，讓敵人面對太陽；我用的是長槍，而敵用的是短械；我用的是猛槍，而敵的槍勁很弱。

我選取高處，則敵人不能搶攻突刺，而我可以借高處的有利地形向下戳刺。我搶占平坦之處，而敵處在蹩腳的窪地，不利於疾進，或策馬奔馳，我卻可以閃步躲開敵擊而進殺。我在暗處，敵看不見我，我可見機擾殺之。我背對日頭而站，敵則苦於陽光刺眼，進而被我賺殺。我用長槍，發猛槍，則敵限於器短勁小，難以攻進我身，我則將敵困殺。

如想先發制敵，沒有比虛扎和帶打扎這兩種技法更好的扎法，再與捲槍倒手、擊槍倒手相為轉換，敵就會手忙腳亂。

戒謹篇

用槍時，應避免身處泥濘的濕地，臨近早晨時不要面

對東方（陽光刺眼）。

不要在燈火的對面揮舞長槍（燈火之後有沒有人看不見，卻把自己暴露了），也不要在月光下握槍行進（這兩句說的都是不可暴露自己，謹防埋伏）。

最忌諱戰鬥前覺得肚子餓，就著大量的酒水填充肚子（人一醉，槍法也就錯亂無力）。

既然想取勝，就不要發善心留手，當贏之際，一定不能放鬆警惕（這是說無論游場、戰場，能贏之時，一定不要大意）。

上述宗旨，稱作八戒。不瞭解的人，不要告訴他；不仁義的人，不要傳給他。傳授槍法，貴在選好人才。

倒手篇

包括劈槍倒手、纏槍倒手、流槍倒手、和槍倒手、擊槍倒手、蓋槍倒手、提槍倒手、撲槍倒手、勾槍倒手、封槍倒手、挑槍倒手、捲槍倒手。

劈槍倒手：關鍵在於蹲馬步，槍頭向上抬起不超過五寸，垂直下劈，主要是後手發力，目的是砍擊敵持槍之前手（如圖42、圖8）。

纏槍倒手：先與敵杆虛搭上（圈裏搭），敵杆向下轉，我從上向右轉杆至敵杆之下。敵又從左邊轉到我杆上面，我再從敵杆下面向左轉杆再拿敵杆（此招謂之纏拿，如圖4）。

流槍倒手：敵槍忽左忽右向我扎來，我身體稍往後退，不管敵槍是扎左還是扎右，我果斷向其杆子劈下，待敵槍一無力，我直接戳刺敵身。

和槍倒手：即擠、挨、扯、托技法（即後面所述的先

輕開敵槍，影跡為纖月形）。

擊槍倒手：向左向右打，繼而纏住敵杆，是讓敵槍成為死槍的技法。

蓋槍倒手：進步斜壓敵槍，敵一動，我則滑杆而扎。

提槍倒手：用來革開向我下部刺來的槍（用槍時，忌諱槍根過高，唯獨提槍的槍根特別高，如圖30、圖9）。

撲槍倒手：類似捲槍的打法（須馬步樁架而打之）。

勾槍倒手：即攔槍，要想槍圈小而密，必須前肘緊貼脅下（如圖33）。

封槍倒手：即拿槍。

挑槍倒手：敵進步斜壓我槍（即蓋槍），我待敵起槍之際壓的我槍不那麼緊時，隨即挑開敵槍疾扎敵身。

捲槍倒手：斜進左腳馬步樁架拿敵槍，直接拿在敵前手的位置，即可贏敵。

這十二倒手，都是革開敵槍的技法。

扎法篇

包括單殺手扎、左右串扎、左右圈扎（即石敬岩所謂的疊穿）、穿簾扎（即顛提）、帶打扎、左右插花扎、投壺扎（石敬岩稱之為穿扎，即美人紉針）、實扎、迴龍扎（石敬岩稱之為就扎）、截槍扎（即石敬岩之木雞槍）、無中生有扎、迎槍扎、虛扎（石敬岩稱作圈手）、月牙扎、子午槍、螣蛇槍、鴛鴦槍、降槍。

單殺手扎：進步放盡手臂，僅靠後手扎出，傷人雖然猛烈，自身也有漏洞（扎完來不及快速收槍），不要輕易使用。只有依賴向後跳躍（石敬岩稱之為偷槍，防止敵定住我槍杆），才能躲過敵槍的反擊。用這招之前，先用打

法，再用單殺手扎，就無後患之憂了。

左右串扎：即世俗槍師所用的粗法，峨嵋派用之，另有神韻（串扎，庸師靠前手擺動杆子來改變槍尖圈裏或圈外的方向，而峨嵋僅憑後手控制）。

左右圈扎：串上加串。

穿簾扎：即顛提，可破叉、鏜（叉、鏜頭重，一打就沉，即海馬奔潮）。

帶打扎：即撲槍倒手、擊槍倒手打後而扎（跟程沖斗的不一樣，程為一打至地，借地勢反彈而扎。而峨嵋則為擊纏敵杆而扎或撲捲敵杆而扎）。

左右插花扎：可左右使用，能破叉、鏜（提法，後踮步左進用滴水勢，騎龍步右進用伏虎勢）。

投壺扎：可破地蛇槍（即美人紉針）。

實扎：敵槍扎來，我不招架，直接移前腳斜上步，以單殺手技法扎敵後手。

迴龍扎（敬岩稱為就扎）：敵槍扎來，我身體及我槍隨著敵槍的進勢稍作後退，敵一收槍，我則趁其槍勁虛弱之時進身進槍。

截槍：輕用擠、挨的手法，革開敵槍即滑杆而扎。

無中生有扎：在敵與我槍纏粘時，我槍忽退出，從而用迴龍槍。

迎槍：敵與我同時進槍，我槍扎入敵身，而敵槍被我杆擠開。

虛扎：槍圈非常緊小，讓敵覺察不出的串槍（石敬岩稱作圈手）。

月牙槍：串槍加上子午槍（也稱作葉底藏花）。

子午槍：神妙的單殺手技法（於敵杆上疾速扎敵前手）。

縢蛇槍：槍圈類似束身的絲絛環扣，要馬步進扎，槍頭稍微高（指向敵頭面），或左或右連續扎刺，其奧妙在於手法，目的是不讓敵動作。但不能做得太多，容易耗費體力（前手陰持槍杆）。

鴛鴦扎：所謂碰到迴龍槍，最好用鴛鴦槍守禦。又有人說沒有防守的防守，即鴛鴦槍。還有人說鴛鴦槍的扎法，是明槍中的暗槍，常言道攻擊為明，防守為暗，而鴛鴦槍是以攻為守，故而稱之為沒有防守的防守。此槍用於對付多個持槍者，只要永遠攻擊最靠左邊的那個槍手，就可以遠離其他人的進攻，故而此槍稱作靠身法躲閃（迴龍槍直綫退去，又直綫進來，我則迅速向左側進步躲過，進扎敵身。這種槍主要是應對多槍的，不管敵槍再多，我則靠身法躲閃，我之槍永遠依次解決最左邊的敵人，只認左邊。如同鴛鴦一隻永遠尾隨另一隻，故此稱之為鴛鴦扎）。

降（音ㄒㄧㄤˊ）槍扎：敵槍扎來，我斜著壓下，不讓敵槍起來，如果敵槍向上挑起，我則趁勢直戳敵身，敵若不挑，待敵槍無力，我則進槍。

這十八種扎法，是攻擊的技法。

破諸器篇

用槍來破解諸般兵器，各有各的破法。

帶打扎、穿簾扎、左右插花扎可以破叉和钂，勾槍倒手、撲槍倒手可以破鞭和鐗。沙家竿子雖長而鋒利，用提槍倒手和擊槍倒手可以破解。雙刀即使招數再奇妙，用帶

打的話肯定掉地。

對付偃月刀，就要用虛扎、串扎，使刀術難以施展它的長處。長棍神乎其神，用降槍扎，敵棍一挑，我則上戳，敵即束手而敗。虛扎、迎槍同時使用，可以破解戟的鋒芒。左右插花交替使用，可以破解藤牌腰刀。

破解各般武藝的要訣，全都表述於此。帶打扎還可以破提刀勢（指雙手倭刀的下部提法），但無法破解風雷滾轉（雙手倭刀的技法，類似於長槍的勾法）。

身手法篇

身法是槍法的門戶，進步、退步、閃身、環繞，都來自身法。身法練得正確，那麼十二倒手、十八扎法無不隨心所欲。

手法，凡是革敵槍，後手如果低於前手，則我槍上的勁就會重而實，而槍頭要上抬的話則不超過五寸，唯獨提槍倒手時後手要高出前手很多（見滴水勢）。

捲槍倒手的手法，如果先捲後刺，沒有不傷人的。

纏槍倒手、提槍倒手、蓋槍倒手、擊槍倒手的使用，要看敵槍是向左還是向右，必須進步才能取勝。

勾槍倒手、撲槍倒手、和槍倒手、封槍倒手的使用，完全在於兩隻手的手法。

實扎，要向側前移身上步。

鴛鴦扎，革槍應馬步，必須靠身法躲閃，是生死之門。

子午槍、月牙槍，是兩隻手上的細微功夫。

單殺手、左右插花扎，全靠跳躍進出。

連扎（即螣蛇）、帶打、劈槍，都是狠手。

總要篇

洞庭東山人翁慧生（程真如弟子）補充。

持槍的技法，貴在馬步的使用上，身體、心思、兩手、兩腳互相呼應才好。

凡是一發扎就一門心思圖命中的，這種心態很不好。心態好的，應該是不想命中卻中了，使敵人來不及防護，這槍才用的神，令敵難以琢磨。一門心思想命中的，是以巧贏人，一旦被敵識破，反而自身受傷。

凡是倒手，身體、心思和手腳的運用，應使我杆離不開敵前手外一尺五的位置。馬步應用包括鴛鴦扎、纏槍倒手、流槍倒手、降槍扎，身體與心思協調一致，手腳相呼應，一動槍就能擋革敵杆，即使敵槍疾速地向我扎來，我也能淡定，似乎早已成熟於胸，使敵很自發地進入到我的攻防節奏中來。

凡是想傷殺敵身，先必須做好自身的防禦，才能完勝。如果想先發槍取勝，就算贏了，也是只贏了一半（沒有防護）。

凡是革敵槍，先要輕拿敵杆，只有接近敵手了才要大力。一出手就重，就會沒有救應（防敵閃賺）。輕、重、快、慢，貴在用得恰當。

敵槍扎來，我所以輕革敵杆，是怕敵兩手陰陽互換，如流槍倒手般忽左忽右，不能確定扎我何處。我如果用重力，就會只顧及右邊，而丟掉左邊，或者顧及左邊，而丟掉右邊。故而輕開敵槍，並用降槍扎法斜壓之，使敵槍無法左右圈串，其槍一無力，我即有機可殺。

槍譜中說「當贏之際，絕不能鬆懈」，是指不能放過

敵人。如果發槍扎敵，應當奔敵人的防守漏洞處發扎，一定要耐住性子，不能用力過猛，以防範敵人順著我的杆子直接滑扎我手（如單殺手，我若發猛槍來不及後撤，敵則可劈打我槍，定住我槍，順杆滑扎），務必深記、警戒！

凡是與敵槍交戰，必須知道敵之來槍是虛還是實，先要合理地控制好時機才妙。比如敵槍虛扎而來，我只輕革敵槍，敵定會再向我防守空隙處全力實取，等敵槍離我身有二寸多的時候，我即身體、心思和手腳一起動作，用纏槍倒手或降槍扎之類的技法，斜壓住敵杆，直戳敵身，敵則必敗。

（諸般扎法和倒手，沒有一樣不是好的，每一招中攻守都有，真可謂超群絕倫的武學！真如比敬岩去世晚十年，那十年間，真如曾到吳門遊玩，而我竟然沒能跟他見上一面，萬分的遺憾！這篇峨嵋槍譜是程真如親筆書寫後，傳給了翁慧生、朱熊占。壬寅年冬初，熊占將此書惠贈給我。此譜中字字珠玉，如見真如，真可稱得上是寶貝！——滄塵子吳殳敬志）

評程真如《峨嵋槍法》

我收集了各家的槍譜，經統計一共是五百多種技法，所以這麼多，是因為槍法裏摻雜了棍法。其實槍和棍本是兩種兵器，怎麼能同等看待？越是過多地習練枝梢的技法，則槍的真意也就越丟得多。兩種兵器的練法，遍布於國內，可有誰能知道槍和棍的區別？

我的槍法學自師父石敬岩，他在槍的習練上，傳授的門路最正宗，功力最深厚，手臂最熟練。晚年時，長棍、

人棒、刀及團牌一上手就能化作槍法，故而他對於槍和棍的界面畫分不是很關心。我從五百種技法中長期琢磨、練習，才找到二者的區別。

然而，徽州人程真如寫的《峨嵋槍法》，只有十二種革槍技法和十八種扎法，書中不談如何擺架子，不談用什麼步法，其見識遠高於他人，對槍的理解可謂超越了各般行家。而敬岩在淄川學的槍法中，其中含有可以制敵的上百種技法（即行著），可程真如的三十種技法中卻沒有，他怎能不知道？只是不願輕易地洩漏於紙墨間，因此，那些行著，他也沒有將其廢掉。

所以，我在《手臂錄》中一共收集了一百來種行著。而敬岩和真如，這二位都是在槍法上言語或所立文字簡練，但槍意十分明確的人。

第二十二章　夢綠堂槍法

序

少林寺僧洪轉著

古吳吳殳修齡輯

少林棍法，出自神授，名重古今，余頗染指焉。山高海深，誠稱絕業，得其一枝片葉，為俞（安定）為將，猶足以專門一時，複何間然？

然槍之為器，則與棍迥異，古語云：「槍為諸器之王，棍乃槍之奴婢。」所以然者，槍扎一條綫，形影全無，如菽（音ㄕㄨ，豆）一孔即可竟入。其入也，千變百幻，莫可控揣。上下不數，唯中間一點至惡，賴有封閉革之，故練封閉小成也須三年也！且其練之也，須得至猛之扎手（意即發扎者），如矢如電而入，又須知雙頭槍、子午槍、月兒側等至難禦之扎法者，以扎我至二年之久，見

肉分槍，坦然如無，而後謂之有根本，乃教以破法。其法不繁，往無不中，而皆不利於封閉，所以稱奇絕。

棍則不然，打一大片，形影廣闊，又皆一直而來，更無變幻，禦之非難。所練革之功，不及槍百之一二，其制勝全賴架勢、腳步，師徒注心，全在於此。少林諸僧曾不覺知，同類而等視之。以其棍之點為扎，然非透臂之扎也；以其棍之封閉為革，然非禦雙頭、子午之封閉也；以其棍之腳步、架勢登游場，然槍之妙用，初不在乎腳步、架勢也。宇內知槍者，本無其人，所以公然行教耳！

少林僧洪轉，彼家堂頭也，所著《夢錄堂槍書》，有八母、六妙、五要、三奇之法。洪轉與洪記為昆弟，敬岩少時，與洪記至真定，同劉德長角技，而所執竿子為德長所擊落，則洪轉可知矣！

余久得是書，今附置於《峨嵋》之末，欲使見者知所去取焉。

時戊午歲桂秋下浣

古吳滄塵子吳殳一氏修齡序

少林僧洪轉著

古吳吳殳修齡輯

少林寺的棍法，據說出自緊那羅王傳授（程沖斗《耕餘剩技》中提及），其知名程度享譽古今，我也專門跟人著重學習過。此門棍術可謂山高海深，確實可稱作絕學，

如能掌握一枝片葉，自可安定一隅或恃此帶兵打仗，可憑此技專逞於一時，還能再有什麼可挑剔的呢？

然而，槍作為兵器使用，卻跟棍的用法大不相同。古語說：「槍是諸般兵器的王者，棍只是槍的奴婢。」所以這麼講，是因為槍扎出去就是一條綫，沒有影跡可尋，如同豆角，找到個合適的縫隙，順著這個縫隙就可一下子順暢畫開。而槍由哪個位置扎進，卻是千百般變化，令敵無法掌控、揣測。槍尖上下反覆，數不清影跡，但向我中間扎來的看似一個點的槍尖最為險惡，要靠封閉革開，故而封閉練到小成也需三年的時間。

且練封閉時，需要陪練用以猛烈的扎法，如射出的箭如閃電般扎進。還應知道雙頭槍、子午槍、月兒側等最難防禦的扎法，讓陪練以此扎法扎上我兩年，能夠見肉分槍，敵槍近我身，我能淡定無懼，這以後才算掌握了槍法的根本，師父再教授各類行著及其破法。這些行著技法並不複雜，能練到出槍即中，使敵很難用出封閉，這才算將槍法練到奇而絕了。

棍法就不一樣了，打出去就是一大片，影跡寬廣，又都是一根直條打出，沒有什麼變化，防禦並非難事。所練的革法功力，趕不上槍法的百分之一二，取勝的關鍵全都依靠架勢、腳步。師徒棍法上傾盡的心血，全都花在架勢和步法上。少林寺僧人對此全不知曉，反將棍法與槍法視作同類用法。用棍的點打作為槍的扎法，卻不是用上兩條手臂的整勁扎法。用棍的封閉作為槍的革法，卻不是可以防禦雙頭槍、子午槍的封閉技法。

用棍的步法、架勢登臨游場，然而槍法的靈妙用法，

本就不在步法和架勢。他們那個圈子內，真正瞭解槍的，本就無人知曉，卻能公然傳藝授徒。

少林僧人洪轉，是少林寺的住持，著有《夢錄堂槍法》，內有八母槍、六妙、五要、三奇槍的用法。洪轉和洪記是非常親密的師兄弟，石敬岩年少時，曾跟洪記來到真定，與劉德長比試槍法，洪記所執的竿子被劉德長打落，那麼洪轉什麼樣的水準也就知曉了。

我很早就有《夢錄堂槍法》這本書，現將它附在《峨嵋槍法》的後面，還望讀者見此後知有取捨。

時戊午歲桂秋下浣

古吳滄塵子吳殳一氏修齡序

《夢錄堂槍法》對於槍的論述與吳老的觀點是相背離的，真要用心鑽研學習的是吳老的《手臂錄》，正如吳老所說，將此篇僅作為一種借鑒，適當選取其中有利的要點以作指導。

槍法八母

封：我立四平，彼扎我圈裏，我略開門戶，誘彼槍進滿，我前腕向前一覆，後腕向後一仰，槍項離彼前手六寸許用力封開彼槍，即扎彼虎口。然須後腳必得用力一踹，

槍根貼則重，又根不離正中，緊顧圈裏，防彼串槍。

閉：我立四平，彼扎我圈外，我略開門戶，誘彼槍進滿，我前腕向後一仰，後腕向前一覆，槍項離彼前手六寸許用力閉開彼槍，即扎彼心肋。然亦必須後腳得力一踹，腰間著力，則重而不橫，緊顧正中，時時取直，防彼串槍。

提：我槍立勢稍高，下部虛，彼於圈裏扎我膝腳，至進滿時，我後手提高過頭，槍尖垂下，就勢起槍，於彼前手尺五寸許提開彼槍，於圈裏即斜身進步，扎彼膝腳。若彼槍就勢削我前手，我用拗掛。

擄：我立高勢，彼於圈裏扎我膝腳，我兩手離胸，前手一覆，後手一仰，腰力向前一擺，擄開彼槍，於圈裏就勢將彼手壓下，前手抬上，扎彼心穴。彼若跳出，換步取圈外，則用高搭袖破之。

拿：我槍立勢稍低，則上空虛，彼乘空扎我面門，我待彼進滿，我前腕向前一覆，後腕貼身向裏一仰，槍項離彼虎口尺許用力拿下，復手推根扎彼面門腰肋，當用勾手，內外皆然。

攔：攔者，救敗者也。單手扎入，若槍被擊落，即用邊、裙二攔以救之。

邊攔者，我從圈外發扎，彼必開我槍於面前，我以後手陽仰遮身，後腳移上。彼若扎我下，則覆手壓落彼槍，落步立四平。若扎我上，則伸手繃起彼槍，覆手收槍，落步立四平。

裙攔者，我從圈裏發扎，彼必開我槍於身後，我則以彼手收槍遮護，身向前、腳斜踏，側身蹲倒，待彼槍上來

則繃，下來則壓，落步立四平。法曰「二攔收敗槍」者，正此意也。

還：我槍著彼，不可因勝而怠，須防從死中返活，棄怠還槍。若彼槍著我，我必就努力還槍，若彼收定，則無及矣。法曰「吃槍還槍」也。

纏：纏者，如繩之纏物，上下四周匝而無空處，令彼不能知我所向，我得以亂彼之出進。其法必須兩手緊固，槍根著腰，二足用力，使槍尖左右旋轉無隙，如碗大。所謂兩手不動槍梢圓，其妙在精熟，生疏者不能為之。

封：我擺下中四平架勢，敵槍向我圈裏扎來，我稍微露出右半軀體，引誘敵槍完全扎進，我前手腕向前一覆，後手腕向後一仰，我的槍項在離敵前手外六寸左右用力拿開敵槍，隨即滑扎敵前手虎口。用力時必須後腳向地上一踹，槍根貼在腰間，槍項上的勁才能大，槍根還不能離開身體的中綫位置，緊盯著敵扎入我圈裏的槍頭，防止敵槍串到我的圈外。

槍根雖在腰間，但槍根卻在身體中綫位置，這是與程沖斗的練法一樣的，是為了方便大力劈槍，現代很多人這麼練，與吳殳不符，封時為防敵串槍，應該力小。正確的中平架勢，參見《二十四勢圖》，且無大力踹地動作。

閉：我擺下中四平架勢，敵槍向我圈外扎來，我稍微露出左半身體，引誘敵槍完全扎進，我前手腕向後一仰，後手腕向前一覆，我的槍項在離敵前手外六寸左後用力攔開敵槍，即可扎敵之胸肋。

用力攔時也必須後腳著力踹地，腰上也要用力，那麼我的槍就會有向下的重勁，不會使勁力橫向偏移，緊緊關注著我的正中防綫，隨時可令我槍直接返回防守，目的是防敵串槍。

此與吳殳練法也不同，閉時要引誘敵槍扎至我身後三尺，並蹲坐，加以研法，令敵槍抽不回去。

提：我擺出的架勢較高，槍尖在上部，因而下部空虛，敵向我圈裏扎我膝腳，待快要扎上時，我將後手提高超過頭部，槍尖低垂而下，借勢向上起槍，在敵前手外一尺五寸位置提開敵槍，隨即向敵圈裏斜身進步，扎敵膝腳。如果敵槍借我提開之勢順我杆滑扎我前手，我則上騎龍步掛開敵槍。

此提法定義與峨嵋派槍法相同，後手提時要過頭，是各派槍法的共識。

擄：我擺出高的架勢，敵向我圈裏扎我膝腳，我兩手離開胸部，前手腕向前一覆，後手向後一仰，利用腰力向前一擺，向後擄開敵槍，進而向敵圈裏借勢將敵前手壓下，然後我前手向上一抬，直扎敵心。敵若跳開，變換步法向我圈外扎來，我則用高搭袖的棍法破解。

此處擄的用法如同搖櫓，是向後擺的動作，與峨嵋動作相反，峨嵋的擄是防敵向我圈外扎來的槍，動作跟提一樣，必要時可借用腰力抬前腿一擺。高搭袖屬棍法，此處為向圈外即向左側上方擺攔的動作。

拿：我立的槍勢較低，則上部空虛，敵乘我上方空虛扎我面門，我待敵槍完全扎出，我前手腕向前一覆，後手腕貼腰向裏一仰，我的槍項在離敵虎口一尺左右用力拿

下，再以後手推送槍根，可扎敵面門腰肋，拿時前手要勾。圈裏圈外，都是一樣的拿法。

拿時後手要貼腰，這是關鍵。

攔：攔法，是要救我的敗槍時才用。我槍以單殺手向敵扎進，若我槍被敵打落，即可用邊攔槍和裙攔槍救護。

峨嵋派並非如此使用，單殺手一旦扎敗，即迅速向後跳出，再還擊。且單殺手在實戰時只能用八分力，以備失策有緩手之機。

邊攔：我向敵圈外發扎，敵必然攔我槍，使我槍落於我正對的面前，我則陽仰後手用來遮護上身，並將後腳前移一小步。敵如果扎我下部，我則兩手向下一覆壓落敵槍，並在後腳踹地後擺下中四平的架勢。如敵扎我上部，我則兩手上伸繃起敵槍，再覆手收回我槍，後腳踹地後擺下中四平的架勢。

此為棍法。

裙攔：我向敵圈裏發扎，敵定然拿我槍，將我槍頭震打在我之身後，我即趁敵兩手收槍時速做防護，身體向前，腳斜著向右前踏出，側身蹲倒，待敵槍上扎就綳開，下扎就壓，步法安穩後擺出中四平架勢。槍法說「邊攔、裙攔可以收敗槍」，說的正是如此。

裙攔也是棍法。

還：我槍優於敵槍占得上風，不能因為有勝的把握而怠慢，必須防敵槍死中返活，因此必須不能懈怠要準備好及時還槍。

如果敵槍優於我槍占得上風，我定要貼近敵杆努力還槍，如果敵槍已將我槍定住，那就來不及了。

槍法說「吃槍還槍」就是這個意思。

還，只不過是一個反擊的技法，最多相當於《手臂錄》中的換，確難稱作八母之一。

纏：就像繩子纏東西，我槍纏上敵槍，上下四周沒有空隙，令敵不知我槍所向，我得以亂破解敵槍的進出。用纏法必須兩手緊固握槍，槍根貼著腰際，兩腳用力，使我的槍尖左右旋轉沒有空隙，槍圈如碗般大小。

所謂兩手不動，槍梢圓轉，妙法在於手法的精熟，手法生疏無法運用得當。

纏法，妙在手法精熟。

槍法六妙

一截：（程真如亦有截法，與石敬岩之懶漢鋤田相似，與此大遠）法曰「此直來橫受」也，彼槍從我槍底正中扎我手背及腹，則我之封閉提拿皆不能用矣。須將後腳

移上，側身將槍橫下，如鋸之截木，即以我槍貼彼槍削上，傷彼前手。凡彼槍正中來急，我不及拿提者，均可用之，然須防彼勾起。

二進：法曰「步步要緊進」，然非無法而能進也。蓋封閉提拿防人之扎，所謂「應兵」，若但應而不能攻，應多力衰，為人所欺。則當於人未發之先，相擊而進，於人即發之後，乘勢而進。

三亂：亂者，亂而取之也。彼此立勢，堅固靜暇，若必伺其動而進，則久而氣怠，又難必其動中無變，當以梨花擺頭、鳳點頭之類或出或入，倏左倏右，使彼心手俱亂，而不知我之所向，則我可以因亂而進矣。然須前手圓活，後手堅固，又不可深入，防彼以靜待動，此中元機當熟講也。

四定：定者，以逸待勞也。如被先發，必俟發滿而應，若未滿而應，則彼易於變換巧法，所謂隔水偷花也。若彼槍或左或右、或上或下，淺出淺入，是謂亂我，但須堅固兩手，定而不動，待彼久而力衰，我以養成猛力，因衰進攻，以逸待勞，無不勝矣。總之，堅固正中，則彼自不扎我，我何慮彼之亂乎？法曰「能亂人，勿為人亂」，正謂此也。

五斜：斜者，言身法也。蓋彼此槍身長短相等，我能著彼，彼亦能著我，封閉提拿之法，亦彼此均曉之，必須進步扎槍，使彼難避，若竟直身進扎，則反受彼之扎，當待彼槍進時，斜身偏閃，使彼槍從我胸前背後過去，而我則斜行進步發扎，則彼自不及革矣。兵法所謂「以迂為直，以難為利」也。

六直：直者，言槍杆也。蓋身既以斜進，槍須緊對彼之心喉頭面，在我可以照顧正中，在彼難於封閉，法云「時時取之」是也。

一截：（吳殳注：程真如也有截法，跟石敬岩的懶漢鋤田法相似，跟此篇說法大不同），槍法說道「這是直來橫受的技法」。敵槍從我槍下正中扎來，扎我手背和腹部，那麼我的封閉提拿都不能用，必須將後腳上移，側身將槍橫著下壓，就像鋸子橫著截木料一般，既而用我的槍貼著敵槍杆向上削敵前手。凡是敵槍向我正中急扎，我來不及拿提，都用此技法破解，但必須防敵槍向上勾起。

此處講的是依靠步法而作的架勢，程真如的截法是輕用擠挨的手法。

二進：槍法說「步步要緊進」，然而並不是說毫無章法地前進。封閉提拿是用來防敵的扎，這是說防守敵器，如果只能防守不能反攻，防守過多氣力就會衰竭，就會被敵所欺。因而就在敵未發扎之前，看准情形先打再進槍，而在敵剛發槍之後，就要趁敵收槍之際進槍。

此為進槍反擊的時機。

三亂：所謂亂，就是要在亂中取勝。敵我擺下架勢，各自都樁架牢固靜待其變，如果等敵一動我再進槍，則我的架勢擺得太久就會氣力懈怠，又難恐敵槍動作中會沒有變化，因此我要用梨花擺頭、鳳點頭等槍法或出或進，或左或右，令敵心手都亂，而不明白我槍所向，那我就可乘亂進扎。但必須前手圓活，後手緊固持握槍根，又不能往深處扎，防止敵以靜待動，這是亂中用槍的關鍵，必須詳細告知。

此為如何借亂取勝的方法。

四定：所謂定，就是以逸待勞。如果被敵先發扎，一定要等到敵槍完全出盡再防守，如果敵槍未出盡就防，那麼敵則容易換作靈巧的閃賺手法，正所謂隔水偷花。如果敵槍或左或右，或上或下，淺出淺進，這是要把我打亂，

我只須緊固兩手，淡定不動，等敵亂扎久了自然氣力衰退，我則存以猛勁，趁敵力衰而反攻，正是以逸待勞，無所不勝。總之，我緊守中綫，則敵自然不能扎到我，我又何須為敵槍之亂而費腦筋呢？槍法說道「能亂敵人，不能因敵而自亂」，正是說這個意思。

對敵時的心理素質尤為重要，不僅僅是槍法，其他亦然。

五斜：斜指的是身法。敵我雙方槍身長短一樣，我能刺到敵，敵也能刺到我，封閉提拿等革法，互相也都知曉，所以一定要進步扎槍，令敵難以逃避，但如果徑直探身進步發扎，則反被敵扎。要在等敵槍進扎時，我斜身偏閃，令敵槍從我胸前或背後扎過去，而我就能斜身進步發扎，則敵自然來不及革我槍。正是兵法所說的「以迂為直，以難為利」。

此段講的是身法運用，跟吳殳講的顛提時借用身法如同一類。

六直：直是說槍杆要直。身體雖然斜著進身，但槍尖要緊對著敵人的心喉頭面，對我來講既可照顧自己的正中防綫，對敵而言又難使用封閉，正是槍法講的時時取之的意思。

此段直的意思與吳殳講法不同，吳老以闖鴻門勢喻義，強調身勢要直，以備長兵短用。

槍法五要

一圈：法曰「先有圈槍為母，後有封閉提拿」，圈槍者，取其左右圓活，上下旋轉，無有定律，使彼心手搖惑，我即乘機而進，其法較之纏法稍疏，其轉動之圓活處，全在身法。後手將槍根轉動，前手則仍固正中，若兩手俱搖，則恐彼乘虛而加力分排，取我之正中也。

滄塵子曰：「察其語氣，乃右手虛鬆槍在手中轉動者，此王孟通法，力大猶可，力小者，被人擊落槍器矣。」

二串：串槍之法，在上下左右，因勢而攻開進扎，使

彼不能閃賺躲避。如彼用鐵牛耕地等低勢，利繃起我槍，故上扎以就其繃，及彼繃起，則我先串於下，因其往上之勢而繃起之，未有不勝者也。左右與上下皆然，循環無方，變化不一，如活龍生虎，不可拿捉。知此者，進乎技矣！學者不可不講也。

滄塵子曰：「此法甚粗疏，峨嵋所不出也。」

三排：排者，我槍未動，彼槍從左右淺進出以亂我，則我用分排之法，後手固根不動，前手持緊，左右兩下著力排開彼槍，直取正中，連身挨步進扎咽喉，勢如破竹，彼雖急退，亦難以躲閃，所謂中間一點難招架也。

滄塵子曰：「此時只點其前手，以逸治勞，以觀其變，分排挨進，失於輕易，非變法也。」

四壓：壓者，我槍從上壓下彼槍也。我立四平，彼槍於虎口之下、腳膝之上而進，我之封閉提拿均不便用，雖有高搭袖可破，然恐急而莫及，法當先挪身略斜，以避其槍，後手推槍，抬在後膝上，則出槍技，專前手用力，將槍尖向彼虎口壓下，則彼落槍而虎口必受傷矣。

滄塵子曰：「峨嵋之法，初練封閉時，須善扎者槍槍用此法扎我，以練成封閉。又用梨花三擺頭、蜈蚣鑽板以扎我，我之封閉皆能禦之，方為藝成。此所言者，皆夢語也，總由根本不固，於枝葉立法耳。」

五扎：法曰「當扎不扎，是一大病」也，持槍相對，彼此各存猛力，若彼扎來，我或用封閉以落之，或用偏閃以空之，彼槍既落坐，則力過矣。此時不扎，彼收槍定勢，新力復生，則難以進扎，故必於彼舊力才過、新力未生時，進步扎之，則不能躲閃革架。若彼立此勢未動氣

力，堅固之時，而先扎，則彼可架革，而我先力，此謂不當扎而扎也。

一圈：槍法說起初用圈槍作為槍法的母招，然後才發展出封閉提拿。所謂圈槍，就是要左右圓轉靈活，可上下旋轉，沒有一定的規律，令敵心手搖擺迷惑，我則可趁機而扎。其技法較纏法相對粗疏，其轉動靈活的關鍵，全都依靠於身法。

後手轉動槍根，前手仍然緊固握杆，對著身體的中心綫，如果兩手都搖動的話，則怕敵乘我槍杆勁力虛弱而大力往旁排打，進而扎我正中。

滄塵子（即吳殳）道：「按洪轉的口氣，這是右手虛鬆著持握槍根轉動，這是王孟通的技法，力氣大的人這麼用還行，力氣小的人這麼用，易被敵打落槍杆。」

峨嵋圈槍是右手緊握槍根，前手鬆握，這是與此的最大區別。

二串：串槍的技法，可用於上下左右，因實際情形或攻或革或進步發扎，令敵不能閃賺躲避。如果敵用鐵牛耕

地等低的槍勢，利於將我槍繃起。故而我要想向敵上部發扎，就要借用敵的繃勢。

等敵將我槍繃起，那麼我槍先串到下面，這是因為借用敵往上繃的動作而轉用作串槍，沒有不勝的道理。往左往右串跟上下串都是一樣的，循環無章法，變化不一定，似生龍活虎般，無法拿捉。掌握此般技巧的，才算學得了槍技，對後學者而言不能不說。

滄塵子道：「這種技法特別粗疏，峨嵋派不用此粗法。」

吳殳認為粗疏，是因為此處有繃槍這種大封大劈類的技法使串成形。

三排：所謂排，即我槍沒動，敵槍或左或右淺進淺出以亂我心手，那我就用分排技法，後手握緊槍根不動，前手也要握緊，或左或右兩下用大力分別排打開敵槍，再徑直扎取敵之正中，並連帶進身隨步進槍扎敵咽喉，勢如破竹，敵即使迅速後退，也難以躲閃，正所謂中間一點難招架。

滄塵子道：「對付淺進淺出的，只需點擊敵之前手，即以逸治勞，以觀敵變。用分著排打的技法挨槍進扎，似乎太輕率，無法另用變化的技巧了。」

此段只需知道排是什麼意思即可。

四壓：所謂壓，即我槍從上向下壓敵槍。我立中四平勢，敵槍向我虎口下方膝腳上方的位置扎入，我的封閉提拿都不便使用，雖然有高搭袖可以破解，然而恐怕情勢太急來不及使用，此時應當先將身體略斜，以避開敵槍，並用後手推槍，將槍抬在後膝上，那麼就能使出技巧，專門前手用勁，將槍尖向敵虎口壓下，則敵槍被擊落而虎口定然受傷。

滄塵子道：「峨嵋練法，剛練封閉時，必須由扎法好的人槍槍用這招扎我，以促成封閉的練就。再用梨花三擺頭、蜈蚣鑽板等扎我，我用封閉都能防禦，才叫學藝有成。而洪轉寫的這段話，都是夢話，終歸根源在於根本不堅固，注重枝葉的技法（即不會兩手靠封閉運用槍根，只注重槍尖借用身法步法的使用）。」

封閉是革法的根本，其他身勢步法都是輔助的，孰輕孰重，要有分辨。

五扎：槍法說「當扎不扎，是一大病」，兩方持槍對峙，彼此各留用猛勁，若敵扎來，我可以用封閉擊落敵杆，可用斜身偏閃使敵槍扎空，敵槍頭一旦落地，則他槍上的勁力早已過時，這時如果我不扎，敵一收槍再擺定架勢，新的勁力又生長出來，我則難以進扎，故而一定要在敵舊勁剛過、新勁還沒產生時，進步發扎，則敵無法躲閃革架。若敵擺下架勢未耗動氣力，門戶堅固，我如果先扎，則敵可以架革，而我先沒了勁力，這就是不該扎時而發扎。

此為扎法的時機，需要掌握。

槍法三奇

一軟：兵法有云「柔能制剛，弱能勝強」，即此中之軟硬之道也。蓋彼以硬進，我以硬進抵，兩家用力，是為犯硬，力弱者必敗，或力同而鬥久何能必勝？若於彼槍用力剛猛之時，我用穿、勾、退步之法，候彼進深，猛氣已過，卻挪斜步扎之，則彼無所用其力，即巧中之斜步單撒

手（即單殺手）也。又如我槍先發，彼以猛力提拿，我卻變為軟，使彼力空，乃乘其不備之所取之，此皆謂之以軟破硬。又如彼此立勢，而我軟勢，吞吐進出，使彼不防，我於進後方用硬力疾速取彼，此謂借軟用硬也。此中變於無形，動於無聲，學者不可不講也。

石敬岩、程真如峨嵋槍法，以重硬為初門，以輕虛為脫化，若軟字，槍中至極處也。程沖斗只言重硬，不言輕虛，所以火氣不除。此段非沖斗所及，乃少林本法也。但言用時之軟，而不言練時之強，實則無根本，所以不及峨嵋。

二閃：法曰「不招不架，只是一下」，槍來只不招架也。如彼槍扎飛來，我革落之，彼必退出，此時我若進槍，則彼出，我追著亦不深，非勝算也。故必於彼進槍之時，左右斜閃而直進，扎彼空處，使彼不及收槍，而我槍已著身矣。且彼來我往，著則無不深也。閃法詳於諸巧法之內，乃槍中神境，不可忽也。

滄塵子曰：「此即黑鷂翻身之類，彼槍未死，輕易進扎，何能必勝？而以為神境，卑淺極矣！總之，峨嵋之法，只欲制死彼槍，使不能動，不須發槍著彼，彼自心伏。若一發取勝，縱彼不能吃槍，猶未心伏，非峨嵋法也。」

三賺：古語曰「香餌可以釣鰲」，即此意也。蓋能扎槍者，必非莊家，定是會手。若我立勢堅固，則彼不肯滿進，彼進不滿，則我之以進亦不深。必先落空處，以賺彼進扎，而我乃以巧法取之，此中元機不可枚舉，知此者進乎技矣。

一軟：兵法說「柔能制剛，弱能勝強」，也可以作為槍法的軟硬之道。敵以硬槍進扎，我以硬槍還迎，兩家都用勁，這是犯硬，力量小的定然失敗，或者力量差不多，但鬥得久了，又以何能取勝？如在敵槍用勁剛猛之際，我用穿槍、勾槍及退步的方法，待敵槍扎得深了，其猛勁已過，我則斜上步扎敵，則敵無可用其力，正所謂巧技中的斜步單殺手。又比如我槍先發扎，敵以猛勁提拿，我卻變作軟勁，使敵勁力虛空，即乘他沒有防備的地方而取之，這都是說的以軟破硬。還比如互相擺下架勢，而我的架勢較軟弱，我槍淺進淺出，令敵不屑防護，我卻在我軟槍扎進後突然用硬勁快速取敵，這是借軟用硬。此類技法變於無形，動於無聲，對後學者不可不說。

滄塵子道：「石敬岩、程真如的峨嵋槍法，在剛入門時要用重勁硬勁，往後脫化要達到輕靈虛巧，就好像一個軟字，這是槍法的至極之處。程沖斗只講重和硬，不講輕靈虛巧，所以槍的火氣無法除掉。這一段文字是沖斗趕不上的地方，其實就是少林寺的原本技法。然而，卻只談在實戰時為何用軟，卻不談平時習練時要猛勁訓練。所以實際上沒有根本可言，故而趕不上峨嵋。」

由硬到軟，這是一個過程，很少人能做到，除非痴迷

於槍術的人，能按照吳殳的思想堅持下去。

二閃：槍法說「不招不架，只是一下」，是說敵槍扎來，不必招架。如果敵槍飛速扎來，我將敵槍革落，敵定然後退，這時我如果進槍，則敵人退出，我追上也扎不深，沒有勝算。因此一定要在敵進扎之際，我或左或右斜閃而徑直進扎，就扎敵的空檔，令敵來不及收槍，而我槍已著敵身。且敵來我往，一旦槍尖觸體，無不深入。閃法詳述於各巧法內，是槍中的神境，不可忽視。

滄塵子道：「這無非是黑鷂翻身類技法，敵槍沒死，我就輕易進扎，有何能耐定然取勝？其理論卑淺至極！總而言之，峨嵋槍法，定要先將敵槍制死，使之不得動彈，根本不必發槍扎敵身體，敵自心下服軟。如果一發槍僥倖取勝，而敵人連吃槍的機會都沒有，其實他從心眼裏就不會認輸，峨嵋槍法絕不會如此。」

閃身是需要練習的，是顛提的技法，用槍時要先定住敵槍，這是關鍵。

三賺：古語說「香餌可以釣鱉」，即這個意思。擅長

扎槍的人，不是莊家，必是會手。如果我擺的槍勢堅固，則敵槍就不肯全力扎進，敵槍沒有完全扎進，那麼我的槍扎進也不會深。一定要故意暴露出空檔，誘敵進扎，而我才能用巧法取勝。這其中的元機不可枚舉，能掌握此技即學到槍法。

古人兵器拳腳，都要故賣破綻，誘敵反殺，此為戰術思想。

八母，本也；六妙，用也；五要，變也；三奇，巧也。盡此諸法，槍可以冠諸藝矣！

八母槍，是用槍的根本。六妙，是槍的使用技法。五要，是槍的變化。三奇槍，是槍的巧用。這些方法都掌握了，用槍就可以強過其他各般武藝了。

「槍可以冠諸藝」這句話未免言過其實，不同的兵器都有不同的用途，如弓弩銃箭。

附一 槍法答疑

1. 或問：「槍之元神鳥跡圖何解？」

曰：「鳥跡圖不明，無以習槍也。鳥跡者，即滾轉槍尖畫圈或弧也。欲尖滾轉，須杆滾轉；欲杆滾轉，則須兩手陰陽互轉，乃能於扎中見横力焉。」

2. 或問：「捲、反捲、勾、反閉如何用之？」

曰：「彼圈裏扎入，移前足脫其鋒，坐膝而拿，削彼前手，即捲也。彼圈外扎入，我偷槍於其杆之右而拿之，即反捲，亦名纏拿。彼高槍圈外扎入，乃屈前臂貼脅而閉之，以防削前手，即勾法；彼槍圈裏來，我偷槍於其杆之左而閉之，即反閉，亦名纏攔。」

3. 或問：「何謂砑？何謂劈？何謂擄？」

曰：「砑即封閉之後手返上而下之力也，所謂開槍先輕而後重者。砑而長重，即劈也，槍頭起不過五寸、低不下膝。砑、劈貴乎坐膝。擄乃前手虛攏槍杆，後手圓轉以開槍。」

4. 或問：「何謂單殺手？」

曰：「戳革隨處可用單殺手也，乃入門槍技。非直戳也，即後手轉陰陽以發梨花等凶槍也，單殺手熟，方可習

豁裏透、子午槍。」

5. 或問：「何謂出而能圓？收而能圓？」

曰：「世人但知滾轉扎出，不意收槍亦要槍杆滾轉也。唯兩手陰陽互轉，久而能熟，即持杆不棄封閉也。」

6. 或問：「何謂攔前跨劍、攔後中四平，拿前中四平、拿後跨劍？」

曰：「中四平、跨劍為槍尖左右相對之勢也，攔拿用之，蓋皆故露門戶誘彼扎入而後革戳也。」

7. 或問：「槍棍之用等同否？」

曰：「槍棍之介，修齡公已備之詳盡。總言之，槍技重手法而輕勢，棍術重勢而輕手法。」

8. 或問：「何謂串槍？」

曰：「串，亦稱作穿。世俗之串，多用前手，峨嵋用之後手，謂之圈手，亦名雙頭槍。圈而不扎，俗稱蜈蚣鑽板。圈而又串，謂之叠穿。皆閃賺之法也。今世有以白蛇弄風而冒雙頭槍者，唬門外漢也，實則沙家竿子用法。」

9. 或問：「槍之革法，根置何處？」

曰：「槍為纏腰鎖，故根應置腰間，此乃正法。亦視實情而變，若提則槍根直過頭。有置於胸腹者，便用諸朝天、壓卵等棍勢而大封大劈也。」

10. 或問：「峨嵋、馬家、石家槍法異同？」

曰：「三家槍式相同，石電先出少林，後師馬家，馬家法雜棍也。中年投劉德長，專心封閉二載，晚年棍棒刀牌皆化槍法，遂自成一家耳。後修齡公遇朱熊占談議石電、程真如，乃知其槍法相近。」

11. 或問：「今世之槍，三公尺杆謂長槍乎？」

曰：「今世多以二米四上下為多，短者更有一米八者，俗稱花槍（非閃賺花槍也），按明營造尺，似七至八尺夾槍棒也。又此類槍頭重根輕，白蠟細軟，不求槍心，有類綫槍，擅與刀牌共耍，實舞勢討巧耳。然亦有三米者，俗稱長杆，長度類於峨嵋、馬家也，唯杆用白蠟，非牛筋木也。四至五米者，實類於明季楊、沙也，而用法迥異。」

12. 或問：「今世槍法有傳承乎？」

曰：「峨嵋、馬、沙、楊之法，去除棍技，皆兩手轉陰陽之法，唯槍圈疏緊不同。今世槍派林立，槍式不一，蓋以少林、汊口影眼至今，明手法者少，重槍勢者多，更以舞花、棍勢廣施其間，故所下功夫多不在封閉也！」

13. 或問：「何謂鴨踏步、連枝步？」

曰：「鴨踏者，蹲身而坐，後腳邁於前腳前，亦作偷步，類今之蓋步。連枝者，類今之滑步也。」

14. 或問：「槍之扎力在兩手乎？」

曰：「實扎若單殺手者，力源自蹬地之後足，以髖旋轉催手而發，類今世後手直拳也。虛扎在乎兩手封閉之靈活。」

任鴻（翊將軍）

撰於2012年5月15日

附二 見肉貼杆

槍的奧妙在於滾轉杆子畫圓，要做到扎中有革，革中有扎，直力中顯現橫力，即槍之元神。對敵時，想做到此點不容易，需要長時間的訓練，少則五六年能有小成，十年、二十年或到大成。如果僅憑大封大劈，或以棍亂槍，畢竟是逞莽夫之勇，失去槍的真意。

因此，守則見肉分槍，攻則貼杆深入，是槍法實戰的關鍵！

吳殳講「封之槍尖開於前一尺弱，閉之槍尖開於後三尺強」，何解？

這正是毫無隱諱地透露了防守的時機！

敵之槍尖向我圈裏扎來，要在其槍尖扎到離我身前一尺處時，我再以槍朝敵持杆前手外六寸的位置封下其槍，用力要小，以防敵槍閃賺。敵之槍尖向我圈外扎來，要在其槍尖扎到我身後遠離我身三尺外的地方，我再以槍朝敵持杆前手外六寸的位置閉下其槍，用力要大，目的使敵抽不回槍。此即「見肉分槍」，而要想達到一尺或三尺的距離，在封閉的同時，更需要以身法步法進行輔助。

而「貼杆深入」，即貼著敵杆扎入，首選目標是敵之

前手，以先定住敵器為首要目的。若想使見肉分槍、貼杆深入一氣呵成，就必須練好封閉。

封，敵槍圈裏扎來，我前手拿槍，後手返上而下，正好轉了一個圈。

閉，敵槍圈外扎來，我前手攔槍，後手返上而下，也是一個圈。閉的時候，還要加上蹲坐和砑。

封的槍尖旋轉軌跡是一個順時針的圓環，封之前，前手陽，後手陰。封之後，前手陰，後手陽。封完緊跟著扎出，扎出的軌跡不能再是順時針，而是要逆時針轉杆行進方能削擊敵手，扎完前手陽，後手陰。按身勢講，即所謂封之前是中四平勢，槍尖靠左，封之後是跨劍勢，槍尖靠右。

閉的槍尖旋轉軌跡是一個逆時針的圓環，閉之前，前手陰，後手陽。閉之後，前手陽，後手陰。

閉時要蹲坐，閉完要砑，砑時主要用後手力，即右纖月形，前手隨後手而轉，砑完前手陰，後手陽。砑完再逆時針旋轉貼杆扎出削敵前手，扎完前手陽，後手陰。按身勢講，即閉之前是跨劍勢，前手要陰持槍杆，槍尖靠右，閉之後是中四平勢，槍尖靠左。

封閉還可以演化出迎槍，即省掉後手返上而下的動作，直接隨前手的仰覆貼杆扎出，達到我中彼開的效果。但是沒有一開始用幾年時間練習封閉與連環，迎槍只不過是個偷工減料以求速成的擺設，橫力不足，無法革開敵之重槍。現代有很多人就是這樣偷工減料練的，承傳下來，封閉為何物早已不明，而代之口頭隨意稱呼的「攔拿扎」。

起初練槍，封的力度要大，閉的力度要小。幾年下來，漸漸轉作封的力度小，閉的力度大。而所轉的圓，也由雞蛋大小漸漸趨作銅錢大小。

任鴻（翊將軍）

撰於2012年10月31日

下篇

器王正眼無隱錄

第一章 自序

原文

道與藝，俱有正眼，得此而後工，力有所施，否則畢世搰搰（音ㄎㄨˋ，用力的樣子）茫茫耳！

槍雖小藝，而古今究心於此者有人，人繁則法雜，而淺近之説易於入瓦釜雷鳴，則黃鍾毀棄矣！此藝之著聲者六，短則峨嵋、少林、馬家、汊口，長者沙家，在長、短家者楊家。

予皆曾有事焉，而以峨嵋為正眼，蓋槍為器中之王，棍乃其奴婢，家不可無所使，若廣列棍之身勢，而昧槍之手法，則認奴作郎矣！

峨嵋絕無身勢，少林不逮（不及）峨嵋，而身勢亦稀，沙、楊少有之，而馬與汊口全論身勢，不重手法，棍也，非槍也。

石敬岩，峨嵋之嫡派，不知者以為馬家，蓋由峨嵋之法人世鮮知，而器之長短，兩家正同，故傳訛也。五十年前，敬岩名震江南，而混以馬家之名，人將以二十四勢為

正眼，其誤何極！

余以生平所習六家之法，剖其品類，辨其邪正高下，以敬岩之法、程真如之書為內編上卷，沙家、少林、馬家、汊口、楊家及雜器為外編下卷，名之曰《器王正眼無隱錄》。

內編首敬岩，尊師說也；次真如，尚同志也。外編先沙家，能成家也；次少林，不失家門也；次馬家，別自為長棍也；次汊口，可為臨陣將兵之用也；楊之用同於汊口，而置最後者，賤其雜也，娼婢之子，不與良人伍也。

凡敬岩、真如之良法微意，錄中無不正告側出，一無所隱，公之天下。使見者皆知正眼，不惑於淺近之說也。

每見世人於微末一技秘惜過於珠玉，心甚鄙之，夫槍難事也，縱得正眼，而造藝之高下，存乎工力之淺深，秘之何為？

峨嵋在西南，從學者鮮，而敬岩、真如又無傳人，余深惜之，故作此錄。

丁卯夏盡日滄塵子吳喬修齡氏撰

修行和習武，其中都有要訣，知道了要訣，然後在此下足工夫，才能使槍的勁力有針對性。不然的話，只能一輩子亂用蠻力。

槍術雖然是門小的技藝，但古往今來誠心研究槍法的大有人在。習練的人多，槍法也就混雜著很多非槍法的東西，以至於膚淺不深的理論學說很易充斥習者的耳朵，使真正的槍法被埋沒。當前槍法比較著名的有六家，短槍是峨嵋槍、少林槍、馬家槍、汊口槍，長槍是沙家竿子，在長短之間的是楊家槍。

上述各家槍法，我都學過，但我把峨嵋視作正法眼藏（佛教語）。事實上槍是百器之王，棍好比槍的奴婢，有如富家之中不能沒有僕役。如果大量推崇棍法身勢，而埋沒了用槍的手法，就是以奴婢冒充富家的主人。

峨嵋槍絕對沒有身勢，少林槍雖然不如峨嵋，但身勢也少，沙家竿子、楊家槍有一小部分身勢，而馬家槍和汊口槍都講求身勢，不注重手法，實際是棍術，不是槍法。

石敬岩，得自峨嵋派槍法的真傳，不知道的人以為他習練的是馬家槍。這是因為世人很少瞭解峨嵋槍法，而槍的長短規格，兩家正好一致，故而將敬岩的槍法訛傳成馬家槍。五十年前，敬岩的槍法名震江南，之所以將他的槍法混談成馬家槍，是因為庸人都把二十四勢當作槍法的正法眼藏，可謂荒謬至極！

我將一生致力研習的六家槍法，剖析研究，按品階畫分出類別，區分開哪些是邪說，哪些是正法，哪些高深，哪些低下。將敬岩的槍法和程真如的槍譜作為《內編・上卷》，沙家竿子、少林槍、馬家槍、汊口槍、楊家槍及其他兵器作為《外編・下卷》，整本書命名為《器王正眼無隱錄》。

《內編》中的卷一列的是敬岩的槍法，這是因為我必須尊重師父的槍法理念。卷二列的是真如槍法，這是因為他的槍法與我師父的槍法志同道合。

《外編》中卷一是沙家竿子，這是因為沙家確實能獨

成一家槍術。卷二是少林槍，這是由於少林槍有自身的特點，沒有辱沒家門。卷三是馬家槍，其實是另類的長棍技術。卷四是汊口槍，可作為戰場之槍使用。楊家槍的使用特點與汊口槍相同，所以放在卷末（卷五），是恥於楊家槍混雜了馬家槍、沙家竿子的技術，好比娼婢的孩子，不能跟富家子弟同列。

凡是敬岩、真如的好槍法或暗含的深意，在《無隱錄》中無不正面表述或側面點到，沒有任何隱藏的東西，只為將二人的槍法公示於天下。目的是讓看到此書的人都知道什麼是槍法的正法眼藏，不被那些膚淺不深的邪說所迷惑。

每每遇到世俗庸人對於那些細微的小技法吝惜得如珠玉般不肯輕示，我打心中就鄙視他們。習練槍法是件很不容易的事情，就算知道了要訣，而技藝的高低，在於封閉上下的工夫是深還是淺。所以說，那些小伎倆，還有什麼可藏著的？

峨嵋派居於西南，跟著學槍的人少，而敬岩和真如又沒有後輩傳人，我深感遺憾，故而寫下此書。

丁卯年夏末滄塵子吳喬修齡撰

1.此篇是吳老將近80歲時寫的，對槍的認識跟50歲時寫《手臂錄》不一樣：

（1）果斷地下了結論，石敬岩學的是峨嵋槍。在《手臂錄》的峨嵋槍法一章裏，僅是推斷劉德長可能從普

恩那裏學過槍法，而石敬岩學自劉德長，所以自然歸於峨嵋。而在本錄，直接把石敬岩的槍法歸為峨嵋派了。

（2）《手臂錄》中還是比較推崇馬家槍的，雖然說其雜了棍勢，但總體的評價還是比較高的，可能是因為那時期吳老將石敬岩視作馬家槍的傳人。但在此錄中，也乾脆將馬家槍全看作了棍法，只因為馬家講求二十四勢。

（3）楊家槍的地位在本錄中更加低下，成作娼婢之子，不與良人同列。

2.吳老寫此錄的動機，是因為石敬岩、程真如沒有再傳弟子，石敬岩的槍法傳給了夏君宣、夏玉如、吳殳、陸孚亭，程真如的槍法傳給了翁慧生、朱熊占，而這些弟子要麼戰死沙場，要麼沒有找到合適的傳人，要麼因本身功夫不深而轉了行，加之程沖斗槍法在大江南北的流行，吳老才寫出此錄，以求後學之人研究學習。

3.本序可看作該錄的目錄，從中可知，《器王正眼無隱錄》分為上下兩卷，上卷稱之為《內編》，下卷稱之為《外編》。內編即本門槍法整理的意思，外編自然是本門以外的槍法和其他兵器用法的編撰整理。

可能的大致綱目推測如下：

《內編・上卷》只有兩卷：

卷一　石家槍法（含源流、槍式、身法、步法等，除與《手臂錄》內容相近外，應該還有很多的補充）

卷二　程真如槍法（除內容與《手臂錄》峨嵋槍法相近外，亦有補充）

《外編・下卷》可能為六卷：

卷一　沙家竿子法

卷二 少林槍法

卷三 馬家槍法

卷四 汉口槍法

卷五 楊家槍法

卷六（或稱附卷、雜說）諸器編說（包括漁陽劍訣、雙刀、單刀圖說、藤牌腰刀、狼筅、叉、大棒）

根據這份目錄可見，吳老的《無隱錄》原本是很有邏輯性的，而現代流行的《器王正眼無隱錄》影印版稿是極不完整的，原本極可能早已遺失，而流傳下來的僅是手抄本，將一些與《手臂錄》不一致的關鍵內容抄錄下來了，所以才顯得沒有章法，非常雜亂。

在未收集到新的資料之前，也只能就目前現存的文字進行應用、釋義、解析。

無可奈何，我只能按照流傳下來的手抄本，儘可能地合理排序，重新擬出目錄，畢竟現有的東西，也是吳老於《手臂錄》上的完善和補充，比如「萬派歸宗」在《手臂錄》裏是沒有解釋的，而在《無隱錄》裏仍然沒有解釋，但卻以良工建塔、日積月累進行喻義，可見吳老的良苦用心，為正宗武學能夠傳承花盡了一生的心思，在此，謹以這部釋義、解析的文字向吳殳老先生致敬！

第二章　石家槍法源流述

敬岩自少時受雙刀法於本縣令君耿橘，少不知教，為靴尖所蹴者不可數記。已，後出塞征苗，只以雙刀臨陣。槍、棍得之少林僧洪記，自謂有得矣！

年三十七，與洪記見劉德長於真定巡撫韓公畠（音ㄒㄧㄠˇ）宇署中。洪記與德長校技，而手中兵器為德長撥去，乃心折，百拜請受教。劉師曰：「二子根本無工，枝幹皆虛也！當息心泯志，不學破法，不與人角技，下死工夫於根本者二年，則可受我法。自今日請辭，至期相見。」

乃如所言，與記用根本工夫足二載，復往見。劉師試之而實，喜曰：「吾教二子槍法已竟，無多求也。二子所學，博極諸家，惟不知有根本，不曾加工，故遇吾而敗。今根既實，則舊法皆吾法也，複何教為？」又命與昔舊平手者校，其杖皆可撥而去也。

我離劉師二十年，杆子未嘗一日去手，今則刀、牌皆

入槍法，何況於棍？殳是以棍、槍之介不留心別白者二年。

洪記以崇禎時將兵擊流賊，大破之，追遠遇生賊，援兵不至，終不肯退。賊益眾，奮鬥以死，不負所學云。

劉德長初亦出於少林，自嫌技未至精，又遍遊天下，而後有得。殳謂劉師遍遊天下，則必受學法於峨嵋矣！不然，何以與普師（即普恩）之傳如水入水也？

石師偃月刀開槍，用刀尖彎處，以槍法封閉開之。又問：「牌之去槍遠，何以可入槍法？」石師曰：「我身前三尺槍圈子中，蠅蚊不能入，非團牌而何？」

敬岩從小就跟原籍地的縣令耿橘學習雙刀，因年紀小不能立即領會所學的技藝，就無數次地挨耿縣令靴尖的踢打。學完武藝，不久就隨軍征剿苗寨，只憑兩口鋼刀上陣殺敵。而槍法、棍法學自少林僧人洪記，自認為得到真傳。

三十七歲時，敬岩和洪記在真定巡撫韓晶宇的官署見到了劉德長。洪記跟德長比試槍法，而手中兵器竟被德長撥掉，心中特別喪氣，百般向德長懇求給以教導。劉宗師說道：「你們倆封閉上沒下功夫，才導致整條槍虛弱無力。應該靜下心來，專心致志，不要學各種槍勢的破法，不跟人比試武藝，在封閉上認認真真地花上兩年工夫，到那時就能學我的槍法了。自今天開始，請回去習練，到兩年後的今日再來與我相見。」

於是，師徒二人聽了德長的話，敬岩和洪記在封閉上滿滿地練了兩年，再次與德長相見。

劉宗師再試他們的武藝，感覺他們的槍勁很重實，就高興地說道：「我已將二位的槍法教授完畢，也沒有再多餘的要求了。你二位所學的槍法，包羅各家，唯獨不知道槍法的關鍵在封閉的運用，故而沒有在這方面下足功夫，才會被我擊敗。現在你們的槍根已經厚實有力，那你們過去所學的各家槍法也都是我的槍法，我還有什麼可教的？」劉宗師又令他們跟之前打平的對手比試，各自都能撥去對手的杆棒。

我學藝時，劉宗師已逝世二十年了，而我那時候，沒有一天杆子會離開我手的。

如今，刀和團牌都能納到槍法中，何況於棍子？我有兩年的時間是因尋找槍和棍各自的特點而進行了專門的研究，既而不再留意其他的兵器。

洪記在崇禎年間率兵進剿流寇，大破敵軍，但追得太遠，又碰上另一撥流寇，援兵沒到，而洪記最終不肯撤退，敵人越來越多，最後洪記奮戰而死，畢竟沒有辜負其生平所學。

劉德長起先也是從少林學的藝，仍嫌自身技藝不夠精湛，就遊遍天下尋訪名師，最後覓到真傳。

我要說的是，劉宗師遊遍天下，那麼肯定學過峨嵋的槍法。不這樣的話，怎能跟普恩禪師傳下的槍法如水入水般地相似？

敬岩師父以偃月刀革槍，就用刀尖的彎處，用槍法的封閉手法革開敵槍。我曾問他：「團牌腰刀離槍這麼遠，

為什麼可以革槍而入？」

師父說道：「我體前直徑三尺來長的槍圈子裏，蒼蠅、蚊子都飛不進來，敵人還妄想團牌可以進槍？」

封閉上下足功夫是用槍之根本。

第三章 槍王說

原文

語云：「槍為諸器之王。」以諸器遇槍立敗也！降槍勢所以破棍，左右插花勢所以破牌、钂，帶打法破劍、破叉、破鏟、破雙刀、破短刀，勾撲法破鞭、破鐗，虛串破大刀、破戟。

人惟不見真槍，故迷心於諸器，一得真槍，視諸器真如兒戲者也！

不知者曰：「血戰利短器。」夫敵在二丈內，非血戰乎？真槍手手殺人，敵未有能至一丈內者，短器何所用之？唯劫營巷戰宜用刀、鞭、棒耳！至於弓、弩、鳥銃之發，必在二十步外，牌、盾可禦；大炮能不能命中，付諸天數。二者雖更長於槍，而非所畏也！

釋義

常言道：「槍是各兵器之王。」這是因為其他兵器一碰上槍就立刻會失敗。

像降槍勢，可以破棍。左右插花勢，能夠破團牌和钂。帶打扎，可以破劍、叉、鏜、雙刀、短刀。勾槍倒手、撲槍倒手能破鞭、鐧。虛扎、串扎，能破大刀（按明《武備要略》，大刀含偃月刀、斬馬刀）和戟。

人只有見不到真正的槍法，才會被其他的兵器所迷惑，一旦得到槍法的真傳，完全可以將其他兵器看作兒戲。

不懂槍法的人會說：「血戰中，短兵最有利。」敵人離我將近兩丈遠，就不能血戰麼？真正的槍法，每次出手都能殺人，敵人就沒有能進入到一丈內距離的，短兵在這樣遠的距離血戰還怎麼用的上（按《紀效新書》，明代短兵，包括長棍、鈀、叉、鏜、钂、偃月刀、腰刀、鞭、鐧、團牌等等，這其中較長的棍、鈀、偃月刀也僅七八尺長，遠遠不及槍的長度）？唯獨劫營或巷戰中應當用刀鞭棍棒。至於弓、弩、鳥銃的發射，一發就必然射在二十步以外，即可憑團牌、立盾來防禦。大炮能不能命中，就要聽天由命了。這兩類遠射之器雖然比槍的殺傷距離長，但並不能令人心生恐懼。

從現代槍械火器的角度來看，最後這些話未免過分地抬高了長槍在戰爭中的能力。在冷兵器時代，長槍在戰場上是除去遠射兵器以外的王者，但什麼兵器都是因需要而誕生的，不然的話，戚繼光也不會訓練鴛鴦陣進行兵器組合了。

第四章　槍棍辨

原文

長棍七尺五寸，短槍九尺七寸，其體相近，其用天淵：

棍重三斤，槍重十斤，一也；

棍用打，槍用扎，二也；

棍打一大片，有定向，槍扎一條線，無定方，三也；

打大易見易革，扎小難見難革，四也；

棍之打與勾扳，舉手即是，槍之扎革，苟完亦須二年之工，五也；

用棍，手與身、足，其工正均，須有架勢，槍之用處，全在乎手，身與足以成就其手而已，不須架勢，六也；

打之鋒影作人字形，封閉之鋒影作圓相形，七也。

有此七件，所以棍易會，槍難能。

世乃有兼槍帶棍之語，人情之樂易畏難，猶水避高趨下也，兼槍者固棍也，帶棍則槍亦必盡入於棍矣，槍安在

哉？

長棍（也稱作大棒，南人稱棍，北人稱棒）長七尺五寸（按明代營造尺，合今2.4公尺），短槍長九尺七寸（按明代營造尺，合今3.1公尺），樣子相似，但用法大不相同（明代棍棒是根粗梢細，槍也是根粗梢細，所以才會樣子相似）。

長棍三斤重，短槍十斤沉，這是第一個區別（由於材質、長短、粗細不同，導致重量不同）。

長棍主要靠打法，短槍主要用扎法，這是第二個區別。

長棍一打就是一大片，有一定的揮動方向。而槍扎出去就是一條線，沒有固定的方向，這是第三個區別。

棍打的話，動作幅度大，棍梢影跡大，容易看到，容易革開。而槍扎的話，動作幅度小，槍圈影跡小，不易發現，不易革開，這是第四個區別。

棍的擊打或勾撥，抬手就能施展，而槍的扎與革，要想基本掌握也必須下上兩年的工夫，這是第五個區別。

使用棍，兩手和身體及雙腳，各自分配的力量要平均，要擺架子。而用槍的話，完全在於兩隻手的技法，身體和腳只不過是為兩手提供輔助，不需要擺架子，這是第六個區別。

棍打出的影跡是人字形（如左劈右劈，都是直線），槍的封閉影跡是以圓變化的圖形，這是第七個區別。

有上述這七個區別，所以說長棍容易學會，而槍比較難練。

世俗間有夾槍帶棒的說法，人的本性就是喜歡幹容易的事而害怕做困難的事，就像水流避開高處從低處流下。夾槍帶棒的練法，本身就是棍法，如果能夾帶棍法的話，那麼槍法中也就完全摻入了棍法，而槍法還存在嗎？

第五章　槍式説

原文

右軍（即王羲之）大令（即王獻之）之腕，亦須宣城諸筆，乃能相發。

槍式，敬岩首務也！槍不合式，扎與封閉、連環（一方扎，一方以封閉革）皆入邪道。

槍材，以徽州牛筋木者為上，劍脊木次之，紅綾勁而直，且易碎，白蠟軟，棍材也。

沖斗（程沖斗）絕力用十三斤，余（吳殳）止得八斤，最輕不可下五斤也。

其勁如鐵，根大逾握，削之使就手，漸細至尖，尖徑半寸（按明營造尺，合今1.6公分，此尖應為削後入槍筒的杆尖），搦（音ㄋㄨㄛˋ，握）於根前三尺，衡之正平。居重馭輕，用之乃得靈變。

過丈二，腰必軟，欲腰不軟，根太大，不可握矣。

故以九尺七寸為定式，戰場、游場皆用此器，此峨嵋入門第一步。

觀器可以知人，遇用重大勁槍者，不可輕忽，遇用輕細軟槍者，安步平行取之。

握槍，欲根與臂骨對。

舞槍，則輕軟悦目而已。

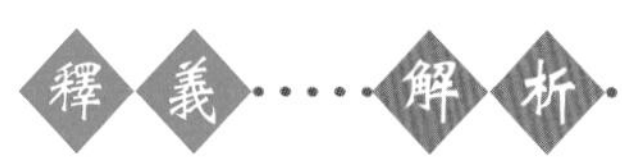

王羲之、王獻之父子寫字，也必須憑藉宣城出產的毛筆才能寫出好的書法。

而長槍的規格，也是敬岩教槍時最先強調的。槍的規格不合適，扎法和封閉及打連環都會進入邪門歪道中。

槍杆的材料，以徽州的牛筋木為最上等，劍脊木居次等，紅綾木有勁且比較直，但容易脆折，白蠟木軟，適合用作棍材。

沖斗的最大勁力是能使十三斤的長槍，我只能用八斤的槍，對於習練者而言，所練的槍最輕不能低於五斤。

槍杆產生的勁力如同鐵一般強硬，槍根的粗大程度要超過手可以抓握的極限，槍根的末端要根據手的握持程度適度削減，一直從虎口握處慢慢地細到槍梢，梢徑半寸粗，單手握在槍根前的三尺處，橫置手中正好平衡，可平行於地。槍雖然重，卻能輕便運轉，使用時才能靈活變化。

槍杆一超過丈二長，槍腰必然軟塌，想要槍腰不軟塌，就得加粗槍根，但太粗了就沒法握持了。

故而將九尺七寸的長度定為槍的規格，戰場、游場都能使用，這是峨嵋槍入門第一步。

看槍的規格就能知道使槍人的本事，遇到使用重長勁槍的人，不能輕慢不重視（意指敵人力氣大，我要以輕虛靈巧的技法破敵），碰到使用輕細軟槍的人，穩住步法，隨敵槍走向而相應進出（意指敵人力氣小，我可憑封閉的重實將敵槍擊開）。

握槍時，要使槍末端與後手的小臂骨對應在一條直線上。

對於舞槍，不過是用輕而軟的杆子取悅觀眾的眼球而已。

第六章　直力兼橫力説

扎之力直，革之力橫，峨嵋法不然，扎中有橫力焉！

槍杆，如虎尾，如象鼻，百物近之，莫不迸碎，所以能用鎖槍、畫烏絲、玉玦槍、縧環等槍，精妙入神之法，而皆出於封閉中。此須心領神悟，又有百倍練習之工，乃能得之，豈粗心力猛者能與哉？

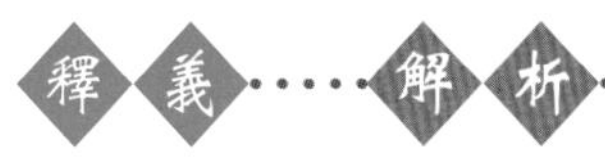

扎出的力是直勁，革槍的力是橫勁，但峨嵋槍法不是這樣的，扎出的力中有橫勁存在。

槍杆好比虎尾、象鼻，即使有百般物件靠近其身，無不被它強大的勁力盪開或擊碎。所以才能用上鎖槍、畫烏絲槍、玉玦槍、縧環等槍法，而這些精妙入神的手法，都是出自封閉。

學槍必須要心領神悟，還得下強於俗師百倍的習練工夫，才能得到真傳，怎是粗心力猛的人能掌握的？

第七章　純雜說

六家之槍，須分純雜。純中有長、短二門，雜中有知正、入邪、擔板、騾學四門。

短而純者峨嵋，二年精練之堂奧（堂上槍的奧妙，見第八章《槍分五品說》），而不失峨嵋手轉陰陽之門徑也。

馬家謂之入邪，不知槍、棍之介，詳於身勢，疏於手法，欲得以勢破勢，是邪見也。

汊口謂之擔板（擔著板子走路，只注意一邊，不看另一邊），於馬家、少林之法只見重大一邊，不知峨嵋輕細一邊也。

楊雜沙、雜馬、雜少林，驢非驢、馬非馬，騾也，以為長途負載之用則可。

六家的槍法，要分出哪些純正，哪些混雜。純正的槍

法裏分作長槍和短槍共兩個門類（長槍即沙家竿子，短槍即峨嵋槍），混雜的又分作知正、入邪、擔板和騍學四個門類。

槍短而純正的當屬峨嵋派，需要下至少兩年的工夫精心習練，才能明白到堂內槍的奧妙，進而不會迷失峨嵋派兩手互轉陰陽的入門之徑。

馬家槍稱作入邪，不知道槍和棍各自的特點，教授的身勢很詳細，對於手法的重視程度卻不夠，其理念就是以身勢來破身勢，屬邪見。

汉口槍稱作擔板，在馬家槍和少林槍中只看到其中猛烈的槍勢，不知道運用峨嵋輕巧細微的手法。

楊家槍混雜了沙家竿子、馬家槍和少林槍的技法，驢不算驢，馬不算馬，如同騍子只用來長途馱物即可（喻指粗笨的士兵以此槍長途行軍、埋伏，楊家槍屬娼婢之子，地位低下）。

限於本篇的資料來源不足，該篇對如下幾個方面論述不完整：

1.純正槍法的短槍屬峨嵋是沒有錯的，但長槍是沙家竿子嗎？從《手臂錄》中可見，沙家竿子確實獨成一家，由於槍長二丈四，多為竹製，無法摻雜棍法，但槍腰軟，其特點是手動腳不動，腳動手不動。吳老對竿子也是研究很透的，從《手臂錄》中可見，他還是個竿子高手，因此推測長槍中純的就唯獨是沙家竿子了。

2.混雜的有知正、入邪、擔板和騾學四家，其中，入邪的是馬家槍，擔板的是汊口槍，騾學的是楊家槍，那麼知正的是哪家？

不難發現，就剩下少林了。

知正的意思就是知道槍法的真意，少林算嗎？少林以棍見長，而槍法的真意在於封閉的功夫應用，這恰恰是少林欠缺的，但也是少林知道的地方。因為《手臂錄》內「革法說」中封閉的解釋都是借用了少林和尚洪轉的話，而且還有個少林僧人洪記，曾經學藝於劉德長，最後在剿匪時戰死，吳殳稱其不負所學。因此，少林當然知道封閉才是正法眼藏的標誌，然而，他們更加擅長和尊尚的卻是棍法。

3.值得深思的是，為何被戚繼光推崇為有奇正的楊家槍，在《手臂錄》中亦可說成不離棍法的楊家槍，為何在此被罵成了騾子，甚至稱作娼婢之子？

第八章　槍分五品說

原文

槍法有五品：一室中、二堂上、三巷遇、四階下、五門外。

長槍之左右拋灑，少林之纏槍、圈槍，汉口之大封、大劈、排靠、死綳對、活綳對、翻身綳退、勾槍、拖槍、綳槍，世俗之摵槍、葉底藏花、白蛇弄風、鷂子翻身，在門外者也。

勒、換、趵、偷、掛、呑吐、提拿、左右獻花、蜻蜓點水、高低四平、高搭袖、放梢打，雖非無用，而在階下者也。

迴龍、兩節、雙殺手、畫烏絲、鳳點頭，遇主於巷者也，事半功倍，不可為恒。

封、閉、扎、砑、挨、擠、推、扯、擈、挑、高提、反捲、捲槍、流槍、截槍、月牙、雞啄粟、梨花三擺頭、兩來、索穿錢、無影扎、豁裏透、滴水勢、半節槍、蜈蚣鑽板，在堂上者也，學者宜致力焉。

萬派歸宗，室中槍也，自來不口授，自悟可得。

以畫喻之，階下為能品，堂上為妙品，室中為神品，巷遇則逸品也。

槍法有五個品級，第一品是室中，第二品是堂上，第三品是巷遇，第四品是階下，第五品是門外。

沙家竿子的左右拋灑，少林槍的纏槍、圈槍，汊口槍的大封、大劈、死綳對、活綳對、翻身綳退、勾槍、拖槍、綳槍，世俗間流行的擄槍、葉底藏花、白蛇弄風、鷂子翻身，都是第五品，只能在門外使用。

勒、換、鯉魚跀、偷、掛、吞吐、提拿、左右獻花、蜻蜓點水、高低四平、高搭袖、放梢打，雖然這些技法並不是沒用，卻處在第四品，可以階下使用。

迴龍槍、兩節槍、雙殺手、畫烏絲、鳳點頭，在巷子裏碰到敵人時使用，事半功倍，但不能久用。居第三品，巷遇。

封、閉、扎、砑、挨、擠、推、扯、撲、挑、高提、反捲、捲槍、流槍、截槍、月牙槍、雞啄粟、梨花三擺頭、兩來槍、索穿錢、無影扎、豁裏透、滴水勢、半節槍、蜈蚣鑽板，可以堂上使用，習練者應當花大力氣。居第二品，堂上。

萬派歸宗，是可以在室中使用的槍，從來不口傳身授，需要自己體悟。居第一品，室中。

用畫來比喻的話，階下槍稱作能品，堂上槍稱作妙

品，室中槍稱作神品，巷遇槍稱作逸品。

此篇吳老將練槍的側重點很嚴謹地按照品類進行了畫分，相對《手臂錄》戳法和革法二篇內容，此篇增加了很多行著，似乎更為全面，需要習練者在各個階段下足工夫，逐階掌握，不同的階段會有不同的感觸。

第九章　短降長說

長之制短在器，其故易知，短之降長在人，其故難知。苟不能洞然明白，則臨事心惶惑矣！

蓋槍長則腰軟而頭重，凡峨嵋靈變之手法，皆不能用，虛勢雖雄，實事殊不足畏。

執短槍者，苟能識破，決然竟入，身近槍尖，便同赤手，會家惟跳出耳。

用長槍可以破短槍，這是因為長槍比短槍長，其中道理很易明白。用短槍降制長槍，關鍵在於人的使用，其中的道理很多人並不明白，如果不能豁然明白這個道理，那麼真到短碰到長的時候心中就會慌亂。

然而，槍長就會腰軟，而且會覺得槍頭很重，凡是峨嵋派靈變的手法技巧，都不能使用出來，雖然槍圈的虛張

之勢非常壯大，其實對於峨嵋來講根本不足以害怕。

用短槍的人，如果能識破長槍的運轉規律，狠心拼命向前上步，以致自身接近長槍的槍尖，此時長槍就如同赤手一般（短槍可以纏竿而入，殺敵前手），對於竿子行家來講，只有向後跳退。

第十章　針度篇

原文

予受敬岩戳革之法，練習兩年，手臂粗得柔熟，乃許授槍法。敬岩不嫻文字，法法口傳，且傳一法，練未熟，不教第二，第二法未熟，不教第三。半載中所傳不多，而敬岩遽死王事。雖脫化之微意余已領會，終不知槍中有若干法也！

廣而求之，於程沖斗之書得棍法，於洪轉之書得少林槍法，於鄭華宇得馬家槍法，於倪覲樓得楊家、沙家槍法，在聊城得敬岩所自出之淄川韓氏槍法，而昔所未聞者，備聞之矣。最後得程真如峨嵋槍法，上有倒手十二、扎法十八。知其技藝之精妙，與敬岩可為比肩，猶未悟其法僅有三十之意也。

悉心所得，遂有五百餘法，亦覺其中多空疏不切於用者，而以為皆出於名家，不敢輕動。其後自有省發，乃知槍法不多，雜棍故多。以槍對別器，理應用槍法，以槍對槍，何以用棍法乎？知棍而借棍，已非，不知槍而以棍冒

槍，其謬何所終極！法愈多而槍愈晦，至於少林、沖斗而極矣！止存短槍之法真如三十足矣！

以沙、楊二家之法，體制與短槍少殊，故亦自有其法，非雜棍也，不能不收。今得一百十法，亦云溢矣！

白大傅詩云：「鴛鴦綉出從君看，不把金針度與人。」此中不然，故名之曰《針度篇》。

釋義解析

我跟隨敬岩學習戳革，習練了兩年，直到手臂粗壯了，變得柔而順（不再僵硬）了，才答應傳授給我槍法。敬岩不會寫字，每招技法都是靠口述來傳授，且每教一樣技法，習練不熟的話，絕不教第二招技法，第二招不熟，就不教第三招。故而半年之中教授的槍法並不多，而敬岩又突然死於王事。那時候雖然脫化的少許意思我已經領會出來，但終究還是不知道槍法中到底有多少技法。

於是就四處尋求，從程沖斗的書中習得棍法，從洪轉的書中習得少林槍法，從鄭華宇處習得馬家槍法，從倪覲樓處習得楊家槍、沙家竿子的用法，在聊城又習得敬岩所學的淄川韓家的槍法。而過去從沒聽說過的，都知道了。最後習得程真如的峨嵋槍法，槍譜中有十二倒手和十八扎法。從而知道程真如技法精妙，可以跟敬岩比肩，但還沒領悟為何他的槍譜中僅僅有三十招手法。

後來又花盡心思搜集，於是得到了五百多種技法，也覺得其中好多很空洞疏鬆，不切於實際應用，又認為這些都出自名門大家，不敢輕易剔除或改動。後來自己又有了

更多的感悟，才知道這五百多技法中槍法並不多，其中摻雜的棍法特別多。

用槍對付其他器械，理所應當使用槍法，而以槍對槍，又怎需用棍法呢？知道是棍法，還借用棍法，就已經不是槍法了。不知道什麼是槍法，卻用棍來冒充槍法，這種謬誤的程度何其之大！棍法越多，槍法就會被隱匿得更深，直到少林派和沖斗是謬誤之極。只留存真如的三十招短槍技法足夠了。

以沙家竿子、楊家槍兩家的技法，雖然其槍的規格跟短槍稍有不同，但也有自家的槍法，並不雜棍，因此在本書中不能不收這兩家的槍法。現在共有一百一十招技法，也可以說是夠多的了。

白居易有詩寫道：「綉出的鴛鴦是美還是醜，要看觀賞者對作品給出的評價，絕不能把所用的繡花針拿給評判者看，以防其根據針的規格就能揣測出相應的技法。」而習練槍法跟繡花可不一樣（意指習槍者，首先要根據槍的規格確定對應的練法。各主要槍法的練法在《手臂錄》和《無隱錄》中都提及了，是公開示人的，不怕洩密，就看習練者是否肯下工夫），故而將本篇內容命名為《針度篇》。

第十一章　實用扎法說

語曰：「槍不破甲，同於不扎。」其妙者，至汉口而登峰焉。沖斗之猶子（侄），改姓名為張君玉，禦流寇於江北，十三發，殺十二人，其一急跌下坡，得逸去。

平日能洞牆壁，則破甲矣，而游場忌之，謂為棄槍孤注。

實用扎法：單殺手，青龍獻爪之扎法也。

將發，後踵著力一踹，奮十二分力，發十二分滿，後手透出前手外，自踵至槍尖為一條，其體直，故出槍長而重。

手熟則速，一人發槍，多於三四人長矣、重矣、速矣，而後練緊，離彼槍半寸而入，則疏而易革，須自彼槍下扎之。既緊乃貴準，如射之能中錢孔，刺虎貴準以中其目。藝如此，戰陣之用極矣！

入游場之用，卻又須留性，非衛社稷立功名，而動輒血流肢折，何其不蘊藉之甚也？能留乃有名士風韻，刃注

其喉而無所傷，賈堅射牛能不中之中之謂也。真留非數年之功不可，假留則拋梭槍也。

初學槍，只三發即止，扎必盡力，少歇更扎如跌者，卻好盡力，故漸增之至五十扎止，多則手滑無實用。每扎，用索穿錢、無影槍、豁裏透三法行之入妙。一日五百扎，百日五萬扎，小成矣！

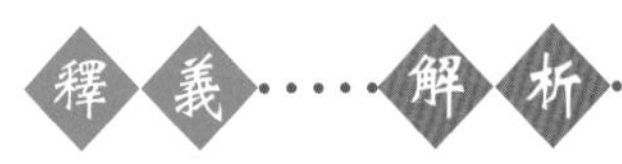

古語道：「槍如果不能刺破鎧甲，就等於沒有發扎。」而洞甲能力最精深的當屬汊口槍，登峰造極！沖斗的一個侄子，改了姓名叫作張君玉的，在江北與流寇拼殺，扎出十三下，連殺十二個人，最後一人慌亂中跌下山坡，得以逃走。

平時練扎槍能洞穿牆壁，那麼槍破甲就沒有問題了。但在游場，忌諱用這種全力的扎法，稱作孤注一擲的棄槍（《紀效新書》戚繼光評楊家槍語）。

實用的扎法是指單殺手，即二十四勢中的青龍獻爪勢的扎法。

將要發扎時，後腳用力向地上一蹬，拿出十二分的力氣，讓槍尖滿滿地透出十二分的勁力，後手刺槍時要越出前手以外（類似於今日的後手直拳，靠腳蹬地、擰髖、催手而發），從後腳尖到槍尖都在一個直線面上，扎出的槍要直，故而這種扎法扎得距離長，並且勁力重實。

手法熟了，出槍才能迅速。習練時，一個人與三四個人對殺，所用單殺手能比這三四個人扎得長，扎得重，扎

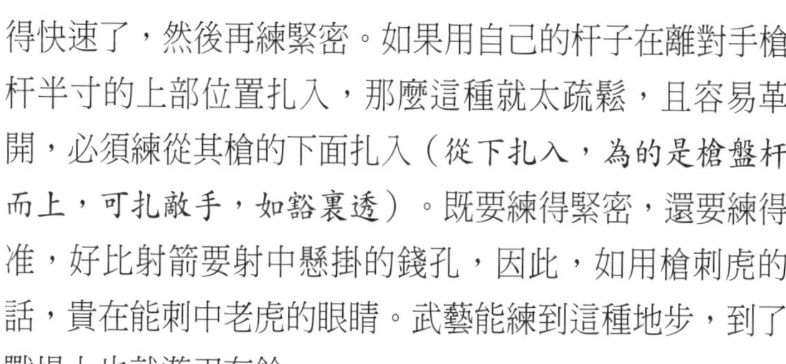

得快速了，然後再練緊密。如果用自己的杆子在離對手槍杆半寸的上部位置扎入，那麼這種就太疏鬆，且容易革開，必須練從其槍的下面扎入（從下扎入，為的是槍盤杆而上，可扎敵手，如豁裏透）。既要練得緊密，還要練得准，好比射箭要射中懸掛的錢孔，因此，如用槍刺虎的話，貴在能刺中老虎的眼睛。武藝能練到這種地步，到了戰場上也就遊刃有餘。

進游場比試用槍，卻又必須存有留手。因為這並不是保衛社稷建立功名，槍一動作就要血流肢折，何不如君子般含而不露呢？能留手才具備名門武士的風度，槍尖抵於咽喉而不做傷害，好比晉代賈堅射牛，故意不射中牛身，但實際上他卻具備射殺的技能。真要留手，非得在槍上下幾年的功夫不可，但像二十四勢中的拋梭槍動作，雖然也有留手，但那只是假留手。

剛開始練單殺手，只練一氣扎三下，扎時一定要用盡全力，稍作休息再連扎三下，反覆如此，直扎到自己無力要跌倒般，卻是剛好用盡氣力。故而漸漸地，增加到一氣最多扎五十下，再多的話，手就滑了沒有實用意義。每次與人練扎時，都要用索穿錢、無影槍、豁裏透這三種技法，以此可漸漸掌握其中的奧妙。每天五百扎，百天五萬扎，槍法就達到小成了。

第十二章　實用革法説

實用之革，封也、閉也、劈也、攔也、高提也、低提也、砑也、連環所用之大封也、勾也、反閉也，共有十法，只練封閉，諸法自熟。

封閉以轉陰陽者為活手，《紀效》云「轉陰陽不宜太早」，蓋用死手於前，用活手於後也。翁慧生云「開槍宜先輕後重」，蓋留不盡以防左邊，至彼槍出盡時，加以蹲坐，彼死盡也，此時防左邊，全在手熟，不關心思。

予初時深苦雙頭槍難禦，敬岩曰「久熟則能禦之」，至二年後禦如矣。且革手之疏密，在練習時扎手之精粗，粗者分前後門而來，革之易而疏矣！扎者必用子午槍，革手自密，此峨嵋、少林之分界處。

見肉分槍，革之心訣，工深自能致然。然須忍字在心方得，忍至槍進七分方革，則《紀效》與慧生之言盡在其中矣。

總之，封閉二字，三歲小兒也能説，而我八十老人行

不到。練封閉時，兩手陰陽互轉，則機活而法圓，百巧皆從此出，前之圓相圖是也。

封閉手熟，見法輒取，亦不覆案；不熟，說亦無用。子午槍來，先蹲坐以研之，食進口腹，遍身得力。

封閉於諸法亦然。練封閉，欲重實，而閉尤甚！封之槍尖開於前一尺弱，閉之槍尖開於後三尺強，加蹲坐以助其力，壓死彼槍於地，拔不出也。初時鋒影作卵形，漸收作圓形，而重力如前，直收至如錢大，槍之能事畢矣！

諸法皆枝葉耳，學槍者只是封閉、連環，須二年苦工，方是峨嵋種草，不然只是少林耳！

長竿腰軟，根尖不相應。

封閉後手返上，而方能開彼槍。

楊家有自考之法，封閉、連環，日日不缺，滿足二年，總不知諸法亦必不敗，不過遇峨嵋必破。

實用革法：封、閉、研、拿、剔、攔、低提、擄、勾、反閉、高提、大封、連環革法也。彼扎革往來不已，名為「連環」，用實工，使手熟乃可用諸法耳。

實用的革法，包括封、閉、劈、攔、高提、低提、研、連環時常用的大封、勾、反閉，共有十種技法，只練封和閉，其他各技法自然能夠純熟。

封閉是以轉陰陽的手為活手（用後手控制，前手配合），《紀效新書》說：「轉陰陽不應太早。」這就是說先用前手或仰或覆擺動杆子，以試探敵槍的勁力或走向，

然後再用後手或仰或覆轉動槍根。翁慧生說：「革開敵槍手法要先輕後重。」這是說要留有餘力不要把槍出盡以防備敵攻擊我左側，待敵槍快要出盡之時，我加以蹲坐，敵槍已如死槍般完全出盡，這時候我再防禦左側，全在手法的熟練，跟心中預想的沒有關聯（防左說的是閉，手法練熟，形成條件反射，所以不關心思）。

我最初深苦於雙頭槍（即圈手）很難防範，敬岩說：「練得久就能防禦了。」兩年以後，確實防範自如了。對於革槍者來說，革法的疏鬆和緊密，在於練習時扎槍者的扎法是精妙還是粗疏。粗疏的扎法就是要麼從圈裏要麼從圈外扎來，對應的革法就很容易，也就疏鬆。扎槍者一定要用子午槍的扎法（單殺手技法，於敵槍上急扎革者前手），革槍者自然能練得革法緊密。這是峨嵋派與少林槍訓練方法的不同之處。

見肉分槍（敵槍快刺到我身體的某個預想部位時，一般距目標約半尺至一尺，我再革敵槍），這是革槍的核心要領，功力深厚的話自然能做到。然而，必須忍字在心頭才能成功，忍到敵槍扎出有七成的長度再革，那麼《紀效新書》與翁慧生所說的要領都在這個時候體現出來（即轉陰陽不宜過早、開槍先輕後重，都是說槍要扎進七成才革，再下重手）。

總而言之，封閉兩個字，三歲的小孩也能說出來，但我八十歲的老人卻做不到（意指封閉需要長期不間斷的練習）。練習封閉之時，兩隻手要陰陽互轉，那麼扎革就會機動靈活，槍法就會圓滑，百般技巧都是從兩手的封閉中變化出來的，可參見前文的圓相圖（即《槍法元神空中鳥跡圖》，由此推斷，吳殳寫《手臂錄》時稱作《鳥跡圖》，寫《無隱錄》時亦繪此圖，但稱作《圓相圖》，只是現存《無隱錄》原稿為手抄殘本，難見其全貌了）。

封閉練得手法熟練，現有的其他技法即能拿來使用，根本不用更換新的手法來練習。如果不熟的話，再跟你怎麼講，你也不會用。

敵子午槍扎來，先蹲坐砑下敵杆（靠後手之力滾壓，所以採用砑法，因為砑主要靠後手使用，而敵之子午槍是單殺手扎來，首扎我之前手，故我前手有棄杆的可能），要在敵槍如食物送入口腹般進入到我的革殺範圍，才好用我全身的勁力革下敵杆。

由封閉演化出的各種技法也是這個道理。習練封閉時，要說傳到杆子上的力重大而厚實的話，那是對閉而言的！封時，敵槍扎近我身，離我身有一尺遠時，我才革槍，用的勁力要小（防敵槍閃賺）。閉時，要讓敵槍扎至我身後三尺遠（靠身法、步法躲閃），我再大力革敵槍，並以馬步蹲坐加大閉的力度，將敵槍壓死在地上，使其抽拔不回去。

剛練封閉時，槍圈影跡呈雞蛋形狀，漸漸地練作圓形，但力度卻跟先前一樣重大，直到將槍圈收到銅錢般大小，槍的最高端技巧就學成了。

各種技法其實好比樹的枝葉，其根本在於學槍者練封閉和連環要下至少兩年的苦功，才能算作峨嵋派的門徒。不如此的話，只能說是少林派練法。

沙家長竿子，槍腰太軟，槍根和槍尖不能協調一致。

封閉時，只有後手上返，才能革開敵槍。

楊家槍門內有考驗弟子槍技的辦法，要求弟子們封閉、連環天天都要練習，滿足兩年，就算不知道其他的技法，也不至於落敗。

但要碰到峨嵋槍，一定被破（楊家槍對付峨嵋短槍，靠後退進扎，首重步法，次手法。而峨嵋槍入門訓練就不允許後退，遇楊家長槍則迎刃而上，先重手法，次步法，故而功夫更強）。

實用的革法包括封、閉、砑、拿、剔、攔、低提、擄、勾、反閉、高提、大封及連環時用到的革法。連環的意思就是敵我習練扎革，互為主客，相互往來，稱作連環。必須用真實的功夫，才能讓手法熟練，進而才可以用其他的技法。

第十三章　身法步法說

原文

身法說

敬岩曰：「身法宜側而忌平，宜蹲而忌立。平則闊，立則長，所備者多；側則狹，蹲則短，所備者少也。」又曰，「能蹲坐而進退如風，無往不勝，步法、身法皆盡於此！」

真如《治身篇》曰：「持龍貴身心為本，身不正則心無主，而手足失措。」又曰，「身法乃藝之門戶，進退盤旋，皆由身法。」

故真如但有三十手法，絕無架勢，敬岩雖時或言勢，然所言之勢，皆合乎手法以取勝，非若馬家、沖斗以勢破勢也。

滄塵子曰：「身勢有真有假，交槍之後，因用而成者，真者也，無形可圖。槍未交時，懸立以待者，假者也，馬家之二十四勢是也。假勢無不有冪（掩蓋），所以

有以勢破勢之說，而不知皆手法所可破也。真勢不少，又不可圖，要以高至滴水、低至地蛇為最極，智者自神悟焉！」又曰，「以短破長，短槍去彼身甚遠，用手法無益，必須身勢耳！只在此山中，雲深不知處。」

步法說

足要早動，封閉不熟。初練時，堊（音ㄜˋ，塗白灰）地置腳後，至子午、雙頭、月牙等槍革之泰然，則身與手相應，足自隨身，何步法之有哉？至游場，不免有步法。而沙家竿子其用處在手者十之三四，在足者十之六七，自當別論。

身法說

敬岩講：「身法應側對敵人，忌諱正對敵人。應蹲坐，忌直立。正對敵，則暴露的身體就寬，直立則身體就長，需要防備的地方就多。側對敵，身體暴露面就窄，蹲坐身體就矮短，需要防備的地方就相對少。」

又講，「能蹲坐並且進退如風般迅疾，所到之處，沒有不能取勝的，步法、身法的關鍵就在於此處。」

真如《治身篇》說道：「用槍的關鍵，在於身法與心思的協調一致，這是用槍的根本。身法不對，則心中沒底，以致手腳錯亂。」又說道，「身法是槍技的門戶，前進、後退、側閃、環繞，都來源於身法。」

故而真如的槍譜中只有二十種手法，絕對不講究架勢。敬岩雖然有時候講些架勢，但所講的架勢，都是為了配合手法以便取勝，並不像馬家槍和程沖斗那樣用此架勢破解彼架勢。

滄塵子說：「身體所擺的架勢有真的也有假的，兩槍交碰之後，因使用需要而自然形成架勢的，那就是真的，無法繪出具體的情形。兩槍還沒交碰，就擺出高架勢處在原地待敵，這就是假的，比如馬家槍的二十四勢就是這類情形。假架勢無不隱藏其真實的動機，所以才會出現用此架勢破解彼架勢，卻不知道實質上都是靠手法來破解。真架勢不少，又不能畫出圖形，要將手法靈活運化到高至滴水低至地蛇勢，才能將真架勢運用到最好，聰明的人自然能神悟出其中的奧妙。」

滄塵子又說道：「用短槍破長槍，短槍離敵身非常遠，只用手法沒有好處，必須還要加上身勢。所謂只在此山中，雲深不知處。」

步法說

腳如果早於手動作，說明封閉不熟練。剛練革槍時，在腳後畫上白線，等到子午槍、雙頭槍、月牙槍等槍能從容自如地革開，那麼身法就能跟手法相呼應了，腳自然能隨身體協調一致，還會有刻意的步法存在嗎？

到了游場，不免有適用於游場的專項步法。但沙家竿子的固有用法，手法只占十分之三四，步法卻占十分之六七，自然不在此說之列。

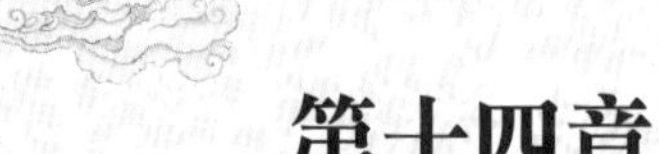

第十四章　行　著

行著說

行著，游場所用之稱也。非扎非革，亦扎亦革；非實非虛，亦實亦虛。前文中有之，而又有不在前文中者。陳龍門云：「風雨雲雷，交亦而並呈；龍蛇虎豹，變現而出沒。」斯為得之，然必以武侯之綸巾羽扇指揮三軍，有名士風流者為盡善。若司馬宣王戎服治事，不免自恨。況豖突中鬥乎？

行　著

搭：以槍置彼槍上以探之。

提拿：海馬奔潮手法也。

還：吃槍還槍，肚下翻交耳。勝者卻要防此。

直走大樑：彼以極低勢入來，不可犯硬，其足跨開，不能換勢，我以騎龍勢出其背後勝之矣，虛破實也。

一鑊熟：盧氏鄭某，幼為獻賊掠去，隨孫可望降清，三十年無日不在兵間者也。自言專以槍登陣致勝，叩以槍法，一無所知。乃再問其實用事，則滴水勢也。自頂及踵，無一不合古法，作者無過習者之門哉！

地蛇槍：即後文程沖斗之「鐵掃帚」勢，亦或馬家槍之「鋪地錦」勢。

海馬奔潮：提而又拿，再提再拿，進後踮步，即海馬奔潮也。

旋雷霹靂：「藏花勢」不扎，起至左畔，進步擊其前手，中不中即發扎。此重輪形，前大後小。

蜻蜓點水：彼用花槍，即點其手，自止。若先發點入，前手防削，亦名鳳點頭。鐵牛等低實勢進來，我只左右拋灑跳躍，彼捉不住。而甚近其手，彼立勢不得。

急搗碓：即鐵牛手法。

壓：來槍太低近地，以丁字身法作十字形壓之於地。

枯藤繞樹：即後文的「藤羅繞樹」。

量天尺：兩手直托上，虛下以誘人。

量地尺：彼用丁字身法於我前後手間槍下扎小腹，我托開兩手斜身橫壓。

海底豎桅杆：圈裏扎來，我驀將槍尖指天槍根近地，先進右足，後進左足，直推而進，以槍根搗其頭面。

釣杆刺鱷：圈外扎來，我用前法，於圈外直進。

（以上名四怪槍）

萬派歸宗：良工建塔，塔自七層，須七年之工，其址乃實，勤苦極矣！然不得塗金銅頂，塔終不完，萬派歸宗是也！塔頂貴美，為一塔宗主。而無七層磚土平常之物，

亦不成塔，諸法是也。故不練扎革，則手臂生強，不為心用；不知身法，則崀嵻（音ㄌㄤˋ ㄎㄤ）笨鈍，招攬風水；不知步法，則束縛淺小，不能開發多人；不知臨陣之法，則虛花兒戲，不堪一用；不知游場之法，則昧於虛實，受人哄誘。直至法法精熟通曉，而後可得萬派歸宗之法。以一制百，神妙絕倫！然不可輕用，用則為人看破，便至世諦流布，反成無用之物。予曾在一處見數人皆知此法，乃一富翁以多金賂敬岩而得之，輕以示人也。而實根本虛疏，不知上陣、游場之法，予乃以重實槍法猛進，彼皆不能自存。故劉德長不即以此法教敬岩，使其閱練諸法，久久自悟。敬岩於我亦然！在今既無傳人，形於楮（音ㄔㄨˇ，紙）墨，萬不得已也！故孫真人（孫思邈）以宮禁方三十參之千金方三十卷中，以俟後之識者。萬派歸宗手法、身法、步法，俱備於前文諸法中。真如之書亦然。好學深思之志士，能默識之。

捲槍倒手：即畫烏絲，開步蹲坐而拿，直至彼前手取勝也。

蓋槍倒手：纏有迴龍蓋有挑，可見纏、蓋非真法也。久觀降槍，知蓋、挑互為勝負。

挑槍倒手：滄塵子曰，彼蓋我挑，是犯硬，未為良法。

鴛鴦槍：行移坐膝，須身法躲閃，乃生死之鬥。又曰遇迴龍，則鴛鴦更妙。又曰不守之守，鴛鴦是也。又曰鴛鴦扎法，陽中之陰，有雲攻為陽、守為陰，此乃以攻為守，故曰不守之守。其用之於眾龍者，謂只攻左畔一人，即得遠餘人矣，故曰身法躲閃。

提槍倒手：即敬岩之白蛇登樹。又曰可以降長，即敬岩高提。

和槍倒手：即截槍之不扎者，而又有扯托手法。

流槍倒手：龍來或左或右，我身稍退，隨其左右而劈之，待龍老，直搗其主人。

截槍倒手：輕用擠挨手法，開之即扎也。

降（音ㄒㄧㄤˊ）**槍扎**：龍來我斜壓之，不令得起，彼挑起，即搗其主人，彼不挑，待龍老即進。

昂頭槍：絛環之扎，而兼研扎者也。坐膝進步，龍頭稍高，左右連扎，妙在手法，以制其動，然勿多遊，以衰我氣。

吞吐：倪覲樓法也，長竿子輕淺出入，以探其學識。覲樓有語曰：「竿子，手動則腳靜，腳動則手靜。手腳俱動，則無法矣！」

以下諸家法

鐵掃帚：沖斗云，彼立中平，我一拿一跳，又一攔一跳，彼立勢不得，亦粗法也（注：「鐵掃帚」原載於程沖斗《長槍法選》，即地蛇槍勢，「我將槍頭置地，你扎我圈裏，我顛起雙腳一拿，使你槍跌開於右邊。待你持槍復左，我又顛起雙腳一攔，使槍跌開於左邊。待你持槍復右，我又如前法一拿，復左又一攔，順其勢力，使你不得持槍立勢」）。

白蛇弄風：鄭華宇竿子法。兩手握槍，兩臂挺直，兩肩牽扯擺動，槍頭灑有丈許威風，手足不能發扎，可滴水竟入。

拋灑：亦名鳳點頭，通行之法。竿子革後，追入時，

左右抛灑以惑之，能見肉分槍者不畏之。

鷂子翻身：淺夫遇圈外凶槍，不能革，即退前足，翻身單手發扎，甚能中人。然讓之還扎，即死盡，自須戒用，防人用之。

拖：沖斗曰，我槍被開於左而扎來，我手腕向上拖之以開彼槍。滄塵子曰，拖固不能開槍，且彼不扎而連擊以進，將如之何？

沖斗最喜用此等法，畢竟鬆浮，非峨嵋意。有「反拖」，舞法中「仙人坐洞」所用，亦沖斗法，無用。

葉底藏花：鄭華宇法，圈裏發圈，至彼槍肚，以「子午槍」扎手背，真如名「月牙槍」。

秦王摩旗：手法槍尖鋒影亦圓，但兩腕不轉陰陽，取其手輕不失勢也。於彼輕誘法用之，得其實，即轉一陰陽狠手了矣。須平日先不轉，後乃轉習之。

鐵幡竿：馬家老法，槍著腰、肚，以硬橫力開之。笨法也，即短槍之「白蛇弄風」耳。

跌膝槍：倪覲樓竿子誘勢也，擺「騎龍勢」，大蹲身，排出左足，彼扎來，（左足）收膝右，（左足）一點地即扎。丈四槍亦可用，沖斗之徒名為「三足爐」。

騰蛇槍：真如曰「絲環之扎」也，坐膝進步，槍頭稍高，即「昂頭槍」，左右連扎，妙在手法，以制其動，不可多做，恐傷我氣。

蜈蚣鑽板：手法同「雙頭槍」而不扎者也。下平以此惑中平，中平以此惑上平。

月下梨花：先圈而以「梨花三擺頭」扎之。

玉玦槍：幾望形也，前腕陰，稍高；後腕陽，稍低。

搭其槍背，又略擦左脅，即轉腕擦其左邊槍肚手，連杖步細進，彼執槍不得矣。亦可用之於圈外。

半玉玦：即前勢而淺用。於會家二法俱要防削手。

藤羅繞樹：刀斫槍以此破之，用「白牛轉角」法，捲緊兩手，進步直搗心胸，刀必猛斫，我手臂漸舒而進，必傷之矣。杆之受刀，不在一處，如「藤之繞樹」，故被斫不斷。敬岩法也，奇幻之想。

纏：真如曰，「先虛搭，彼轉下，我亦右轉而下；彼又從右而上，我又從下轉上而拿之。」又曰，「觀彼槍來為左為右，進步即勝。」又曰，「纏槍坐膝。」

洪轉曰：「兩手握固，槍根著腰，二足用力，槍尖旋轉碗口大。」

滄塵子曰：「真如之法，手活而深，故妙！洪轉之法，手死而淺，無味。大抵少林槍法，只是隔靴搔癢。」

排：洪轉曰，「彼以『吞吐法』惑我，我兩手握固，隨其左右，排開扎之。」

滄塵子曰：「此法不違理，但『排』亦犯『硬』，扎亦輕進，豈若點前手之高逸哉？」

連擊：彼槍落地，我不輕扎，連擊之，使不得起。

進步倒根打：進近彼身用之，又以破「團牌」之虛，又利於人眾擠塞處，亦宜於夜間。

擊：真如曰，「左右擊之，即繼以入，死槍之法也。」又曰，「長竿雖利，提擊可降（音ㄒㄧㄤˊ）。」

撲：真如曰，「似『捲』而打也。」又曰「破鞭、鐧」，又曰「勾、撲、和、封，盡在兩手」。

滄塵子曰：「馬家打低處名『撲』，用於手指即名

『削』。」

雞啄粟：戚南塘法，程沖斗名「寒雞點」，一挑一打，緊細而入。

行著說

行著，是對游場槍法的稱呼。既不是扎也不是革，既是扎又是革。既不實也不虛，既實又虛。

本篇中的行著，在此前的《手臂錄》中有的有，也有在《手臂錄》中沒有提及的。陳龍門說：「風、雨、雲、雷，交替變化，呈現出各自的表像。龍、蛇、虎、豹，變換不同的攻擊方式，或主動出擊，或藏身埋伏。」掌握了各種行著之後，一定要像諸葛武侯羽扇綸巾指揮三軍一般，練就出名士般的風格（喻指行槍要胸有成竹，隨意控槍，不是依靠蠻力鬥狠）。如果像司馬懿只憑自己頂盔貫甲以做出榜樣來強化軍隊的作戰意識，不免自嘆沒有諸葛亮陣前羽扇綸巾來得瀟灑。況且行槍時，好比在奔突的野豬群中戰鬥，更要淡然處之。

行　著

搭：將我槍置於敵杆之上，以探試其能(類圖23)。

提拿：海馬奔潮的手法（敵槍低扎，先提後拿，逆敲擊手）（類圖30）。

還：敵槍扎來，我還扎，敵槍交於我槍肚下，可能會

翻轉上扎我手，因此還扎得勝後一定要防範此招（如圖1紅方）。

直走大樑：敵從特別低的樁架扎進來，我不能與敵杆硬磕（敵槍能變化，如從地蛇逆敲而上），但如果敵是兩腳跨開的，由於架子低，不易改變身勢，我就能上騎龍步繞到敵身後而擊之，這是以虛破實。

一鑊熟：盧氏縣一位姓鄭的男子，年少時被張獻忠的賊眾掠走，後來跟隨孫可望投降滿清。三十年間每天都生活在軍隊中。自誇臨陣專用長槍勝敵，於是我就誠心請教些槍法，他竟一無所知。就又問他有哪些實用的槍技，他認為滴水勢是最實用的。他示範時，從頭頂到腳，無一處不合乎古槍法的要求，但看他只注重架勢，事實上仍算個初學者，沒入門啊（此行著說的是滴水勢，因為滴水勢槍根在上，槍尖在下畫弧，即用的是提法，有如用棍子攪拌鍋裏的湯一般，故而稱作「一鑊熟」。吳老說鄭姓男子習槍三十年，其實沒入門，是因為該男子只注重槍勢，卻不懂得手法才是致勝關鍵）！

地蛇槍：即下文程沖斗槍法中的鐵掃帚勢，也是馬家槍的鋪地錦勢（如圖37）。

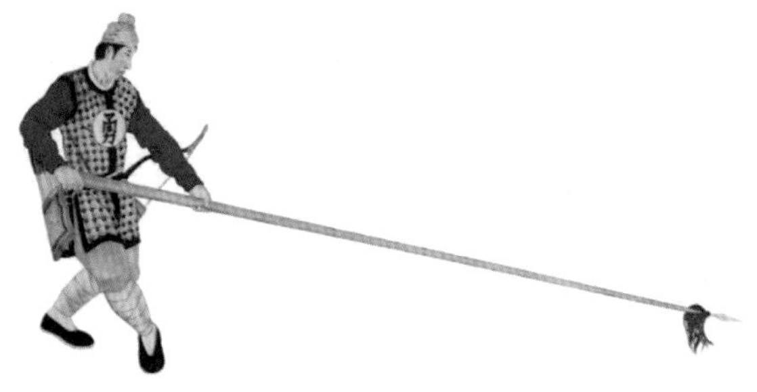

圖37　鋪地錦勢

海馬奔潮：先提後拿，再提再拿，進步用後踮步，即稱作海馬奔潮。

旋雷霹靂：即葉底藏花勢先不扎（葉底藏花，我槍在敵槍下，翻轉至敵槍上扎其手），我槍起至敵杆左邊（從我的角度看是右邊，實際上是敵杆的左側，槍尖呈下偃月形旋轉），上步打敵持杆之前手（向右畫了一個大圈），不管打沒打上立即發扎（扎時向左又畫一個小圈）。這一打一扎，槍尖的影跡呈重輪形，打得圈大（起杆不超五寸，圈如雞蛋），扎得圈小(小如銅錢，直力中見橫力)。

蜻蜓點水：敵用閃賺花槍時，我立即用槍尖點其前手，他自然停止閃賺。如果我先主動用槍點敵手腕，我的前手要防備敵槍的削扎。這一招也稱作鳳點頭（鳳點頭指的是槍尖如鳳嘴，現代很多人已曲解了鳳點頭的本意，甚至有人咬文嚼字，認為蜻蜓點水就是點刺敵眼）。敵用鐵牛耕地等低而重實的架勢打扎過來，我只要向左或向右拋灑我槍，跳躍閃身，敵槍就拿不到我槍，但我的槍尖卻能離敵手非常近，敵也就無法做出還擊的架勢。

急搗碓：即鐵牛耕地(如圖35)的手法(一打一刺)。

壓：敵槍扎來很低，快挨上地了（扎我腳），我用丁字步閃開敵扎（即用騎龍步蹲坐身法），我杆與敵杆交為十字形，將敵杆壓制於地上。

枯藤繞樹：即後文「藤羅繞樹」。

量天尺：兩手將槍杆直托水平向上，類似於舉鼎勢（棍法），故意露出下部空當以引誘敵扎（如圖52馬上將領）。

量地尺：敵用騎龍步蹲坐閃身，在我前後手間的杆子

下進槍扎我小腹，我斜身閃躲的同時，兩手將槍橫壓敵杆（類圖42）。

海底豎桅杆：敵槍向我圈裏扎來，我突然將槍尖指向空中，讓槍根接近地面（垂直地面），先上右腳，後邁左腳，徑直推著杆子上步，隨即掉轉槍根搗擊敵之頭面（如圖52丁）。

釣杆刺鱷：敵槍從我圈外扎來，我仍用海底豎桅杆的技法，從敵之圈外徑直上步。

上述量天尺、量地尺、海底豎桅杆及釣杆刺鱷，被稱作四怪槍。

萬派歸宗：好工匠建造佛塔，佛塔設計的是七層，但必須花費七年的勞力建造（每年造一層），每層才能夠夯實，這就體現出工匠非凡的勤勞和辛苦。然而，只要不在塔頂封蓋上塗金的銅頂，塔最終也不能算作造完，萬派歸宗正是這個道理。塔頂貴在漂亮，是佛塔最主要的部分。但如果沒有七層磚土這些平常物的累積，就不能稱作佛塔，槍的各般技法正如同磚土。

所以說不習練扎革，那麼手臂就會生疏僵硬，不能被心思所用（習練第一、二年）。不知道身法，就會身形笨拙不靈便，行動時拖泥帶水（第三年）。

不曉得步法，就會自困於狹小的區域，不能夠與多個敵人拼殺（第四年）。不熟悉臨陣的槍法，那麼所用槍技就會虛華無實，如同兒戲，不堪一用（第五年）。不瞭解游場的行著用法，就會被敵槍的虛實所迷惑，受人哄騙引誘（第六年）。

直到各般技法都精熟明白掌握，然後可以得到萬派歸

宗的用法（第七年）。憑一杆槍對付上百敵人，就用此技，定能精妙絕倫！

然而，此招不能輕易使用，輕易使用就會被行家看破，以至於在世俗間廣為流傳，反而變作無用的技法。

我曾在一個地方看到有幾個人都知道這一招，其實是一個富翁花了很多錢財從敬岩那裏購得，那幾個人就將此招輕易地耍給人們看。實際上他們的封閉功夫虛弱疏鬆，不知道上陣和游場的技法，我於是用重而厚實的槍法猛烈進攻，那幾個人都不能自保。

因此，劉德長沒有將此招傳給敬岩，讓他認識並習練各個技法，久而久之，自然能感悟出來。敬岩同樣也沒有將此招傳授給我。而我現在既然沒有傳人，只能將槍法的大致面目寫於紙上，也是萬不得已的事。所以孫思邈真人將三十卷《宮禁方》混雜在三十卷的《千金方》內，以備後學者識別。

萬派歸宗的手法、身法、步法，都在此前的《手臂錄》中有所記載，真如的《峨嵋槍法》中也有此技法。好學深思的有志之士，定然能夠自行分辨出來。

捲槍倒手：又稱作畫烏絲，斜進左腳馬步樁架拿敵槍，直接拿在敵前手的位置，即可贏敵。

蓋槍倒手：敵用纏槍，我就用迴龍槍；敵用蓋槍，我就用挑槍倒手。由此可見，纏槍和蓋槍不是真的技法。看多了降槍倒手的運用，知道蓋槍倒手和挑槍倒手各有勝負。

挑槍倒手：滄塵子認為，敵槍一蓋我就挑，這是犯硬，不是好技法。

鴛鴦槍：行槍移步時要蹲坐，必須靠身法躲閃敵槍，屬生死爭鬥。又有人說碰到迴龍槍，最好用鴛鴦槍守禦。又有人說沒有防守的防守，即鴛鴦槍。還有人說鴛鴦槍的扎法，是明槍中的暗槍，常言道攻擊為明，防守為暗，而鴛鴦槍是以攻為守，故而稱之為沒有防守的防守。此槍用於對付多個持槍者，只要永遠攻擊最靠左邊的那個槍手，就可以遠離其他人的進攻，因此稱作靠身法躲閃（迴龍槍直線退去，又直線進來，我則迅速向左側進步躲過，進扎敵身。這種槍主要是應對多槍的，不管敵槍再多，我則靠身法躲閃，我之槍永遠依次解決最左邊的敵人，只認左邊。如同鴛鴦一隻永遠尾隨另一隻，故稱之為鴛鴦扎）。

提槍倒手：即敬岩的白蛇登樹技法（即逆敲）。又有人說可以降制長器（真如《峨嵋槍法》中提及），即敬岩稱之的高提。

和槍倒手：即截槍擠、挨而不扎，其手法中還有扯、托的技巧。

流槍倒手：敵槍扎來忽左忽右，我身體稍向後退卻，任敵槍置左或置右隨即劈擊敵杆，待敵槍扎盡，我槍徑直搗殺敵身。

截槍倒手：輕用擠、挨的手法，將敵槍一革開我迅即發扎。

降（音ㄒㄧㄤˊ）槍扎：敵槍扎來，我斜著壓下，不讓敵槍起來，如果敵槍向上挑起，我則趁勢直戳敵身，敵若不挑，待敵槍無力，我則進槍。

昂頭槍：槍圈類似束身的絲絛環扣，並兼有左、右研扎（靠後手的靈活，力在槍根）。要馬步進扎，槍頭稍微

高（指向敵頭面），或左或右連續扎刺，其奧妙在於手法，目的是不讓敵動作。但不能做得太多，容易耗費體力（前手陰持槍杆，如圖55明軍）。

吞吐：倪覲樓的技法，長竿子輕軟，往復抽扎不深，目的是試探對手的本事。覲樓曾說：「竿子使用時，手動腳不能動，腳動手不能動，手腳一起動，竿子不成槍法了。」

以下是各家的行著技法。

鐵掃帚：沖斗說，敵擺出中平勢，我將敵槍一拿（沖斗槍法，拿必至地），然後我跳起兩腳躲過敵扎，再一攔敵槍（按沖斗想法，此時敵槍從地上又起扎，而將敵槍再攔至地），兩腳再跳起，那麼敵人就無法再保持中平勢（這是說我槍離敵越來越近，迫敵慌亂），這其實是粗疏的技法。

白蛇弄風：即鄭華宇用竿子的技法。兩手握槍杆，兩臂挺直，兩肩牽扯擺動，槍頭在身外丈遠左右擺動，很是威風，而持槍的手和腳不易被敵人扎到，敵可以迎著槍頭用滴水勢既提又拿，搶進（類圖69槍手）。

拋灑：也稱作鳳點頭（前文中蜻蜓點水也稱作鳳點頭），比較通用的手法。用長竿子革開敵槍後，再追進時，或左或右拋灑竿頭，以迷惑敵人，但敵人如能見肉分槍就不會畏懼此招。

鷂子翻身：對槍法研究不深的人（淺夫指的是程沖斗汉口槍一脈）碰到圈外扎來的凶槍，不知道怎麼革，即速退前腳（由左腿在前變作右腿在前），掉轉身形以單殺手發扎，特能中敵。然而，敵人如果故意讓我以單殺手還

刺，這一招出去槍就扎到盡頭，很易被敵人反擊而使槍死於地上，自然要謹慎少用，以防他人也學會此招。

拖：沖斗說，我發單殺手技法被敵槍革到左邊（此時我發完單殺手後，是右腳在前），敵再向我扎來，我趁勢將右手腕向上一拖以革開敵槍。滄塵子認為，拖本身就不足以革開槍，且敵如果不扎我的話，而連續擊打我的杆子進而再扎，該怎麼辦（該技法在程沖斗《長槍法選》中稱作綳槍）？

沖斗最喜歡用這類手法，畢竟是技法疏鬆浮淺，與峨嵋槍的宗旨不同。還有反拖技法，是舞法中仙人坐洞勢所用，也是沖斗的技法，沒有實用價值。

葉底藏花：鄭華宇擅長此技法，我向敵圈裏發圈槍，圈至敵槍肚下，用子午槍的手法讓槍尖返上扎敵前手背，真如稱之為月牙槍。

秦王摩旗：手法要讓槍尖畫出的影跡也是呈圓形，但兩手腕不陰陽互轉（即槍尖不旋轉），為的是兩手輕便不至於失掉進扎的時機。用時以此法輕舞誘敵，一旦瞅準敵的真實破綻，立即兩手一轉陰陽下狠手扎出（槍尖旋轉槍杆滾動而出扎）。平時練習時，先不轉陰陽，然後突然轉陰陽扎出（如圖34）。

鐵幡竿：馬家槍的老技法，敵槍挨上我槍腰或槍肚，我用硬橫勁革開敵槍。這是粗笨的技法，類似於將白蛇弄風用在短槍上（如圖41）。

跌膝槍：倪覲樓的竿子擅長用這招引誘敵人，擺出騎龍勢（右腿在前，左腳在後），大蹲坐，故意探出左腳讓敵人扎（左腳在左後）。敵扎來，左腳迅速從左後收到右

膝彎處蹲坐（類圖51），左腳一挨地立即還扎敵人（此時是左膝、左腳、右腳挨地，此動作類似於今日的歇步）。丈四長的槍也能使用（丈四槍為汉口槍的常用規格），沖斗的弟子稱此勢為三足爐。

騰蛇槍：真如稱作絲環扎，蹲坐進步，槍頭稍高於槍根，也稱作昂頭槍。可或左或右連扎，奧妙在手法的運用，以壓制敵槍動作，但不能做得太多，有可能損耗自身的氣力（如圖55明軍）。

蜈蚣鑽板：手法跟雙頭槍一樣（雙頭槍即圈槍），但不發扎。下平勢用此招來迷惑中平，中平用此招迷惑上平。

月下梨花：先用圈扎，再用梨花三擺頭扎敵。

玉玦槍：槍尖影跡為幾望形。前手陰持，稍微高。後手陽持，稍微低。搭在敵槍背上，又略微碰觸著敵杆的左槍脅，迅速向下轉腕下削擦敵托持槍肚的左手，再用連枝小步進扎（槍尖再返上而扎），敵則不能持槍。此招也能用於圈外來槍。

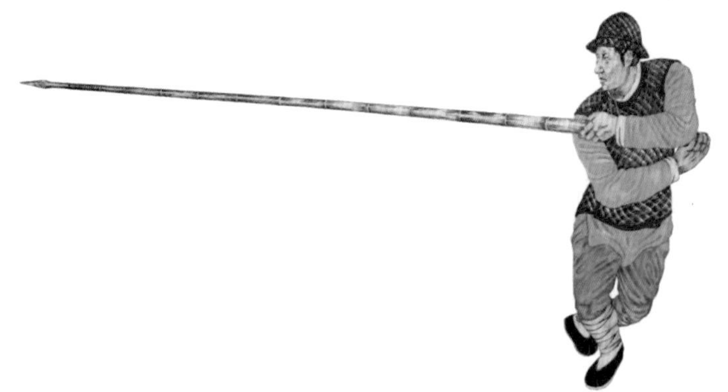

圖51　仙人坐洞

半玉玦：也是上述玉玦槍技法，但用法相對簡單（僅削擦而不進扎）。玉玦槍、半玉玦槍對於行家而言，都要防止敵人削擊我手。

藤羅繞樹：刀砍槍用此法破解，即白牛轉角之法，捲緊兩手，上步直搗敵之心胸，敵刀必然猛砍我杆，我手臂逐漸伸直疾速進扎，必然能傷敵身。而我槍杆被砍過的刀痕，不在一個位置，像藤繞樹般，故而被砍槍杆也不會斷折，這是敬岩的妙法，真是奇幻之想。

纏：真如說道：「先與敵杆虛搭上（圈裏搭），敵杆向下轉，我從上向右轉杆至敵杆之下。敵又從左邊轉到我杆上面，我再從敵杆下面向左轉杆再拿敵杆（此招謂之纏拿）。」又說道：「看敵槍是從左來還是從右來，我纏完後只要進步一扎即能取勝。」還說道：「纏槍要蹲坐。」

洪轉說道：「兩手牢牢地握住槍杆，槍根緊貼腰際，兩腳也用力配合兩手，使槍尖旋轉的影跡有如碗口般大小。」

滄塵子道：「真如的技法，手法靈活，功夫深，故而精妙。洪轉的技法，手法太死，功夫淺，沒有韵味。大致上講，少林槍法，僅是隔靴搔癢罷了。」

排：洪轉說道：「敵以吞吐技法迷惑我，我兩手握牢槍杆，任敵左右吞吐，革開敵杆即滑扎。」

滄塵子道：「這招並不違背槍法的真意，但排法也容易犯硬，進扎的力度也小，怎能像蜻蜓點水般點擊前手那麼飄逸。」

連擊：敵槍尖一挨地，我不輕易扎敵，只是連續擊打敵杆，使敵槍不能起來。

進步倒根打：上步接近到敵前使用，又可以破解團牌的虛詐，又有利於在人多擠塞的地方使用，也可在夜間使用（實際上是棍法）。

擊：真如說道：「左右擊打，接著進扎，是讓敵槍成為死槍的技法。」又說道：「長竿子雖然輕利，用提打可以降制住。」

撲：真如說道：「類似卷槍倒手般的打擊。」又說「可以破解鞭、鐧」，還說「勾槍倒手、撲槍倒手、和槍倒手、封槍倒手都在兩手的變化」。

滄塵子道：「馬家槍打下盤稱作撲，打手指稱作削。」

雞啄粟：戚繼光擅長此技，程沖斗稱作寒雞點頭，即一挑一打，動作要銜接緊密，幅度要小，才能連貫地扎打（類圖35）。

圖35　鐵牛耕地勢

第十五章 游場扎法說

游場扎法說

游場以困死人槍而無所傷為至善，猛扎在游場受破不少，豈可輕用以召侮或喪命？

游場扎法

紫燕穿林：彼扎我頭，我拿之，即還扎彼。
青猿獻果：彼扎我頭，我不拿，蹲躲即扎。
金雞獨立：彼扎我腳，我不提，懸起前足即扎。
白蛇登樹：彼扎腳，我一提，翻起即扎。
（此名四革，恃此故不畏上下，只練中平封閉也。）

釘死足：前膝虛曲即被制，不能發扎，唯急退可耳。
釘活足：長槍不用十字步進，其足可扎。
左右獻花：圈裏來槍不革，開前足扎之；圈外來槍不

革，開後足扎之（真如名實扎，少林名閃，洪轉謂槍之神境，淺哉）。

串指：從左而右。

串袖：從右而左。

（真如名左右串扎，曰世俗通行之法，而峨嵋用之，別有神解，謂圈手也，又曰三停偃月，虛串用而亡精！）

勒：扎入於彼槍時，彼封我槍，我前手上迎，後手下按，再入必中。

就：槍來，我蹲坐少（稍）退，看彼收槍，乘虛即入，真如名迴龍槍。

抽拔：扎入至六七分，忽退出，再入必中。

撬（音ㄒㄧㄠ，敲擊）：前手虛籠，後手圓轉以開槍，須防擊落。

鯉魚趵（音ㄅㄠˋ，跳躍）：扎至六七分，前手打槍於地，激起再入必中（有此等誘法，故革宜先輕也）。

掛：圈裏扎入，彼革直下，我兩手將槍推開向左，放其槍空下，再發必中（滄塵子曰：「我之槍頭，唯不能制彼之掛，故游場不宜輕用封閉也」）。

換：彼傷我緩處，我中其要害，故不可不扎彼前手也。

偷：會家難扎，我先作退意，發猛槍扎之（即單殺手），中不中急跳出。

飛蜂刺：真如名穿簾扎，輕輕刺其手，意與雞啄粟同，能破諸器，亦能破諸勢。

砑扎：砑而扎也，妙用在槍根，擄扎用處在槍胸，遠不及此。

梨花三擺頭：指其圈裏，即扎其圈外，非擺尾不能革之。

索穿錢：能管前後手者也，於斷貫索後用之，可破雙殺手。

無影槍：彼於我槍下進來，扎其前手，至急者也，真如名子午槍。

豁裏透：中平勢開前門，彼槍於我槍下竟進，可傷我之前手腕之左邊

（單殺手之神妙者，此三槍耳！梨花三擺頭並此三槍，謂之四凶槍）。

畫烏絲：亦名跌落金錢，彼槍來，我用左開步以脫其槍，輕封之，依其槍而下，即著前手（翁慧生謂之挨龍直下，真如謂之捲槍倒手，少林亦有此法）。

雙頭槍：串，力在前手，此在後手，有右無左，亦名圈手，又名蜈蚣鑽板(真如曰：「圈手，峨嵋者如神」)。

串圈：先用串後用圈也，（梨花）三擺頭之輕者。

半節槍：兩手相去尺五，護膝勢中手法，練至劈扎如心（楊家槍困於此），若蹲坐以前膝為中柱，倚以著力，槍頭稍高，推扯俱可用。

兩來槍：封之得力處，我中彼開（真如名迎槍，汉口名從槍，沖斗知此所造深矣，唯於正眼有間耳）。

鎖槍：側用雙頭槍之手法，連枝細步而進，鎖住其槍，使不得去（敬岩專以此法困人）。

玉玦槍：即鎖槍之加深者，如於彼掌中挖去其槍，手法之至精而至難者（敬岩善此）。

左右砑扎：用砑以扎，力在槍根，雖重實，故神妙。擄扎之不如者，輕浮故也。

雙殺手：扎而用雙手者也，亦不戰而屈人之兵。

（自兩來槍至此，謂五神槍。）

金童槍：前手亦陰，靈貓捉鼠手法，取前手不受削也。

纏槍倒手：先虛搭，彼槍轉下，我從上轉右而下；彼又從左轉上，我又從下轉左而拿之也。

無中生有：於纏槍中忽退出，而用迴龍槍也。

帶打扎：單殺手者，進步盡手扎之，傷人雖猛，自亦有空，不可輕用，唯恃騰跳（敬岩名偷槍），先以帶打，則無虞矣。

穿簾扎：即顛提（手一提即顛起），能破叉鏜。

投壺扎：破地蛇槍，彼低來，我以丁字步身法脫其槍尖，而向下刺之，彼立身，我以滴水破之，彼起槍，即十字壓之，再發必中。

左右插花：破叉鏜者。

虛扎：串之無形者，即敬岩之雙頭槍。

子午槍：即敬岩之無影槍。

月牙扎：串而子午也，近敬岩之疊串，兩手細微功夫。

（自纏槍至此九槍，皆峨嵋法也。）

游場扎法說

游場以困死對手的槍而對其身體沒有什麼傷害為最好，靠蠻力狠戳在游場中被破解的不少，怎能輕易使用以至於遭受侮辱，甚至於喪命（指勁力最猛的單殺手不要輕易使用）？

游場扎法

紫燕穿林：敵扎我頭，我拿敵槍，接著還刺敵頭。

青猿獻果：敵扎我頭，我不拿敵槍，蹲坐躲開，即還扎敵身。

金雞獨立：敵扎我腳，我不提敵槍，我懸起前腳躲過敵扎再還刺。

白蛇登樹：敵扎我腳，我一提敵槍，接著我槍顛起順著敵杆向上滑扎敵手。

這四招稱作四革法，靠此四招可以不怕上下的來槍，因此要練熟中平勢時封閉的手法。

釘死足：前腿虛點著地即有可能被敵槍釘上，而無法還扎，只能迅速後退才能避開。

釘活足：敵持槍如不用十字步行進，即槍杆沒有遮住兩腳，就可以扎其腿腳（比如敵用騎龍步等）。

左右獻花：敵向我圈裏扎來，我不革，移前腳避過還扎。敵向我圈外扎來，我也不革，移後腳還扎（真如稱此

為實扎，少林稱作閃扎，洪轉稱作槍的最神境界，太膚淺了）。

串指：由向左扎變作向右扎（圈裏變圈外）。

串袖：由向右扎變作向左扎（圈外變圈裏）。

真如稱串指、串袖為左右串扎，說是世俗流行的用法，而峨嵋派使用，別有神韻，稱作圈手。真如還說對付偃月刀（三停偃月，又名偃月刀），兼用虛扎和串扎，使刀的長處無所發揮。

勒：我槍扎近敵身，敵封我槍，我前手上抬，後手下按，使敵槍壓得我杆不緊，我再進扎就易扎中（此技犯硬）。

就：敵槍扎來，我坐成馬步稍向後退，躲過敵扎，待敵正收槍時，我趁其槍虛弱無力突然進步扎入，真如稱作迴龍槍。

抽拔：我槍扎進六七成，突然收回，再扎定然能中。

擄：前手虛攏著槍杆，只靠後手圓轉著槍根來革開敵槍，必須防備敵點打我前手使杆子掉落。

鯉魚趵：我槍扎進六七成，突然用前手將我槍打在地上，借地勢激起來再扎定能命中。碰到敵人使這類引誘的技法，故而我要革其槍時應該先輕用力。

掛：我向敵圈裏扎進，敵將我槍拿下，我兩手將我槍順勢向左推開，讓敵槍空著落下，我再發扎，必能中敵。我要說的是，我的槍頭，唯獨不能降制敵槍的掛，故而游場中不能輕易使用封閉。

換：敵槍傷我行動遲緩的部位，我還刺敵的要害之處，故而首選目標是削扎敵的前手。

偷：碰到行家，我槍難以扎中，我先故作退意，突然發猛槍如單殺手扎刺，不管扎中沒有迅速向後跳退。

飛蜂刺：真如稱作穿簾扎，輕輕削刺敵手，目的跟雞啄粟相同，可破解其他兵器如叉、钂，也能破解其他槍勢（此勢即海馬奔潮，先提後拿，逆敲削敵手，雞啄粟為一打一揭，先定敵器再發扎，故兩者用法相近）。

砑扎：先砑再扎，靈妙使用的地方在於槍根的運用，擄扎是在槍胸之處，遠遠不如此法。

梨花三擺頭：槍尖指向敵之圈內，實際上扎向敵之圈外，除非用蒼龍擺尾勢才能革開（梨花三擺頭是向下扎的低槍，蹲坐，屬串槍，左右反覆使用，影跡為覆月形）。

索穿錢：能管制敵持槍的前後手，在斷貫索（即畫烏絲）後使用，可破解雙殺手。

無影槍：敵從我槍下扎進，我槍迅速扎敵前手，這是最能應急的辦法，真如稱之為子午槍。

豁裏透：我立中平勢故露出右邊，敵槍從我槍下迅疾扎進（言外之意敵槍沒有上當扎我右邊，而是敵杆畫著弧線奔我前手而來），可傷及我前手腕的左部位置。

單殺手最神妙的槍法，即索穿錢、無影槍、豁裏透這三槍。梨花三擺頭加上這三槍，稱作四凶槍。

畫烏絲：也稱作跌落金錢，敵槍扎來，我閃左步避開敵扎，小力封下，順敵杆子而滑下，即可刺著敵手。翁慧生稱作挨龍直下，真如稱作捲槍倒手，少林派也有這招。

雙頭槍：串槍主要是靠前手的力，而雙頭槍是靠後手的力，只能向右圈，無法向左圈（右指我之圈裏，左指我之圈外，圈外無法用圈手，如圖6），也稱作圈手，又稱

作蜈蚣鑽板。真如說：「圈手，峨嵋派用之如神。」

串圈：先用串槍再用圈手，即輕用梨花三擺頭。

半節槍：兩手距離一尺五握槍，是二十四勢中定膝槍勢的握法，練到可以隨心所欲地劈扎，楊家槍無法做到隨心所欲（因為楊家槍重心太靠前，兩手距離如一尺五會很彆扭，使不上勁）。如果蹲坐的話，就要讓前膝為支撐點，以此著力，槍頭稍微高，推槍、扯槍都能用上。

兩來槍（迎槍）：封下敵槍時，一感覺到我可以使上勁力時，則進扎敵身，同時敵槍被我槍擠開。真如稱作迎槍，汉口派稱作從槍，沖斗也知道這一招的功力相當深奧，唯獨他槍法的重點與正法眼藏有很大的區別。

鎖槍：側身使用雙頭槍的手法，用連枝小步前進，圈鎖住敵杆，使敵杆抽不回去。敬岩專門用此技巧困住對手。

玉抉槍：即鎖槍力度加深的技法，好比從敵掌中挖走其槍，手法至精至難。敬岩擅長此招。

左右砑扎：砑槍帶扎，勁力在槍根上，雖然重而厚實，但非常神妙。擄扎不如此招，太輕浮，左右指圈裏、圈外。

雙殺手：扎時兩手用力（即前手不滑把，如同現代步槍拼刺一樣的握扎法），也可稱作不戰而屈人之兵。

從兩來槍到雙殺手，稱作五神槍。

金童槍：前手也陰持槍杆，類似靈貓捕鼠的打法，這招是為了讓前手不易被敵削（很多削法都是來槍從杆下削手的，而前手陰持的話，前手暴露在杆下僅為五根手指，也更易主動棄杆）。

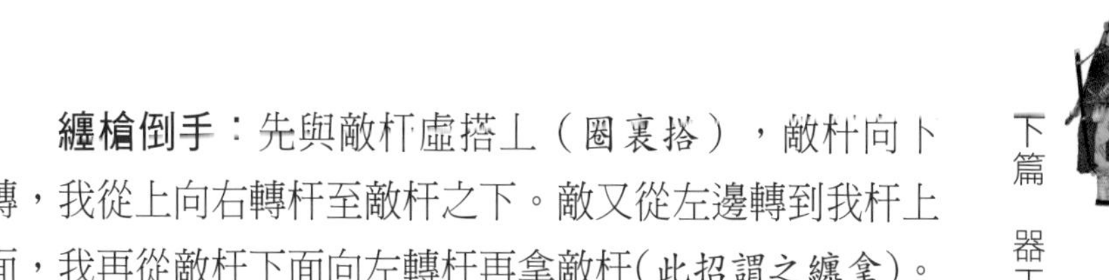

纏槍倒手：先與敵杆虛搭上（圈裏搭），敵杆向下轉，我從上向右轉杆至敵杆之下。敵又從左邊轉到我杆上面，我再從敵杆下面向左轉杆再拿敵杆(此招謂之纏拿)。

無中生有：在敵與我槍纏粘時，我槍忽退出，從而用迴龍槍。

帶打扎：單殺手技法，要上步放盡手臂發扎，傷人雖然猛厲，自身也有漏洞，不能輕易使用。唯獨依賴向後跳步才能躲開敵槍的反擊，敬岩稱作偷槍。先用帶打法再用單殺手，勝算就高了。

穿簾扎：即顛提技法，手一提完就把我杆舉起再拿下，可以破解叉、鏜（即海馬奔潮，滴水勢）。

投壺扎：能破地蛇槍，敵槍低著扎來，我用丁字步法（騎龍步）避開敵之槍尖，隨即將我槍下刺（甚者槍尖插入地中，以阻截敵槍，又稱作盡頭槍，即美人紉針）攔截敵槍。敵立起身形，我再用滴水勢提敵槍，敵起槍，我槍即與敵槍交成十字而壓下，再發扎必能刺中。

左右插花：可以破解叉、鏜（用後跪步左進滴水勢提，或騎龍步右進伏虎勢提）。

虛扎：槍圈非常緊小讓敵覺察不出的串槍，即敬岩所說的雙頭槍。

子午槍：即敬岩的無影槍。

月牙扎：串槍兼帶子午槍，類似於敬岩的疊串，完全是兩手手法的細微功夫。

從纏槍到月牙扎共九槍，都是峨嵋派技法。

第十六章　游場革法說

游場革法說

單殺手之深重之扎，乃用封閉革之，若用於游場，是納侮也，故有此段法。

游場革法

挨：敬岩懶漢鋤田勢中所用手法。

擠：扳欄窺井手法。

摩：即摩旗手法。

以上諸注載《手臂錄》中。

托：彼撲我兩手中間，急移右足，挪身左手托過其槍，還擊其前手。

砑收：收而兼砑也。

團牌變：亦槍為團牌，以禦矢也。前手寬鬆，後手圓

轉以攄之，矢不能入，蓋身有甲、首有冑，唯面手畏矢，前腕著（對著）額，借力以行之。若以代封閉，恐被擊落。

繃：從下而上繃開彼槍也，短槍難用。

游場革法說

單殺手的深重扎法，可以用封閉革開。如果將單殺手用在游場，是自取敵辱，故而有此篇補充。

游場革法

挨：敬岩懶漢鋤田勢中的手法。

擠：扳攔窺井手法。

摩：即秦王摩旗手法。

上述解釋參見《手臂錄》。

托：敵槍打在我兩手中間，迅速移動右腳，變身形靠左手托過敵槍，順勢擊打敵之前手。

砑收：收槍時兼用砑法（靠後手的力）。

團牌變：也就是槍圈如團牌般，以防禦箭矢。前手鬆握，後手圓轉，用攄法，箭不能射進來。但身上有甲片，頭上有盔，唯獨臉和手懼怕箭矢。前手腕對著額頭，借後手施的槍杆旋轉力來輔助。如果用此法代替封閉，很可能被敵槍打落。

繃：從下向上繃開敵槍，短槍不好用。

此篇文字應該不全，或有缺失。

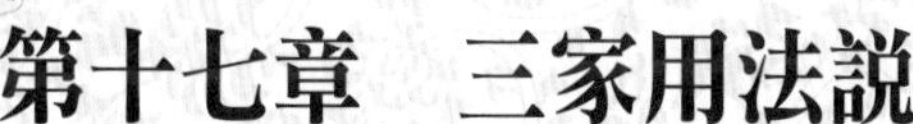

第十七章 三家用法說

原文

馬家槍短硬，其用在兩腕，臂以助腕，身以助臂，足以助身，以成全體。沙家竿子長軟，其用在兩足，身以助足，臂以助身，腕以助臂，以成全體。楊家長短軟硬無定體，故腕臂身足亦無定用，丈二者倚馬家法，丈八者倚沙家法，而丈六者倚丈八、丈四者倚丈二。今但舉馬、沙法言之，而楊家在其中矣。

所謂馬用在腕者，何也？

馬家拿攔，兩腕之陰陽互轉，百變藏於其中，神妙莫測，實為槍之元神也。臂以助腕者，以臂之高下伸縮，助腕之陰陽互換也，非臂打也。臂打者，棍法也。身以助臂者，以身之蹲立前後，助臂之高下伸縮也。足以助身者，前後左右稍稍移動，以脫彼槍尖，非剪刀步、十字步也，此馬家大意。

所謂沙家用足者，何也？

竿子長軟，兩腕雖陰陽互換，但可以助順臂力，使無倔強而已，實不能用馬家之法。拿攔盡處，槍尖正搖，戳

即斜去。搖定而戳，彼已走出，苟非十字步追之，戳何能及？此時槍之勝負，全在足之遲速，此一故也。硬槍妙在進，進則殺。軟槍妙在退，退則活。足不能如風，不能進退矣，又一故也。是以竿子之用，雖在兩臂，而余以為用在足也。身以助足者，探前以助進勢，倒後以助退勢也。臂以助身、腕以助臂者，身足即熟，則腕臂不過用馬家槍之緒余而倚足也，此沙家之大意也。

所謂楊家丈二倚馬家者，何也？

槍尚短硬，尚可用馬家法也。

所謂楊家丈八倚沙家者，何也？

槍已長軟，不得不用沙家法也。

所謂丈四倚丈二、丈六倚丈八者，何也？

平日習丈二，而臨陣患其短，平日習丈八，而臨陣惡其重，故改用丈四、丈六，原無本法也。

要而言之，馬家、沙家各自為法，楊家出入乎其間，而不能盡。馬家貴重難得，如馬；沙家賤而便用，如驢；楊家不馬不驢，騾也。

馬家槍的長度短，木質堅硬，用法在兩腕，手臂用來協助腕子，身體用來協助手臂，腳用來協助身體，以成整體。沙家竿子長而且軟，用法要靠兩腳的移動，身體用來協助腳步，手臂用來協助身體，腕子用來協助手臂，以成整體。楊家槍有長槍也有短槍，有軟槍也有硬槍，沒有固定的規格，故而腕子、手臂、身法、步法也沒有固定的規律。丈二長槍的話，就用馬家槍法，丈八長槍的話，就用沙家竿子槍法。此外的丈六長槍就用丈八的槍法，丈四的長槍就用丈二的槍法。本篇重點講述馬家槍和沙家竿子，事實上楊家槍法在二者之間。

所謂馬家槍主要靠腕子來使用，為什麼這麼講？

馬家槍拿攔之時，兩腕陰陽互轉，百般變化藏於其間，神妙莫測，實際上正是槍法的元神之處。手臂用來協助手腕，是用手臂的高低伸縮來輔助腕子的陰陽轉換，並非依靠手臂的發力擊打。靠手臂來發力擊打的，那是棍法。身法用來協助手臂，用身形的蹲坐、站立、前探、後仰，來輔助手臂高低伸縮。腿腳用來協助身體，前後左右稍微移動，以避開敵之槍尖，並不僅靠剪刀步、十字步，這是馬家槍的大致意思。

所謂沙家槍靠兩腳的移動，怎麼講？

竿子長而軟，兩手腕雖然也陰陽互換，但只能與手臂的力量協調一致，使手臂不僵硬而已，實際上不能使用馬家的槍法。竿子拿攔完後，槍尖還在擺動，一戳即扎偏目標。等槍尖擺動完了再扎，敵已退遠，如果不用十字步追刺，還怎麼能戳上？這時候竿子的勝負，完全掌握在腳步的快慢上，這是注重步法的第一原因。木質堅硬的槍，其妙處在於上步，上步就要戳刺。但腰軟的槍，其使用秘訣在於後退，後退才能存活。腳步不能像風般快速，就不能進扎或後退，這是第二個原因。因此，竿子的應用，雖然憑兩臂的運作，但我認為實際上是靠步法。身形用來協助步法，身體前探以協助進扎，身體後仰以協助後退。手臂用來協助身體，手腕用來協助手臂，身法步法都熟練了，

那腕子、手臂不過是用馬家槍的一部分技法就足夠使了，這是沙家竿子的大致意思。

所謂楊家槍丈二長槍的運用依賴於馬家槍法，怎麼講？槍要短而硬才好使，因此丈二槍還可以用馬家的槍法。

所謂楊家槍丈八長槍要用沙家竿子槍法，為什麼呢？

丈八槍已經是長而腰軟，不得不用沙家竿子法。

所謂丈四長槍用丈二槍法，丈六長槍用丈八槍法，為什麼呢？

平時練習是用丈二的槍練習，等到了戰場，感到丈二的太短。平時習練丈八的槍，到了戰場，覺得太重不好使。所以改用丈四和丈六的槍，楊家槍原本就沒有屬自己的槍法。

簡單地說，馬家槍、沙家竿子各自創建了本派的槍法，楊家學自二者之間，但都沒有學全。馬家槍法貴重，不易學到真傳，如同駿馬一般。沙家槍地位有些低，其用法講求實際，好比驢。楊家槍既不是馬又不是驢，是騾子。

1.此篇文章有一些內容與《手臂錄》六家槍法說的內容很相似，甚至於有些是原文字，由於古本最早來源於手抄件，故其中內容多有矛盾或缺失的地方。

2.此文中的馬家槍，被贊揚得很高，簡直如同峨嵋槍法的高度，不知道說的是馬家槍，還是被石敬岩改造後的馬家槍，因為馬家槍夾雜大量棍法，在此篇中卻未提及。所以，值得懷疑，此篇的清代手抄文有嚴重的錯漏。

第十八章　馬家槍考、革法

馬家槍考

王圻（音ㄑㄧˊ）《續文獻通考》云：「槍之家十有（又）七，曰楊家三十六路花槍（其分出者，有大悶竿、小悶竿、大六合、小六合、穿心六合、推紅六合、埋伏六合、邊攔六合、大封閉、小封閉名），曰馬家槍上十八盤、中十八盤、下十八盤，曰金家槍，曰張飛神槍，曰五顯神槍花槍七十二勢，曰拐突槍，曰錐槍，曰梭槍，曰槌槍，曰拒馬槍，曰搗馬槍，曰峨嵋槍，曰沙家十八下倒手竿子，曰紫金標，曰地舌槍。」

余謂槍之元神只有一圈，用圈盡善者，馬家、峨嵋也；盡美者，沙家、楊家也。即此四家，馬家、峨嵋合而為一，沙得馬之少分，楊又兩取於其間，則四家本一家也。余十三家何以為槍法？不圈非槍，圈則不出於馬家、峨嵋矣！張飛、拒馬之類，不過一時口語，非真有十七家之法也。

夫馬家槍，敬岩雖以自名，而絕無「上十八盤」等手法，則其於馬家尚有可疑。惟程真如親得於峨嵋，確有可據，而槍法與敬岩悉同，則敬岩其亦峨嵋矣！

至於楊家、馬家之人、之時、之地，皆無可考。沙家關中衛職，峨嵋則僧普恩。普恩，真如親受業者也。真如小於敬岩十餘年，敬岩以崇禎乙亥卒，年六十外。

革　法

馬家革槍常法：拿、攔革中，勾、剔革上，提、擄革下，行著別論。

拿：持槍前手陽，彼圈裏戳來，轉陰向右革之。未拿是中四平，已拿成跨劍。初學拿，必重大練，使輕小。拿須於卷中求悟，不然，輕小還有病。有口授。

攔：與拿相對，未攔是跨劍，已攔成中四平。初學攔，必輕小，使重大，更圖脫化。

拿、攔槍根不起，古謂之纏腰鎖。槍根起者，邊拿、邊攔是也，止革低來槍，混為拿、攔以革平來槍，俗師大病！

邊拿、邊攔，槍根雖稍起，手法自圓，非打地也。沖斗又以大封大劈混之，並以混拿、攔，而槍法大壞矣！

勾：革圈外戳頭者，中平亦有時用之，有口授。

剔：革圈裏戳頭者。

提、擄：見後。

小封：拿之緊小者。

小提：攔之緊小者。

拿、攔久熟，漸漸收為緊小，游場變化如神，此敬

岩、真如心血也！沖斗評此曰「小巧用耳」，以少林棍之見識論峨嵋槍，真是隔靴搔癢。

捲：又名伏地槍，有口授，只此一法，百戰百勝。

革法至此，百尺竿頭矣！以上馬有沙無。

邊拿、邊攔：即拿、攔而槍根起至胸。

竿子長軟，拿、攔後手不起則不殺，故竿子之拿、攔，只是馬家之邊拿、邊攔。

拿、攔，我槍肋著彼槍肋。邊拿、邊攔，我槍肚著彼槍背。辨不清必鬆！

提：革圈裏戳腳，槍尖至地，彼槍死於右。

擄：革圈外戳腳，比提加腰腿一擺，彼槍亦死於右。

以上馬、沙俱有。

石劈：沖斗之劈，槍根起高，槍尖至地。石敬岩之劈不然，有口授。

削：又名剃，石劈之輕者。用於低處，名撲。

打揭：即雞啄粟，真如名帶打扎，有口授。

切：與削相似而不同，有口授。

大封大劈：兵卒庸愚，難以學槍，只此百日可用矣！有口授，不止沖斗法。

以上馬家借棍法。

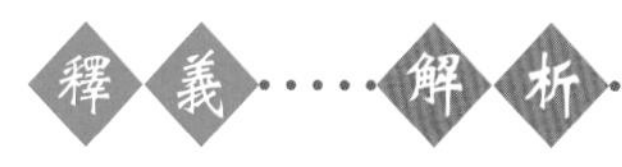

馬家槍考

王圻在《續文獻通考》中說道：「槍法共有十七家，

有楊家三十六路花槍（其中又包括大閃竿、小閃竿、大六合、小六合、穿心六合、推紅六合、埋伏六合、邊攔六合、大封閉、小封閉），有馬家槍上十八盤、中十八盤、下十八盤，有金家槍，有張飛神槍，有五顯神槍花槍七十二勢，有拐突槍，有錐槍，有梭槍，有槌槍，有拒馬槍，有峨嵋槍，有沙家十八下倒手竿子，有紫金標，有地舌槍。」

我要說的是，槍的元神只不過是一個槍圈，用圈最好的，是馬家槍和峨嵋槍。最漂亮的，是沙家竿子和楊家槍（闊大威猛）。這四家槍法，馬家槍和峨嵋槍可以合而為一（此處的馬家槍指的是石敬岩槍法），沙家竿子中有一小部分馬家槍法，楊家槍又從沙家、馬家各取所需，那麼四家槍法本就是一家槍法。

剩下的十三家又憑什麼稱作槍法？沒有槍圈就不是槍法，但槍圈的最高水準不會超過馬家和峨嵋。張飛神槍、拒馬槍等等，不過是一時間的口語，並非真有十七家槍法。

雖然敬岩自稱所學的是馬家槍，但絕對沒有上十八盤等等手法，那麼他學的到底是不是馬家槍確有可疑。唯獨程真如得自峨嵋派的嫡傳，確實有據可查，但槍法卻跟敬岩的槍法完全一樣，那事實上敬岩也是學自峨嵋派啊！

至於楊家槍、馬家槍是何人創的，什麼時候創的，在什麼地方創的，都無法考證。沙家竿子的祖師曾在關中任守衛官，峨嵋派的宗師就是普恩禪師，也是真如受業的恩師。真如比敬岩小十多歲，敬岩在崇禎乙亥年剿匪期間戰死，死時六十多歲。

革　法

馬家槍的常用革法：拿、攔革中部來槍，勾槍、剔槍革上部來槍，提槍、擄槍革下部來槍，行著另說。

拿：持槍時前手陽持，敵向我圈裏扎來，前手向右轉腕為陰革敵槍。沒拿時的樁架是中四平勢，拿完就變作跨劍勢。剛學拿時，一定要槍圈重實碩大地練習（大如雞蛋），慢慢變得輕小（小如銅錢）。拿的技法要在捲法中領悟，不然的話，就算槍圈輕小了還有毛病。

攔：跟拿法相對，沒攔時是跨劍勢樁架，攔後就變成中四平。剛練攔時，槍圈一定要輕小（小如銅錢），慢慢地變得重實碩大（大如雞蛋），更以達到脫化為最終目標。

拿、攔敵槍時，槍根不能脫離開腰部，古人稱之為纏腰鎖（現代武館一些老師傅教槍時仍然知道槍根不能超出乳線，甚至與乳線成一條垂直線，故而筆者所畫的二十四勢圖中也盡力按此要求繪之）。槍根起至胸部離開腰際的，是邊拿和邊攔，只能革低來的槍，很多人將邊拿、邊攔的架勢混同於拿攔之中，用來革中平槍，這是世俗槍師的大病！

邊拿、邊攔，雖然槍根稍微抬起脫離開腰際，但手法也自然能圓轉開槍，並非一拿或一攔就慣性般一打至地。沖斗又將大封大劈混在邊拿邊攔中，並且用來混淆拿、攔，使本來純正的槍法受到極大的破壞。

勾：用來革圈外扎我頭的槍，中平來槍也偶爾使用。

剔：用來革圈裏扎頭的槍。

提、擄：見後文所述。

小封：緊而小的拿法。

小提：緊而小的攔法。

拿和攔練得久而熟了，慢慢將槍圈收作緊而小，在游場中就能變化如神，這是敬岩、真如的心血！沖斗評論這種緊小的槍圈為小巧用法，是用少林棍的見識來論斷峨嵋槍，真是隔靴搔癢。

捲：又稱作伏地槍，只要會了這一種革法，百戰百勝。

革法到此，算是百尺竿頭。上述技法馬家槍有，沙家竿子無。

邊拿、邊攔：即拿、攔時，槍根離開腰際，起到胸部。

沙家竿子長而且軟，拿、攔時後手如果不抬起來就沒法用來殺敵，故而竿子的拿、攔，只能算作馬家槍的邊拿和邊攔。

拿或攔，是我槍肋碰觸敵之槍肋。

邊拿、邊攔，是我槍肚碰觸敵之槍背。

兩者分辨不清的話，手法必然疏鬆。

提：用來革扎向我圈內的戳腳槍，我槍尖一提至地，讓敵槍死在我的右側。

擄：用來革扎向我圈外的戳腳槍，比提法加上前腰前腿一擺，也讓敵槍死在右邊。

上述技法馬家、沙家都有。

石劈：沖斗的劈法，槍根要起得高（泰山壓卵勢，靠前手發力），劈下則槍尖打在地上。石敬岩的劈法則不一

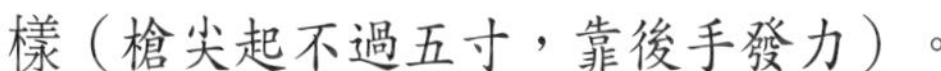
樣（槍尖起不過五寸，靠後手發力）。

削：又稱作剃，就是石敬岩劈法的輕用技巧，用於削低處，稱作撲。

打揭：即雞啄粟，真如稱作帶打扎。

切：跟削相似，但有區別。

大封大劈：士兵資質平庸，智力不強，難以將槍法學精，所以要學大封大劈的話，就能在一百天內完成。此技法有口授，不光沖斗的技法，還有別人的技法。

上述技法是馬家槍借用的棍法。

第十九章 役 棍

役棍說

槍棍之道，不可認奴作郎，亦不可竟廢家奴也，用棍斷不可用槍法！石之美者貴，玉豈不美？而終謂之役。役棍有五，一降長，二關內，三禦眾，四夜戰，五舞美。

役棍法

圈裏打：後跕步連枝進，驀打其兩手之中，恰當胸腹，不能封閉，即撥草尋蛇勢中手法。

圈外打：彼立裙攔勢，我驀進右足打其前臂。

摩旗打：用摩旗手法，以惑其目，而深入撲之。

藏花打：用葉底藏花手法，而打其前手。

連擊：封其槍落地，不扎，連擊之，使不得起，急進步扎之最穩。

雞啄粟：一挑一打，連枝進步，萬無一失（長之遇

短，不可輕用扎，唯用此法，會家所困，真如所謂雙刀雖利，帶打必落也）。

倒根打：近身用之，又利於制團牌及人眾擠塞及夜中。

根推：進彼圈外，收後手於槍腰，以槍提之即打也。

神仙躲影：彼以丁字身法從我圈裏而進，迫近我身，我急進右足，以根推槍。

撲槍倒手：似捲槍而打也。

擊槍倒手：左右擊之，即繼以纏入死龍之法。

劈槍倒手：劈貴坐膝，槍頭起不過五寸，直劈而下，後手一出，以擊其手。

五虎打：注載《手臂錄》，少林法也。

放梢打：短棍法，用之破牌（倪近樓法）。

役棍說

槍在棍的混入用法上，不能夠將奴婢當作主人（不要讓棍喧賓奪主），也不能乾脆就不要家奴（也不能沒有棍法），更斷然不能將棍的用法當作槍法使用。漂亮的石頭就會價格高，難道玉會沒有石頭美嗎？所以說石頭再美，也只能作為玉的陪襯。

槍法中有五個方面用到棍法，一是短降長，二是闖內，三是面對多人，四是夜戰，五是舞槍顯擺。

役棍法

圈裏打：後踮步或連枝步進敵，突然打擊敵兩手中間，正好對著敵的胸腹，不能用封閉手法，即撥草尋蛇中的手法（主要靠後手發力）。

圈外打：敵立裙攔勢（跨劍），我突然上右腳打敵前臂（騎龍）。

摩旗打：用摩旗的手法，迷惑敵眼，緊接著槍杆深入擊打。

藏花打：用葉底藏花的手法，擊打敵前手。

連擊：將敵槍封在地上，不扎敵身，而是連續擊打敵槍，使敵槍無法起扎，並迅速進步扎敵，這樣做最穩妥。

雞啄粟：一挑一打，連枝步前進，萬無一失。長槍碰到短槍，不能輕易用扎，唯獨用此技法，就算是行家也易被困住。真如所謂雙刀雖然鋒利，帶打必然掉落。

倒根打：近至敵身使用，又利於降制團牌及眾人擠塞，以及夜裏使用。

根推：進到敵圈外，將後手收到槍腰處，將槍根一提即打。

神仙躲影：敵以丁字步（騎龍）向我圈裏發扎，槍尖接近我身，我迅速上右腳，用槍根推開敵槍。

撲槍倒手：如捲槍般擊打。

擊槍倒手：左右擊打，緊接著用纏槍，讓敵槍死去不能抽回。

劈槍倒手：劈槍貴在蹲坐，槍頭抬起不超過五寸，直劈而下，然後後手一進扎，直擊敵手。

五虎打：注解見《手臂錄》，屬少林派技法（即類似於鐵幡竿或鷂子撲鵪鶉，參見二十四勢）。

放梢打：短棍的技法，用來破團牌（單手持槍根，整臂整槍都放開掃打），倪覲樓擅長此法。

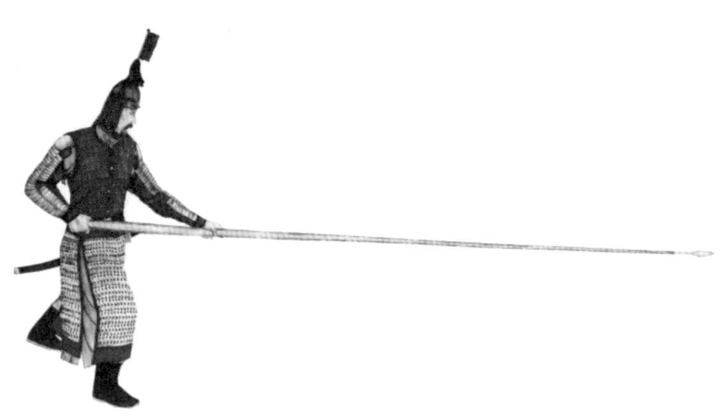

圖40　鷂子撲鵪鶉勢

圖41　鐵幡竿勢

第二十章　單刀圖說

原文

自　序

唐有陌刀，戰陣稱猛，其法不傳。今倭國單刀，中華間有得其法者，而終不及倭人之精！每見單刀高手，平日侈言破槍，及至赴敵，莫不驚槍而往，則其實用可知矣！

蓋短器降長，惟確鬥壅塞，槍至於不能出後手，乃為短器所困。行列稍疏，短無破長之理。游場槍之受破者，唯一單殺手。至於閃賺、顛提，則槍猶畏之如虎，況單刀乎？程沖斗刀法，唯破單殺手，其疏可知！

余法不然，單刀破輕長之器，則避其虛而擊其實，何也？槍之虛處，變幻百出，必非刀所能禦，而實處唯有一杆，苟能制之，則無以用其虛矣！

單刀敵短重之器，則避其實而擊其虛，何也？大棒、鐵鞭、長斧、木鑵，不可直當，必斜步偏身，避其重器，擊其身、手，乃可必勝。

擊虛之法易見，擊實之法則在斫其槍杆，槍杆被斫，不斷粘住，杆被粘住，則不能閃賺、顛提，刀更進步，必傷人矣！削亦粘槍，而勢力不如斫大，進步又拙，是以次之。勾、革皆用刀背，槍得滑去，百變生焉！

余選刀法十八勢：

從下斫上，則有左、右撩刀二勢；從上斫下，則有朝天、斜提二勢；削槍則有左、右定膝勢。出入於六勢之間。

而可上、可下、可左、可右、可斫、可削、可進、可退，則有二拗步勢。

實用止此八法，余十勢不過小變其形，以眩人耳！

斫、削粘杆，余本得之漁陽老人之劍術，單刀未有言者，移之為刀，實自余始，安得良倭一親炙之！

壬寅八月望前五日

古吳滄塵子吳殳一氏修齡撰

唐代有種陌刀，據說用於戰陣中十分威猛，但其技法卻沒有流傳下來。現今倭國的單刀，中國有一少部分人掌握了它的用法，但最終還是趕不上倭人的精湛伎倆。每次遇到單刀高手，平常吹噓能夠破解長槍，待對敵之際，無不被長槍的厲害而駭然敗走，這些「高手」單刀的實用性可想而知！

凡是短兵降制長械，只有在作坊裏爭鬥，場地擁擠，以致長槍不能使用後手虛扎，從而被短兵困住。如果場地

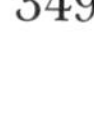

稍微寬敞，就沒有短兵可破長械的理由。游場中的長槍如被破解，那只能是單殺手。至於槍的閃賺、顛提，長槍對長槍仍駭之若虎，何況單刀對槍呢？程沖斗的單刀技法，只能破解槍的單殺手，可見其刀法何其粗疏！

我的刀法跟他不同，單刀要破輕而長的槍，就要避槍之虛而擊槍之實，為什麼？

槍尖的虛處，百般變化，並非單刀所能防禦的。而槍的實處，只有一根槍杆，如果能制住槍杆，則槍也就無法運用它的虛處了。

單刀對抗短而重的器械，要避其實而擊其虛，為什麼？

大棒、鐵鞭、長斧、木鐮，不可以直接格擋，一定要斜著進步、偏著身子，避開對方的重械攻擊，既斬敵之身體或持械之手，才能夠完勝。

擊虛的技法容易明白，擊實的技法就要斫敵方的槍杆，槍杆被斫，不斷折的話就會被刀粘住，槍杆被粘住，就無法使用閃賺、顛提，刀再進身，肯定會傷敵性命。削也可以粘住敵槍，但威力不如斫力量大，削後刀進敵身的動作也笨拙，因此是粘槍的下等技法。如果勾或革敵槍，都用刀背的話，槍一旦滑離刀背，槍尖的百般變化也就產生了。

我選出了單刀的十八個勢子如下：

從下往上斫，有左、右撩刀勢；從上往下斫，有朝天刀勢和斜提刀勢；削的刀勢裏有左、右定膝刀勢。刀法的斫、削都在這六勢之中。

至於向上用刀、向下用刀、向左用刀、向右用刀，或斫或削，或進步或後退，就靠左、右拗步勢來控制。

單刀的實用技法只有這八種，其餘的十個刀勢不過是稍微改變下外觀，只為了迷惑人眼。

斫、削的粘杆技法，我本得自漁陽老人傳授的劍術。在單刀這方面，從沒有人提及這兩種技法，而將劍法移至單刀中，事實上是自我開始。如果能交到一個擅長倭刀的朋友，我必親自教導他怎麼應用這種粘法。

壬寅年中秋節前五日

古吳滄塵子吳殳修齡撰

斫，就是砍，刀口幾乎垂直嵌進槍杆。

削，斜著向外畫割，只能往上削，不能用作下削，刀口與槍杆呈銳角斜著嵌進。

手 法

單刀手法，向有提下、勾上、革左、革右之類，余以其不能制槍，故皆不取，唯倚劍術斷取沖斗斫（音ㄓㄨㄛˊ，砍剁）、削粘槍二法用之。

斫、削者，刀之大端也。然有大必有小，而後嚴固、逸豫。故又取棍之雞啄粟、槍之海馬奔潮以輔之。蓋審勢必勝，則竟用斫、削。若非可必勝，半虛半實，則此二勢實能羈縻聯絡於其間，以俟可乘之隙。若遇拙槍，二法即

可勝也。

斫有上斫、下斫，上斫、下斫各有左右，而又皆有子勢。子勢者，如子之輔父，非二非一也。

削有上無下，而上又有左右，亦有子勢，拗勢出入乎左右之間，如月之有閏，以成歲也。

左上斫有斜提勢，右上斫有朝天勢，左下斫有左撩刀勢，右下斫有右撩刀勢。

左削有左定膝勢，右削有右定膝勢。

閏法有拗步削勢、拗步撩勢。

而左獨立勢則朝天勢之子也，低看勢則左定膝之子也，上弓勢、外看勢則右定膝之子也，按虎勢、拗步單撩刀勢則左撩刀之子也，入洞勢、擔肩勢、單提刀勢，則右撩刀之子也。

此十八勢，習之精熟，雖未能真合於倭法，而中國花法皆退三舍矣！

單刀的手法，一直有遇到來自下部的攻擊用提，上部的攻擊用勾，左邊、右邊的攻擊用革等等，我認為這些不能夠降制住長槍，所以都不採用。我僅以劍術的使用理念，截取程沖斗《單刀法選》中的部分刀勢，用斫和削兩種技法來粘制敵槍。

斫和削，是刀法中應用最廣泛的技法。然而，有廣泛就會有細微，從而使刀法嚴密穩固，揮灑自如。因此再選取棍法中的雞啄粟（自上向下劈之，然後再向上一挑，即

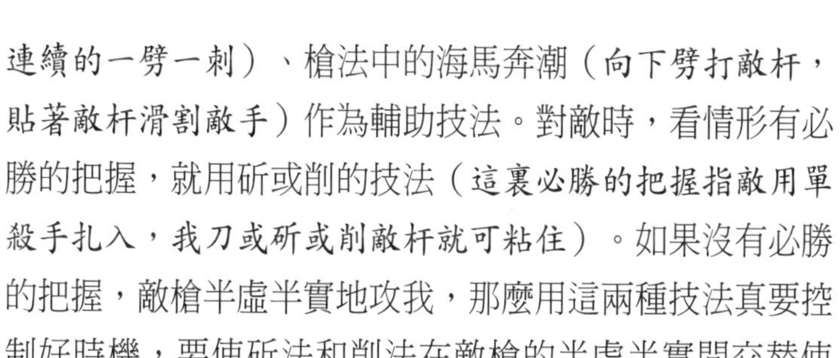

連續的一劈一刺）、槍法中的海馬奔潮（向下劈打敵杆，貼著敵杆滑割敵手）作為輔助技法。對敵時，看情形有必勝的把握，就用斫或削的技法（這裏必勝的把握指敵用單殺手扎入，我刀或斫或削敵杆就可粘住）。如果沒有必勝的把握，敵槍半虛半實地攻我，那麼用這兩種技法真要控制好時機，要使斫法和削法在敵槍的半虛半實間交替使用，待敵露出破綻，我則乘虛而入。如果碰到槍法差的人，用斫、削兩種技法立即獲勝。

斫有向上斫、向下斫，向上斫、向下斫又分為向左和向右，而且又都有子勢。子勢，就像兒子協助父親，不是兩個陌生的人，也不是同一個人。

削有向上削，沒有向下削（為何沒有向下削？不管你是左定膝還是右定膝，削都是將刀畫向圈外的動作。而向下將敵槍削到圈外，敵槍的變化就出來了，這跟《手臂錄》中說用提時只能將圈外來槍提至圈裏的意思相仿。但這個向下削的動作並不是提，而是吳殳不建議使用的類似於槍法中的鐵幡竿，向外畫綳，所以沒有向下削的動作），而向上削又分為向左和向右，也有子勢，即拗步勢，刀向左向右靠拗步進退。就像農曆設有閏月，才能形成閏年。

向左向上斫有斜提勢，向右向上斫有朝天勢，向左向下斫有左撩刀勢，向右向下斫有右撩刀勢。

向左削有左定膝勢，向右削有右定膝勢。

所謂「閏月」的拗步勢，又分為拗步削勢和拗步撩勢。

而左獨立勢其實是朝天刀勢的子勢，低看勢是左定膝勢的子勢，上弓勢、外看刀勢都是右定膝勢的子勢，按虎

刀勢、拗步單撩刀勢是左撩刀勢的子勢，入洞勢、單肩刀勢、單提刀勢，則是右撩刀勢的子勢。

這十八個刀勢，練精練熟，即使不能真的吻合倭人的用法，但那些崇尚花俏刀法的中國武師都將退避三舍。

手法含於身勢之中。

按吳殳說法，長刀的實用技法，只有四個關鍵動作，即斫、削、雞啄粟、海馬奔潮。

左定膝勢（如圖 53）

槍來，將身坐後成低看勢，用寒雞點頭手法；

又深來，退前足成上弓勢；

極深來，然後削之。

凡削後，進步，用海馬奔潮。

我以左定膝刀勢作為對敵之勢，露出右半部身體，引誘敵槍向我右半身即我之圈裏扎入，我即將身體後仰，前腳即左腳呈虛步，重心移至後腿即右腿下坐，變成低看刀勢，用寒雞點頭的手法砍敵槍杆。寒雞點頭，顧名思義，就是速度很快的點劈，即槍法的雞啄粟。

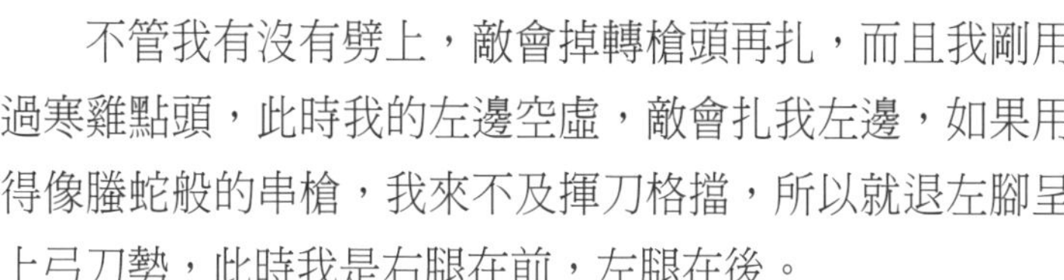

不管我有沒有劈上，敵會掉轉槍頭再扎，而且我剛用過寒雞點頭，此時我的左邊空虛，敵會扎我左邊，如果用得像螣蛇般的串槍，我來不及揮刀格擋，所以就退左腳呈上弓刀勢，此時我是右腿在前，左腿在後。

圖53　左定膝勢

圖53注：盔甲參考《武備誌》繪，適用於騎兵，長刀據現存實物繪。

敵再串槍扎入，由於我現在立的是上弓刀勢，兩腿成馬步，此時我的刀尖微朝左前，而身體的右前方顯得空虛，敵槍正是朝我右側即圈外身體扎來，我則揮刀向我的圈外即右前側斜削敵杆。

一旦將刀刃削進敵杆，敵杆即被粘住，此時敵之槍杆、槍尖斜而向下，我則收刃翻轉刀身，上左腳進步，使刀身緊貼敵杆向上畫割敵持槍之手，迫其棄槍，此即海馬奔潮的用法。

這裏的槍法，敵人一共用了三槍，不是一捅一抽的三槍，而是《手臂錄》中的「昂頭槍」，即「螣蛇槍」，或可稱為峨嵋派的串槍，這三槍前手陰持槍杆，主要靠後手的靈活之勁使出，又被程真如稱作「絲環之扎」。

長刀手要對付這三槍，就得先改變勢子，不改不行，就是為了引敵槍扎來，為的是後續的寒雞點頭，如果一點即粘住敵杆，那麼就可以使用雞啄粟，直接用刀進扎。但敵人發的第一槍是個虛槍，沒等長刀進扎，槍尖就跑長刀手左邊來了。

於是就退一步，不退不行，這槍尖擺動幅度小，速度快，來不及格擋。這就要求退的步法必須迅速，要超過槍尖擺動的速度。

敵槍第二次沒扎著，槍尖又由左側變作扎右側，為何此時能夠削粘敵槍了？因為這種串槍一般都是一氣呵成，就似曹劌講的「一鼓作氣，再而衰，三而竭」，吳殳在

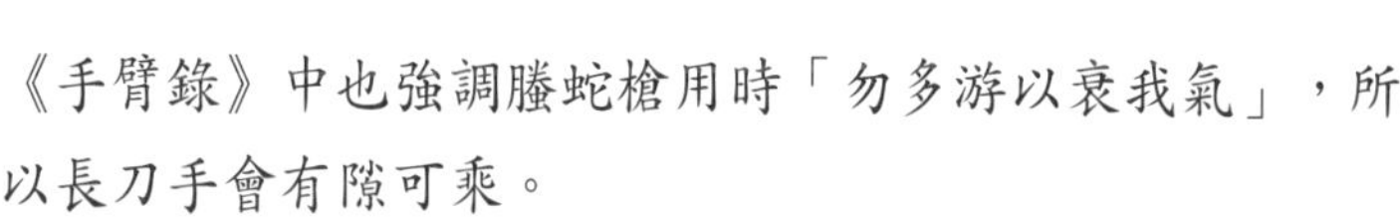

《手臂錄》中也強調螣蛇槍用時「勿多游以衰我氣」，所以長刀手會有隙可乘。

左定膝勢，刀勢之基礎，類似槍法之中平。

此勢所以繪成左手前握、右手後握，是要提醒後學者長刀是可以換把的，怎麼方便怎麼使用，尤其在使用單刺刀時，如同槍之單殺手，右手在後很易快速發力。

右定膝勢（如圖54）

上勢進後左成此勢，用法與左定膝同。

由左定膝勢撤左腳後進，即成右定膝勢，用法類似左定膝勢。

擅長左手握刀根的，當用右定膝勢；擅長右手握刀根的，當用左定膝勢。

因為左、右定膝勢雖然樣子類於槍法的推山塞海勢，但實際應用，相當於槍法的中平，甚至可用現代名詞「警戒勢」稱之。一切動作都可從這兩勢而來，對敵時有很大的靈活性。

不管是用左手還是右手握持刀根，務必曉得，用刀時

圖54　右定膝勢

圖54注：盔甲參考《武備誌》適用於步兵、騎兵，銃、彈、錫鱉參考《練兵實紀》繪，長刀據現存實物繪。

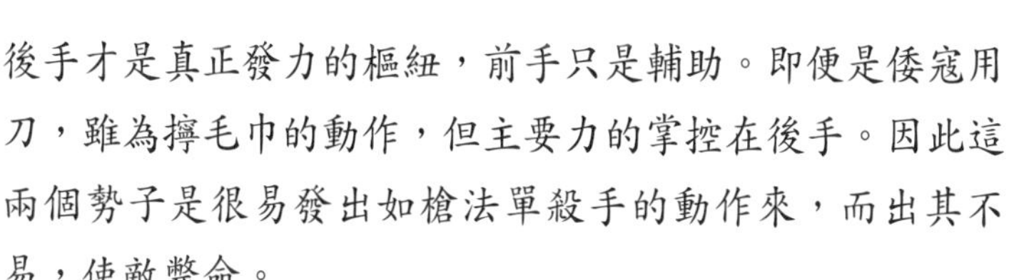

後手才是真正發力的樞紐，前手只是輔助。即便是倭寇用刀，雖為擰毛巾的動作，但主要力的掌控在後手。因此這兩個勢子是很易發出如槍法單殺手的動作來，而出其不易，使敵斃命。

為此，現代打造的刀，就不能太彎，直而微彎最好，以便輕鬆地用出槍的扎刺動作。

拗步削勢（如圖55倭寇動作）

如圖55，刀如削至彼處，則槍手敗矣。

拗步撩勢（如圖56）

拗步削和拗步撩，都是閃身攻擊的刀法，關鍵在步法，即槍法的騎龍步。又可分作拗左削、拗右削、拗左撩、拗右撩，只能臨時隨心而用。

圖55　拗步削刀騰蛇槍

圖55注：槍手盔甲參考《武備誌》繪，適用於步兵、騎兵，弓箭參考《四鎮三關誌》繪，長槍參考《長槍法選》繪，槍手動作為騰蛇槍。倭寇盔甲裝備參考加藤清正什物繪。

圖56　拗步撩刀勢

圖56注：盔甲參考《喻子十三種秘書兵衡》繪，適用於步兵、騎兵。

斜提勢（如圖57）

先立上弓勢，槍扎腳，刀提開，列身誘之。成此勢，槍必深入，刀移前足於左，進右足從上斫之。

先立上弓勢，敵槍扎我腳，用刀將敵槍向右向外撥開。撥完則露出上半軀體，正好誘敵扎入。擺出這個勢子，敵槍必然向身前扎進，此時我一擺腕，即將刀移至右腿的左側，並進右腳將刀舉起從上向左砍下。

斜提勢屬斫法，即從上從右，向左向下砍，為上部刀法。

但流傳至今的斜提圖勢，非但畫法拙劣，或許是後人手抄，甚至令人覺得圖像與文字表述的相互矛盾。

右圖即清代手抄本斜提勢。

原文寫道：「先立上弓勢，槍扎腳，刀提開。列身

圖57　斜提勢

圖57注：藤盔、紙甲參考《武備要略》繪，此為步兵。

誘之，成此勢槍必深入，刀移前足於左，進右足從上斫之。」如何理解？

1.擺出上弓勢，即右腿在前，蹲扎成馬步。

2.由於是側向對敵，敵槍若扎我腳，只能是先扎前腳，而我用長刀將敵槍向右「提開」。

問題就出在這個「提開」二字上，這個提開二字很容易讓人理解成「斜提」的意思。

提字，出自槍法的稱呼，而槍法的提是要求將敵杆撥至我之圈裏，即非左撇之人持槍，是將敵槍撥至我之右側，見滴水勢。

對於刀法而言，非左撇之人擺出上弓勢，如果用提撥敵杆，是將敵械撥至左邊，但按照吳殳僅以刀刃格敵杆的理論，該圖畫的明顯是「向右提開」，因此這個「提開」不是槍法中提的意思，而是上弓勢用法的第一個動作，即先向圈外用刀刃格開敵杆。

3.刀向右格開敵槍後，故意露出身體引誘敵槍再扎，此時，我一擺腕，即將刀移至右腿的左側，右腿仍然在前，仍然是上弓勢。這裏「刀移前足於左」，也是難理解的問題之二，總讓人覺得是個病句，而事實上真的不是病句！

4.此時敵槍扎入，我則進右腳上步。其實進右足上步，不是直前上步，而是稍向外斜上步，這正是「斜提」之「斜」的體現！

5.敵槍扎近我身，此時我則將在我左前下的刀尖，從敵槍杆下擺至右上前，用槍的提法向敵杆或持杆附近的前手位置砍下，此即「斜提」之「提」的體現。這一提技讓

人聯想到長槍的反閉，異曲同工之妙。

綜上，手抄圖所畫的圖示仍然是上弓勢裏向外格擋的動作，而不是高提的動作。

朝天勢（如圖 58）

槍右來，前足開左，進右足拗斫之，名左八字槍。左來，前足開右，進後足順斫之，名右八字槍。

獨立勢用法不出於此。移前足進後足，刀從上而下，可變右撩刀勢。

槍向我右邊扎來，我前腳向左移步（前腳為左腳或右腳），上右腳拗步砍下，名為左八字槍。槍向我左側扎來，我前腳向右移步（前腳亦可為左腳或右腳），順便隨機跟上後腳砍下，名為右八字槍。

獨立勢的用法跟此不一樣。移步前腳上後腳，刀從上向下砍後，還能變作右撩刀勢。

不管左腿在前還是右腿在前，朝天刀勢都是從左向右砍下。

圖58　朝天刀勢

圖58注：頭盔、魚鱗鐵甲參考《王琼事跡圖》繪，盔甲適用於騎兵。

原文

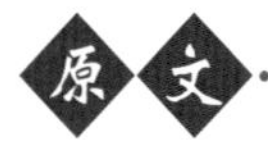

左撩刀勢（如圖59）

開右門，槍來，前足開左，進後足，刀自下而上。

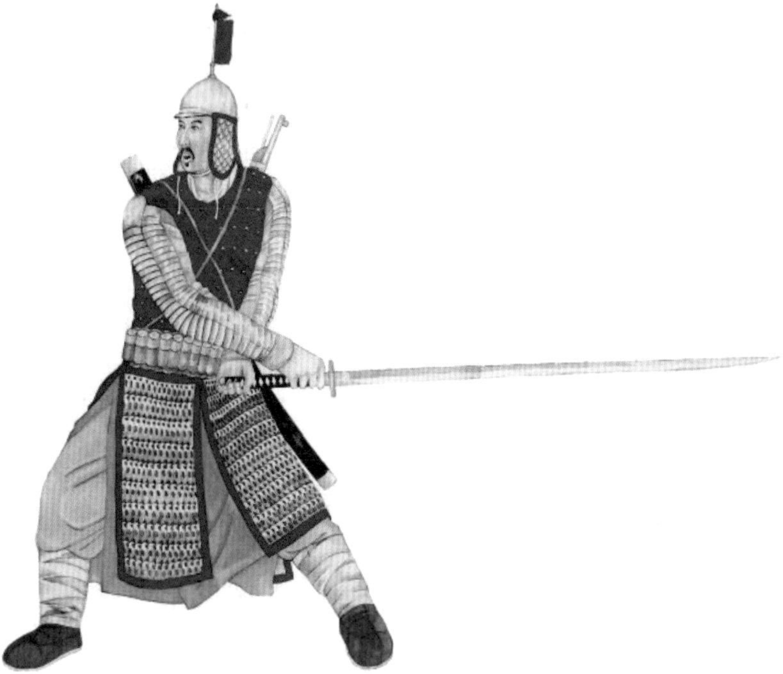

圖59　左撩刀勢

圖59注：盔甲參考《武備誌》繪，適用於騎兵。

露出右邊門戶，敵槍扎來，我前腳向左移動，上後腳，刀從下向上撩。

右撩刀勢（如圖60）

大意同上，此二勢倭之絕技也。

大抵於上勢相仿，這兩個勢子是倭寇的絕技。

獨立勢（如圖61）

獨立勢有左獨立和右獨立，套路用法是用刀背掛，而吳殳推崇的實戰用法是撩。

圖60　右撩刀勢

圖60注：盔甲參考《王琼事跡圖》繪，適用於騎兵。

圖61　獨立刀勢

圖61注：盔甲裝備參考《紀效新書》繪，適用於步兵。

低看勢（如圖52翊）

低看勢類似左定膝勢，只是樁架稍高，前腳虛提，常與上弓勢互用，亦可跳躍出刀。

上弓勢（如圖62）

外看勢（如圖63持刀者）

此勢直立，誘槍戳來，然後蹲坐，成上弓勢以削之。蓋槍高身低，乃便於削。

這個勢子以直立身體誘敵槍扎近上身，然後蹲坐躲過，變作上弓勢向外削敵槍杆。這是因為敵槍扎得高，而我蹲得低，方便削杆。

圖62　上弓刀勢

圖62注：盔甲參考《武備要略》繪，適用於步兵。

圖63　外看刀削大棒

圖63注：長刀手盔參考勇字鐵盔實物繪，牛皮魚鱗甲參考《武備要略》繪，適用於步兵。
大棒手盔甲參考《武備誌》繪，適用於步兵，騎兵。

外看刀勢，本是一個靜態動作時的稱呼，即右腿右臂在前握刀，前腳虛提，重心移在後腳，看的是身體的右前側，即圈外，所以才稱外看刀勢。而此勢實際用時，不僅僅是刀向右削的手法，更重要的是步法，按照程沖斗《單刀法選》，則是個疾速轉身的步法，有點類似現代的轉身鞭拳。

當敵從我圈外擊刺而來，由於敵槍長，而我由於格擋需要，故而第一刀向外削敵杆，如能斷敵杆最好（實際很難做到），跟著進左腳，向右向敵轉身，再削第二刀，第二刀一般都是奔敵頸而去。

程氏的轉身刀法實際上是個花法，對於圈外來的槍棒，吳殳的蹲躲削杆更實際一些，而使用程氏轉身偷步法，必須在合適的角度，有十足的把握，否則很易被反擊。

按虎勢（如圖64）

開前足，即單撩刀勢。開前足，進後足，即拗單撩勢。

直接進前腳，即成作單撩刀勢。前腳移步，後腳上步，即可變作單撩刀勢。

圖64　按虎刀勢

圖64注：盔甲參考《兵錄》南粵兵甲冑繪，適用於步兵、騎兵。

單撩刀勢（如圖65）

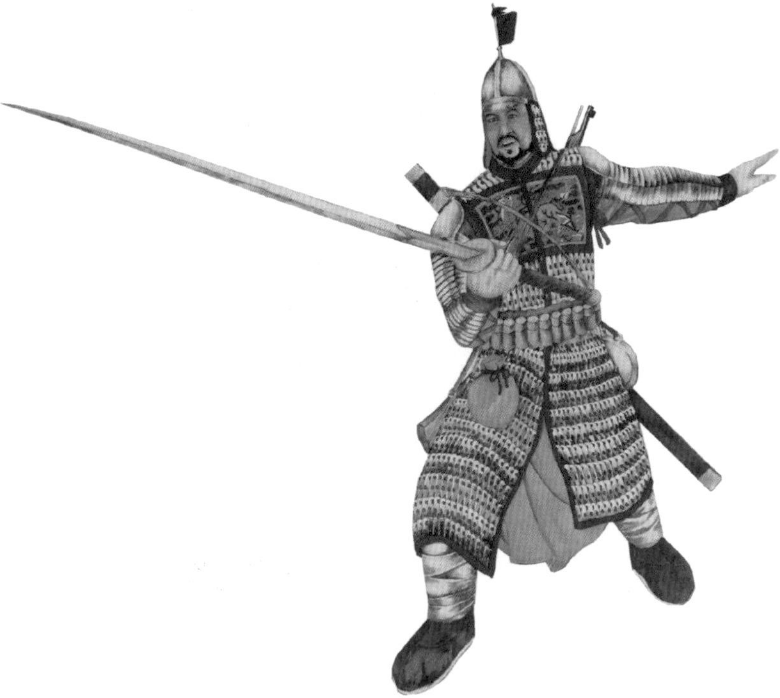

圖65　單撩刀勢

圖65注：盔甲參考《四鎮三關誌》繪，適用於騎兵，長刀裝備據《紀效新書》繪。

原文

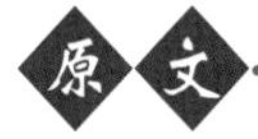

入洞刀勢（如圖66）

入洞、擔肩、單提，皆變單撩刀勢，只進一足即拗撩刀勢。

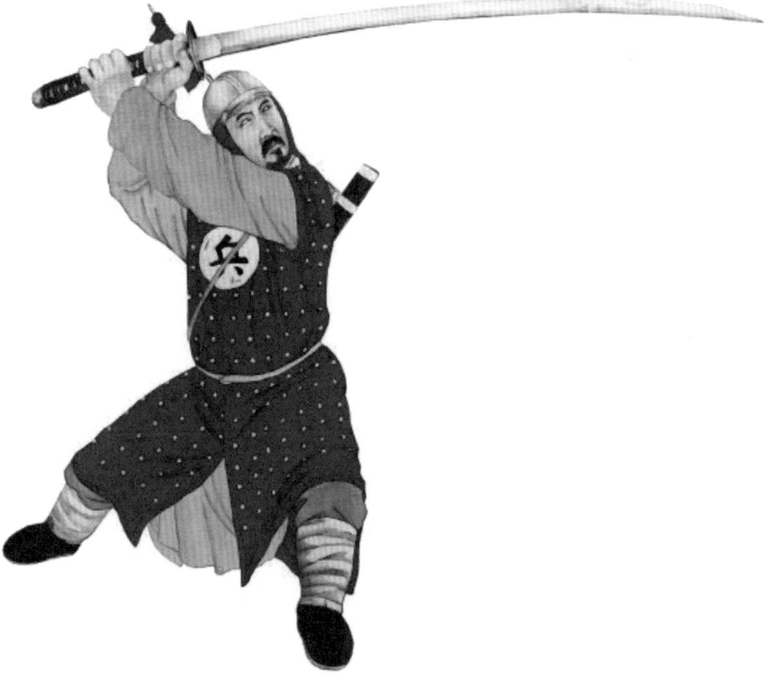

圖66　入洞刀勢

圖66注：鐵盔、棉甲、兵器參考《武備誌》繪，適用於步兵、騎兵繪。

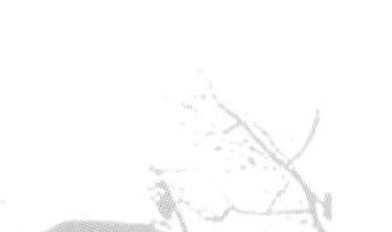

入洞刀、擔肩刀、單提刀，都能變作單撩刀勢，只上一後腳即可變作拗步撩刀勢。

《無隱錄》中是將埋頭刀勢與入洞勢合而為一類動作，而程沖斗《單刀法選》的入洞勢與吳殳及辛酉刀法的都不同，程氏入洞勢是從左向右向上繃槍，似為花法，不推薦用此招勢，以吳殳的入洞勢最實用，就是個格擋上斫的動作。入洞字面意思為進扎敵喉。

擔肩勢（如圖 67）

此勢類似槍法之仙人坐洞勢，用作槍勢，由於右手握的是槍根，須左右手調換位置。

坐洞勢實為舞法，一般用於槍法單殺手出右腳在前，用於刀法單刺刀亦是右腳在前，來不及回收槍或刀，而敵械已至，吾不得以將右手向後回拉槍或刀，同時收右足，且必須下蹲，才不至於暴露太多空檔。回拉時，要將槍或

刀拉出橫力，連身帶勢一致協調。現代稱此勢為歇步，但很少有人知道它最初的用法。

此勢如向前，即可用單刺刀或單撩刀甚便。此勢如扭頭向後，即將刀扛於肩上，成真正的擔肩動作，隨意砍斫。

對於槍法，此勢無大用。對於刀、劍，此勢用處頗大，但如沒達到隨心境界，仍為花法。

圖67　擔肩刀勢

圖67注：鋼絲連環甲參考《武備誌》繪，網巾參考明代實物繪，適用於步兵。

單提刀勢（如圖52甲）

單提刀的用法主要如圖52甲所示，即上騎龍步移身避開敵槍並以手抓住，然後用刀滑割敵手。

拗步單撩刀勢（如圖68）

後 序

槍若單殺手直進，刀之勾、革，足以制之；槍若閃賺、顛提虛進，刀之斫、削，足以制之。而更有可畏者，則在槍之大封大劈，蓋去身既近，而上下左右，處處攔截，不可得進步，又處處可以發戳，不知倭人有何良計？

若惟余所遇之刀師，言此未有不嘿然者，余故曰：「刀無破槍之理，槍拙而被破，非刀之能也、必也。碓鬥壅塞，至槍不能出後手，乃為刀之勝場。而劫營巷戰，亦其類矣！」此非空言，蓋以余之槍破余之刀，而深見其甘苦也，敢不詳說之！

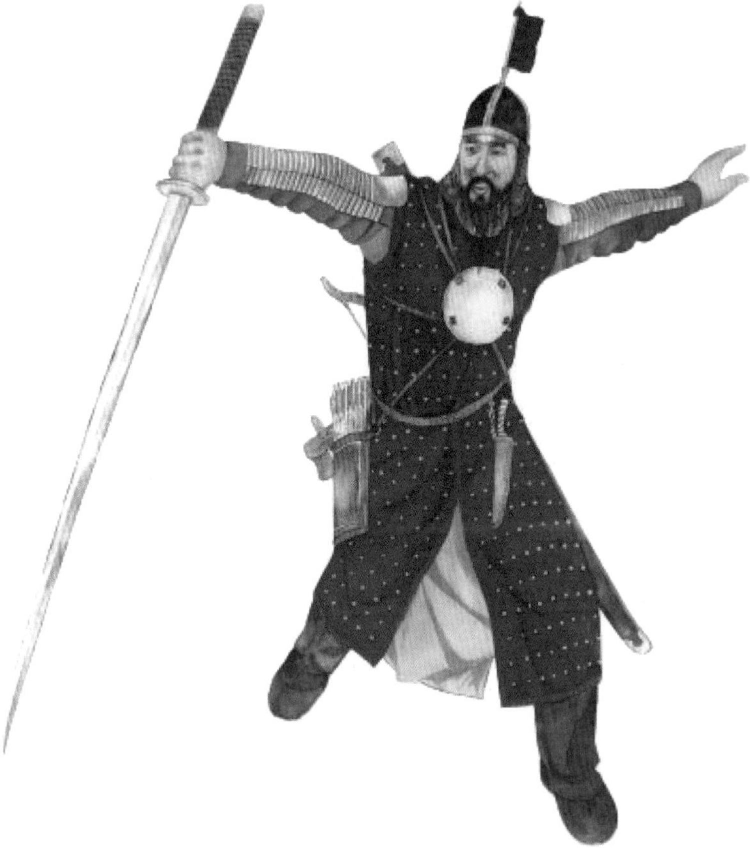

圖68　拗步單撩勢

圖68注：盔甲參考《武備誌》繪，適用於步兵、騎兵。

敵槍若用單殺手戳進我身，我憑長刀的勾法（對付圈外來槍）、革法（用刀背攔、拿）足能制住敵槍；敵

槍若用閃賺、顛提等虛法攻我，我用長刀的斫法、削法，足能控制住敵槍。但最令長刀手害怕的是，敵槍如果大封大劈的話，槍尖離我身很近，而且敵槍可以上下左右地攔截我的長刀，我沒有進步的機會，還可從各方向用槍扎我。不知道這種情形下，擅用倭刀的日本人有什麼好辦法可以應對呢？

僅從我所遇到的長刀師傅而言，問至此處，他們無不嘿嘿一笑，不作回答，我故意對他們講道：「長刀，就不存在可以破槍的理由。使槍的太笨，才會被長刀手破解，並非長刀威力強，不具備必然性。只有作坊裏場地擁擠，導致持槍者無法出後手使用長槍的虛招，才會為長刀手提供可勝的條件。而用長刀劫掠營寨、在巷子裏戰鬥，長槍無法發揮出作用，也屬這種場地限制的情況。」

這絕不是我憑空亂講，曾在擁擠的場地內讓人用我的槍法來破解我的長刀，深深地感觸到用槍者的勞苦。所以，我怎敢不詳細講清楚！

程真如曾說：「雙刀雖利，帶打必落。」槍棒對付刀，用打比用扎好使，這就是長刀手怕大封大劈的原因。而刀對付槍，就要迎著槍尖而上，用刀刃斫削槍杆，使刀刃嵌入槍杆，讓槍無法使用封閉，從而無法變化虛招，刀就可以一革即入，或扎，或用海馬奔潮。

第二十一章　漁陽劍訣

原文

劍　訣

漁陽老人教余劍術，且曰：「此技世已久絕，君得之慎勿輕傳於人！」余恐此技終致不傳，又顧念老人之語，故不著說，而作訣焉：

長兵柄以木，短兵柄以臂。

長兵進退手已神，短兵進退須足利。

足如毚（音ㄔㄢˊ，狡猾）兔身如風，三尺坐使丈八廢。

余擅梨花三十年，五十衰遲遇劍仙。

劍術三門左中右，右虎中蛇左曰龍。

手前身後現刀勢，側身左進龍門亟（音ㄐㄧˊ，急切）。

身前手後隱刀勢，側身右進虎門易。

二勢用手身誘之，彼取我身手出奇。

黠（音ㄒㄧㄚˊ，聰明）者奇正亦能識，捨身取手主擊

客。

我退我手進我身，左翻右躍如獅擲。

虎躍不入龍，龍翻不入虎。

龍翻虎躍皆蛇行，直進當胸不可阻。

左右進退有虛實，六法相生百奇出。

彼退我乃進，彼退有奇伏。

彼進我亦進，彼進乃窮蹙。

撲身槍尖迫使發，死裏得生坐鐵屋。

嘗以我矛陷我劍，矛多虛奇劍實戰。

當其決命爭首時，劍短矛長皆不見。

自笑學兵已白頭，初識囊中三尺練。

後劍訣

劍器輕清，其用大與刀異。劍訣實有所隱，恐古人之心，終致淹沒，故又作《後劍訣》一絕，微露之：

劍術真傳不易傳，直行直用是幽元。若唯砍斫如刀法，笑殺漁陽老劍仙。

劍　訣

漁陽老人曾傳授給我（吳殳）劍術，他說：「我這種劍法已經絕世很久了，你學會之後一定要慎重考慮，不要輕易傳授給別人！」我生怕老人這種劍法最終沒有傳承下去，又顧慮老人的話，故而不專門編撰劍術學說，僅作

《劍訣》如下：

長兵如槍等兵器是以木製槍杆作為兩手持握的柄，而槍的根在後手的掌心內，靠手腕陰陽互轉。短兵如單手劍等兵器是以整條胳膊作為劍柄，而與大臂相連的肩是劍柄的根，靠肩的靈活性帶動胳膊運劍，不是單靠腕子。

長槍的進扎、退防，依賴於神妙的手法，而劍的進扎和退守，必須靠靈活迅捷的步法。

用劍時，步法有如狡兔，身法似疾風，蹲身用劍，才能讓敵方的丈八長槍扎不到自己。

我擅長槍法，練了三十來年，直到五十歲時才遇到真正會使劍的人。

劍術包括三個門，即從左進為龍門，從中進為蛇門，從右進為虎門。

從虎門進劍，右手臂伸直，如虎從平地上躍起前撲，即向上撩，由低到高，劍尖在空氣中畫了道由低到高的斜線，撩後即刺向蛇門；從蛇門進劍，右手臂如蛇頭迅疾地攻擊人一般，即直接扎刺，平行於地；從龍門進劍，右手臂要像龍一樣旋轉，先向內收回再向外劈，劍尖在空中畫了多半個圈，劈後即刺向蛇門。

持劍之手在前探出，身體在後，即右手右腿在前，引誘敵人擊刺我右手臂腕，稱作「現刀勢」。用時斜著向左前邁步進入龍門，先邁左腿，再邁右腿，側向對敵，速度必須快。

身體在前，持劍之手在後，即左手左腿在前，引誘敵人擊刺我左半身軀，稱作「隱刀勢」。

用時斜著向右前邁步進入虎門，先邁右腿，左腿跟

進，側向對敵。進入虎門相較進入龍門，步法更加順暢，所以相對容易。

現刀勢、隱刀勢，或靠露出持劍右手，或靠左半身軀引誘敵人擊刺，敵如果擊刺我故露的身體或持劍右手，我則突然斜上步入龍門或虎門劈撩進刺。

對劍有崇高悟性的人，能分辨出長槍的虛實，故而會主動撲身敵人的槍尖，由蛇門而入，以劍畫刺敵持槍之手，使槍手被動受傷。

現刀勢中我抽回我持劍的右手，隱刀勢中我要斜步進身。斜身向龍門進步，右手臂像龍般翻轉，斜身向虎門進步，右手臂像虎般由低向高跳躍。胳膊的迅疾甩出，靠肩關節的靈活性，就像獅子甩頭拋東西。

進入虎門，就要用撩的技法，不能用劈的技法。而進入龍門，就要用劈的技法，不能用撩的技法。

龍門劈、虎門撩的目的，都是為了從蛇門刺扎，即徑直刺扎敵之胸口。

左斜進步、右斜進步、虎門進身、龍門退手，要虛實配合。左斜進步、右斜進步、虎門進身、龍門退手、劈撩是虛、刺扎是實，這六種用法，要相互配合，掌握好則劍的百般變化都能使用出來。

敵人抽槍，我則同時進劍，以防止敵人抽槍後早已預備好的後續奇招。

敵人進槍，我也同時進劍，敵人進槍後才會被我劍困住。

我以身體主動往敵人的槍尖上靠，逼迫敵人發單殺手實扎，這可謂死裏得生的技法，敵槍實扎過來，我則蹲

身，以劍劈、撩敵杆將其粘住而扎敵持槍之手，所以要有膽氣。

曾經用我的槍困住我的劍，這是因為槍在應用上要多用虛招，即閃賺、顛提，而劍在應用上的實招主要靠一刺，所以槍才會取勝。所以要避槍之虛，而擊槍之實，即劈、撩槍杆。

當劍手與槍手拼命一搏都想勝出時，劍的短小，槍的長大，對兩個人來講都不存在，即拼命得活。

我自嘲學練各種兵器的用法已到白髮蒼蒼的年紀，才剛剛懂得鞘中三尺劍的用法，所以要想把劍術練精，就要肯花一輩子的時光。

後劍訣

劍比較輕便，卻技法單一，所以它的用法跟刀是大不相同的。上述《劍訣》中還有很多隱含的東西，怕漁陽老人對劍的精心研究最終失傳，故而再寫了篇《後劍訣》，漁陽劍法即到此為止。

僅稍稍透露一點：

劍術的實戰真技不易流傳，劍法在實戰中，直接扎敵胸口是關鍵。如果像用刀一樣只顧砍斫，會笑死漁陽老劍仙。

《後劍訣》只為了說明「直行直用是幽元」，作為《劍訣》龍門劈、虎門撩的補充，意思是劈、撩之後就是

向蛇門的刺扎，或者劈、撩可作為虛招使用，不能把劍當作刀使，光靠劈、撩就完事了，而後續的刺扎才是真正的實招。

這兩篇劍訣歸納一下，用劍就三種方法，即左、中、右，左右可謂用現代一句話「劍走偏鋒」來解釋，劈、撩的目的都是先擊敵持械之手臂或手腕，當然也可都先用作虛招，既而往胸口一刺（如圖52丙）。關鍵是步法要迅疾、靈活！這是對於除槍以外的短兵而言的，包括棍、棒、刀、劍，即不觸敵械而殺。而對於長槍，想要以短降長，就要拿出敢死的勇氣撲身槍尖，劈、撩槍杆粘住敵槍，畫刺敵手，迫其棄械再殺之。

圖52　甲乙丙丁

第二十三章　雙刀歌

原文

島夷緣海作三窟，十萬官軍皆暴骨。
石砫瓦氏女將軍，數千戰士援吳越。
紀律可比戚重熙，勇氣虛江同奮發。
女將親戰揮雙刀，成團雪片初圓月。
麾下健兒二十四，雁翎五十齊翕忽。
島夷殺盡江海清，南紀至今推戰伐。
天都俠少項元池，刀法女將手授之。
乙亥春杪遇湖上，霜髯偉幹殊恢奇。
謂余長矛疏遠利，彼已填密須短器。
繞翠堂中說秘傳，朔風六月生雙臂。
俠士不久歸天都，余手精熟如鼓枹。
猶意左右用如一，每當確鬥多齟齬。
眼前兩臂相繚繞，殊覺神思非清虛。
後於漁陽得孤劍，只手獨運捷於電。
唯過拍位已入門，頗恨不如雙器側。
乃知昔刀未全可，左右並用故瑣瑣。

今以劍法用右刀，得過拍位乃用左。
手眼清快身腳輕，出峽流泉風撼火。
始恨我不見古人，亦恨古人不見我。

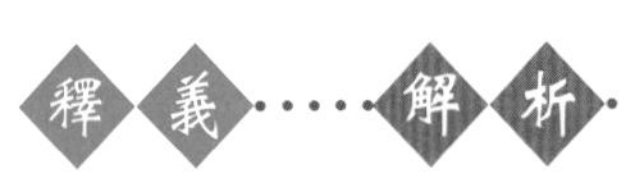

倭寇侵據東南沿海，民眾居無定所，朝廷曾先後派遣十萬官軍出剿，結果都被倭寇賺殺。

石硅宣撫司女將軍瓦氏夫人（1496—1555），訓練數千戰士支援吳越抗倭。

部隊的紀律堪比後來的戚家軍那般獎懲分明，其勇敢的鬥志感動了當地軍民（虛江：虛同墟，城也；江，水也），共同發奮禦敵。

女將軍親臨戰場揮舞雙刀，那成團雪片般的影跡，恍若初升的圓月（指刀圈圓而密）。

她帶領著二十四名健壯軍卒，五十把雁翎刀迅捷地齊入敵陣斬殺倭寇（翕，音ㄒㄧ，翕忽，迅速）。

倭寇被剿滅後，江海恢復了平靜，而南人的筆記中至今還大書瓦氏夫人的抗倭故事。

人稱「天都俠少」的項元池擅長雙刀，其刀法得自瓦氏夫人的親手傳教。

乙亥年春末（杪，音ㄇㄧㄠˇ，末尾），我在湖州遇到項元池，見他鬍鬚斑白，身材魁梧高大，相貌很是奇特。

他說我的長槍能在長遠距離發揮作用，而他可用雙刀在近距離阻截住我的槍（填密：填，阻塞；密，接近）。

於是就在繞翠堂內項元池教授給我刀法，不論冬夏

（朔風，喻指冬天；六月，喻指夏天），我都勤奮習練刀法。

後來項俠士回到天都，而彼時我的一雙手運刀如同揮舞鼓槌般精熟（枹，同桴，音ㄈㄨˊ，鼓槌）。

總想把左右手的刀運用到一樣效果，但每逢在狹小的空間與陪練對戰（碓，音ㄉㄨㄟˋ，作坊），兩手總是不協調一致。

練習時，但見兩條臂膀在眼前絞動飛旋，卻總覺得心智不專，存有雜念。

後來從漁陽老人那裏學到單劍，一隻手運用地如閃電般迅捷。

但就是陪練扎來時，剛過拍位，我即斫削格擋，可敵槍還是能進扎我身，這時特別感慨不如雙刀在近距離的使用效果（意指劍雖能憑斫削來格擋敵槍，即刃口吃進槍杆，但仍然阻攔不住槍的慣性刺戳力，此時如果能二次格擋就可以阻截住槍了，而能二次阻格的必然是雙刀）。

此時方知道過去學練的刀法並不完整，左右手一起使用同等的招數，必然發揮不出各自的作用。

現在是右手刀按劍法習練，敵槍一過拍位（右手刀斫削格擋沒有截住敵槍），即用左手刀二次格擋。

手法要明確，眼光要準，身法、步法要輕捷，好似從峽谷中流淌的飛瀑，如疾風般將火勢澆滅。

明白掌握刀法之後，才感嘆這輩子我再也無法見到瓦氏夫人（彼時瓦氏已逝，而刀法心得無法與她交流），也感嘆瓦氏夫人生前沒有見過我（像吳殳這樣一個武痴，如果能在瓦氏生前，親自學刀法於她，則瓦氏想必為有如此

愛徒而狂喜之）。

附雙刀圖，見圖69。

圖69　雙刀

圖69注：以長槍戳上，以藤牌腰刀攻下，為戚繼光《練兵實紀》所述戰法。雙刀者動作參考《武藝圖譜誌》飛電繞鬥勢繪。竹槍、藤牌、腰刀據《練兵實紀》繪，雙刀參考現存實物繪。槍手、牌手藤盔、帽子、絹甲參考《紀效新書》繪，雙刀者盔甲，馬具參考《平蕃得勝圖》繪。

第二十三章　諸器編說

原文

諸器編說

槍以一直條，故難用而多奇。又有旁枝，故易用而少變。少變故藝家不貴，易用故兵卒之庸下者宜之。而凡為鏟、為鐮、為筅、為钂，皆不出此。布帛肉粟，固不能比於錦繡珍錯（錯銀），而林林穰穰（音ㄖㄤˇ ㄖㄤˇ）之民，若必恃錦綉以為暖，珍錯以為飽，饑寒者寧有繼乎？

雖謂叉、鏟之倫，貴於槍馬可也。今世峨嵋之槍、少林之棍、日本之刀，專門名家，多為世所稱，而雜器鮮有聞者，亦以不甚貴重之故。余廣求師說，亦無大奇奧者，槍之緒余而已，何可深論？以其為行陣所不可少，故作此以附於槍法之末焉。

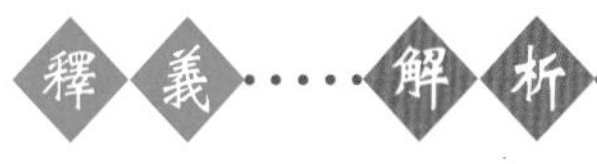

釋義解析

槍僅憑一條長直的木杆進行攻防，所以難以使用，而

奇招變化也多。還有由槍衍生出的另類器械，容易使用，但變化少。正因為變化少，故而武術家看不上此類兵器，由於容易使用，故而適合資質庸鈍的兵卒。但凡用鏜、用鐮、用筅、用钂的人，都脫不開上述的道理。

麻布、粗絲、豬肉、糙米，當然比不得彩錦、文緞、珍寶、銀器，然而眾多豐收後富裕的農民，如果都棄田不耕，靠彩錦文緞來保暖，用珍寶銀器購買上等食品填飽肚子，那麼吃不飽、穿不暖的人還會再有東西吃嗎？

雖說叉、鏜之類在軍中的地位遠高於長槍、騎馬等武藝（戚繼光稱叉為軍中最利者，其原因之一為叉便於立地施放火箭），今世峨嵋槍、少林棍、日本刀各派的武術名家，多被世人所稱道，但旁雜類器械很少有著名的武師，也是因為這類兵器不被武術家重視的緣故。

我廣泛尋找習練此類兵器的師傅及其著作，也沒什麼大的奇特奧妙之處，不過是借用槍法的皮毛而已，怎能往深處論述？只因為此類兵器在行軍打仗時不能缺少，故而寫作此文附於本書的最後。

叉　說

叉之制，鐵頭勿重，重則壓手。木杆勿短，短則不能傷人。故頭止一斤，中鋒挺出三四寸，柄長八尺（營造尺也），根有瓜錘，重倍於頭。左手在前，如槍之法，則適用矣！

《紀效新書》所言，皆叉之實用，可遵可信，而余則於其中又舉要焉，何也？

槍本一直條，而善用槍者，能有橫力，於彼掌中揠（音ㄧㄚˋ，拔）去其槍。叉有橫枝，豈可舍此意而別求他法？故《紀效》七勢，如朝天、進步、伏虎、拿槍、騎龍、架槍，余皆不取，唯取中平一勢，而專意制槍之左手前二三尺。槍於上下左右戳來，叉即隨法而行，得一著杆，轉腕進足，直傷其手，無不勝者。然須全用槍法，左手在前，乃得變化如意。

考叉之名家有五，曰雄牛出陣，曰開山七埋伏，曰藩王倒刀，曰直行虎，曰梢攔跟進，梢攔跟進即民間所用，重頭短柄，《紀效》所斥者也。餘三法皆不如直行虎之捷，直行虎比之余說，稍為近之。

叉（如圖70左）的形制，鐵頭不要重，重會壓手。木杆不能短，短就不能傷敵。因此叉頭最多重一斤，中鋒要超出橫股三四寸長，木柄按營造尺算長八尺，根部有瓜錘，比叉頭重一倍。左手握柄在前，按照槍的用法，來適用於叉。

《紀效新書》所說的，都是叉的實用技法，可以遵從、可以相信這些技法。但我還要在其中列舉出最關鍵的用法，為何這樣講？

槍本身就是一條直長的木杆，而善於使槍的人，直力中有橫力體現，可從敵掌中拔去其槍。叉有橫股，怎能捨

圖70　直行虎叉鈎開筅

圖70注：叉手為中平直行虎勢，筅手為鈎開勢，即槍法抱琵琶式用法。叉手盔甲參考《武備誌》繪，叉參考《練兵實紀》繪。筅手盔甲參考明季覺華島士兵畫稿繪，筅參考《練兵實紀》繪。

卻橫股的橫勁功能而去尋求其他用法？所以《紀效新書》七勢，像朝天勢、進步勢、伏虎勢、拿槍勢、騎龍勢、架槍勢，我都不用這些，只用中平一個勢子，而專門著意於降制敵槍左手前二三尺的位置。敵槍向我上、下、左、右戳來，我叉隨敵進刺而對應防守，只要一觸上敵杆，我立即轉腕進步（使橫股鉗別住敵杆，敵杆在我橫股內可鉗，敵杆貼我橫股外可別），徑直滑扎敵之前手，沒有不勝的。但必須全用槍法（兩手陰陽互轉），左手在前持握，才能隨心變化。

諮詢當世用叉的名家，有五種知名技法，分別稱作雄牛出陣、開山七埋伏、藩王倒刀、直行虎、梢攔跟進，梢攔跟進即是民間常用的技法，頭重柄短（柄短是說前手握在近叉頭處，縮短了柄長和攻擊距離），正是《紀效新書》所批評的技法。剩下的三種技法都不如直行虎攻擊速度快，直行虎（類槍法雙殺手）與我所說的相比（即中平勢），稍稍接近。

附：《紀效新書》叉制

長七尺六寸，重五斤，柄杪合鈀口，根粗一寸，至杪漸漸細，太細則不堅，用力擊時鐵頭可墜地也。

上用利刃，橫以彎股，刃用兩鋒，中有一脊。

造法：須分脊平磨，如磨刀法，兩刃自脊平減至鋒，其鋒乃利，日久不禿。彎股四棱，以棱為利，須將棱四面直削，亦日久而不禿。中鋒頭下之庫，可容核桃，則安於木杪，乃不損折，仍用一釘關之，但橫股壯矣。正鋒頭冠於木杪，細而淺，每擊多墜，臨時鋒墜，是失一兵矣。新

造，用正鋒與橫股合為一柄，杪入鐵庫既深，橫股庫又粗，任擊不落。

此器自有倭時始用，在閩、粵、川、貴、雲、湖皆舊有之，而制不同，乃軍中最利者。兵法「五兵五當，長以救短，短以救長」，短兵種類甚多，而唯此一品，可擊可禦，兼矛、盾兩用。

若中鋒太長，兩橫太短，則不能架拿賊器。若中鋒與橫股齊，則不能深刺。故中鋒必高二寸，且兩股平平可以架火箭，不用另執箭架。故每執此器之兵二名，共給火箭三十枝，賊遠則架箭燃而發之，近則棄箭而用本器，萬全萬勝之計也。

筤筅說

筤筅，《紀效》所言甚善。鋒重半斤，旁枝十三層，不足者縛而足之。檀木續根使重，則其身虛矣。此器《紀效》有六勢，而余以閘下、架上、鉤開三勢為主，架上即槍之剔，閘下即槍之提，鉤開即槍之抱琵琶勢。言乎手法，則《紀效》所言「前弓後箭，陰陽要轉，兩手貴直，推步如風」十六字盡之矣。

余見一筅師，以布縛筅掛於項而用之，極為省力。夫筅無戳手，如此甚善。而倪覲樓用筅，則左手在前，全同槍法。倪精於竿子，故自出新意。如此，人苟得沙家法三四分，即第一筅手也。

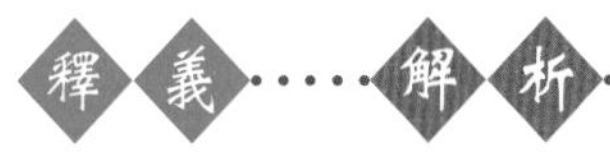

筤筅（如圖70右），《紀效新書》所說的用法特別好。前鋒重半斤，旁枝十三層，如果不夠層數，就綁縛湊足。用檀木接上竹製柄根增加根部重量（調整重心），使槍身輕捷。這種兵器《紀效新書》有六勢，但我以閘下勢、架上勢、鈎開勢為主要用法。架上勢好比槍的剔，閘下勢即槍的提，鈎開勢是槍的抱琵琶勢。說到手法，即《紀效新書》所說「前弓後箭（樁架），陰陽要轉（手法），兩手貴直（雙殺手攻擊），推步如風（後腳推動前腳進步）」十六個字足夠使用。

我見到一位使筤筅的師傅，用布條做帶子繫在筅柄上掛在脖子下使用，特別省力氣。實際上筤筅沒有戳刺敵前手的技法（旁枝寬大肥碩，中鋒無法貼杆滑刺，為防守型器械），而掛在脖子下正好使用。但倪覲樓使用筤筅，則是左手在前持握（與《紀效新書》六勢不同），技法全等同於槍法（沙家竿子是竹槍）。倪覲樓擅長沙家竿子，故而自出新意。這樣使用，如果他人能學到沙家竿子精華的三四成，就能成作天下第一筤筅手。

藤牌腰刀說（如圖71）

自戚公立法以來，江南刀牌手於兵居五之一，然能如

《紀效》所言，可以入槍者，絕見。蓋槍、叉長兵，雖失其精微，而渣滓猶有可用。刀牌器短，精微既失，即同赤手矣。琴瑟箜篌，若無妙指，不發妙音，用兵者勿以戚公之嘆，美刀牌而輕用之也。《紀效》八勢，唯低平勢發標誘敵者難用，余皆兵卒之指南。但此器輕短，一遇大棒立困，不可不知。

圖71　藤牌腰刀

圖71注：此為藤牌腰刀法八勢中的低平勢，根據《紀效新書》繪。帽子、甲式、藤牌根據《紀效新書》繪，腰刀根據《練兵實紀》繪，綁腿參考《武備要略》繪，麻鞋參考明代實物繪。

自從戚少保嚴訓軍隊以來，江南刀牌手開始在軍中占有五分之一的比例。然而，果然像《紀效新書》所說，憑腰刀藤牌可以進槍取勝？事實上我還沒見到過這樣的人。像槍、叉等長兵器，雖然在兵卒手中沒有兩手精密微妙的技巧，但就算使得再差勁仍有可用之處。這是因為刀牌太短，沒有精密微妙的技法（指腰刀短，無法像槍一樣可以畫圈纏杆），如同赤手一般。好比琴瑟箜篌，如果沒有靈妙彈奏的手指，就彈不出妙音。練兵的將領不要憑戚少保推崇刀牌，就認為刀牌萬能而輕易使用。

《紀效新書》八個勢子，只有低平勢中發標槍引誘敵人最難使用，剩下的勢子都是兵卒使用刀牌的指南。但刀牌輕而短，一碰到大棒立即受困（大棒可提打，槍破刀牌也是用此法），不能不知道。

大棒說（如圖63）

《紀效》棍法勝於其槍十倍，可比程沖斗之《少林闡宗》，然過於高深，兵猶難悟，況甘為人下之火兵乎？余見少林有一家棍法，名曰五虎攔，唯一打一揭而已。打必至地，揭必過腦，平平無奇，殆如農夫之墾土者。而久久致工，打揭得勢，則少林諸法亦甚畏之，不可以平平而輕

視也。火兵教棒，五虎攔最為宜稱。

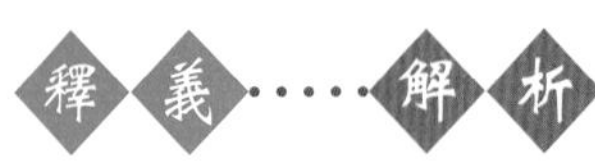

《紀效新書》談論棍法遠勝於槍法十倍（戚繼光推崇楊家槍，而此槍法由於分別出自沙家竿子和馬家槍，作為士兵長途負載之用，故被吳殳評作騾槍。在吳殳看來，戚氏對槍的理解尚趕不上程沖斗），可與程沖斗《少林棍法闡宗》類比。但其棍法過於高深，兵卒難以領悟，何況甘屈他人之下的上陣火兵（鴛鴦隊中配一火兵，使兩頭尖鐵的扁擔，技法同大棒技法）呢？

我見到少林派有一家棍法，稱作五虎攔，僅是一打一挑而已，打必須打在地上，挑必須超過頭部高度。平淡無奇，很像農民開墾土地的動作。但功夫練久了，打挑協調得法，那麼就算憑少林派其他技法，亦會特別畏懼此招，不能以平淡無奇而輕視。作為火兵，教授棒法，五虎攔技法最與他相稱。

圖63　外看刀削大棒

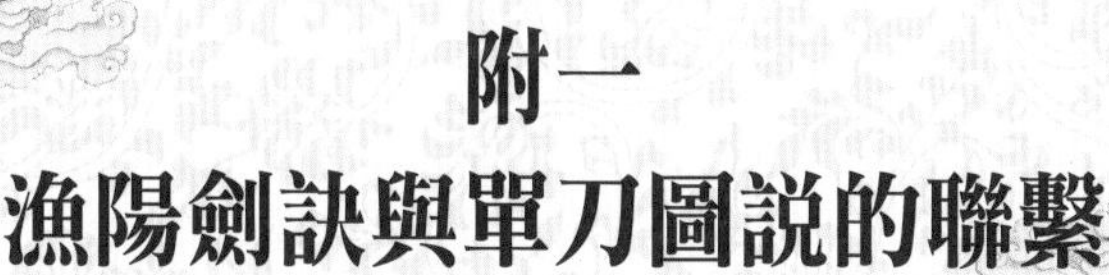

附一 漁陽劍訣與單刀圖說的聯繫

吳殳在《器王正眼無隱錄》中著有「漁陽劍訣」和「單刀圖說」，而漁陽劍訣中，只闡述了三個重要的動作，即左中右進攻的步法、手法、身法，總讓人覺得實戰劍術就真的只有這三下？事實上，這是根本不可能的！雖說劍法可以從這三下裏變化，但最基本的身勢要到哪裏去尋？

其實，吳老在後劍訣中已給出了答案，不妨細讀之，「劍器輕清，其用大與刀異。『劍訣』實有所隱，恐古人之心，終致淹沒，故又作『後劍訣』一絕，微露之：劍術真傳不易傳，直行直用是幽元。若唯砍斫如刀法，笑殺漁陽老劍仙」。

一般看來，這段後劍訣的話相對於前劍訣簡直就是廢話，這一段竟說直行直用，而在前劍訣中直行直用是最關鍵的致命技法的道理早已說明白了，為什麼還要重複提及呢？

這是給人的提示，這一段話中，是用劍和刀做的比較，劍重刺，刀重砍斫。劍不能像刀那樣只顧砍斫，而是

要刺。那麼刀怎麼樣砍斫呢？

單刀圖說中，名字雖叫單刀，但那是明代的叫法，意思是與雙刀區分，實際上是雙手握柄的刀，即長倭刀，跟現代單刀叫法不一樣。但砍斫和削的技法，恰恰在這篇圖說中完整地詮釋出來，對雙手刀法作了歸納總結，指出實際應用不過就八個勢子，其他的十個勢子都是變化出的子勢，比程沖斗的《單刀法選》超出一個層次，只可惜當今世人仍執迷於效仿程沖斗的刀法或者由此演繹。而吳老的刀法身勢就十八個，手法就兩種，即斫和削，並且明確說明斫和削的手法取自劍術。

由此可見，漁陽劍訣的手法即斫和削，而身勢則為刀法十八勢。有人會問，漁陽劍訣是單手用的劍法，怎麼能跟雙手刀法一樣使？如果你真能問出這個問題，證明你很認真，其實對劍法領會不深。確實，這個問題現在很多武術大師都比較迷糊！

流傳到今天的中國劍，為什麼是一握半？就是兼顧了單手和雙手握的功能。單手用劍靈活，雙手劈刺力度大。單手劈刺距離遠，步法快，雙手劈刺距離短，步法慢，所以有的刀劍才會加長。因此將單手劍用作雙手握時，柄首是否圓滑非常關鍵，因為改用雙手時，是靠後手發力，一般都是左手在後。而柄首如果帶尖帶棱，甚至帶螺絲帽，就嚴重影響握持。

如果柄短或者就是帶棱帶尖兩手無法握，那麼非要用雙手，就可以撫腕握持。切不可以兩手抱著握，根本用不出勁力（如圖72舞劍圖，圖左即為動作中的雙手現刀勢，圖右則為隱刀勢）。

圖72　舞劍圖

圖72注：左女右男，兩者甲冑，劍器皆參考唐代壁畫繪。

上面所說的是劍法中的斫削和應用到的刀法身勢，至於前劍訣中說的現刀勢，即右定膝、低看勢的轉換，而隱刀勢即右撩刀勢化作上弓勢。如果你細心的話，會發現單刀圖說中居然沒有刺法，雖然引入了槍棍的海馬奔潮和雞啄粟，但像程沖斗《單刀法選》中的迎推刺、單刺刀，都沒有任何描述，為什麼？

因為刺法寫在漁陽劍訣中了！即中部的蛇行刺法。所以說，將單刀圖說中的單刀

換作單手劍，即為漁陽劍訣。而將漁陽劍訣中單手劍換作單刀或者雙手劍，即為單刀圖說。

總而言之，實戰的武術並不神秘，畢竟人的軀體能完成的動作是有限的，手法也無非陰或者陽，只要鑽研徹底，就會離那些所謂的門派庸師越來越遠，越來越接近真相。

再猜想一下，明末軍中劍術早已不再流傳，甚至失傳，漁陽這個地名至今猶存，屬薊鎮，那曾是戚繼光管轄的地帶，也是戚少保特別重視雙手刀的時代，軍中鳥銃手、弓箭手等等都配有上陣的雙手刀，所以漁陽老人的劍法來源是否與此有關呢？

任鴻（翊將軍）

撰於2015年9月5日

附二 石敬岩傳

蒙古分民為十戶，所謂「丐戶」者，吳人至今尤賤之，里巷伍陌，莫與之接席而坐。

石電者，乃以死義特聞，亦奇矣！

電，常熟人也，僑居長州之彩雲裏。

崇禎八年，流寇躪中都，圍桐城，江南震動。電所與游壯士陳英從指揮包文達往援，要電與俱，電曰：「吾老矣，不食軍門升斗粟，奚而往？」

英曰：「我輩平居以君為眉目，君不往，是無渠帥也！幸強為我一行。」

電曰：「諾！」樸被而出，終不反顧。

二月十二日，追賊於宿松，我師侍勇輕進，陷賊伏中，文達死之。電、英分左右翼搏戰，自辰至晡，殺賊無算。英躓被擒，電大呼往救，賊圍之數重，電力盡捨槍，手弓射殺數人，賊群斫之。頭既斷，猶僵立為擊刺狀，良久乃仆。

皖人招其魂，祀之余忠宣廟下。吳人陸嘉穎賦詩哭之，買隙地具衣冠葬焉。

電身長赤髭，能挽強超距，尤精於槍法。有善槍者，

典衣裹糧，不遠數百里，盡其技而後已，遂以槍有名江南。性椎魯，重然諾，所至盡結其豪傑。諸無賴惡子，具牛酒、持百金，願交歡石君，掉頭去之，惟恐不速也。

萬曆中，應都清道陳監軍募，督兵攻同安諸寨，功多當得官，謝歸。監軍沒，來依余，醉後轍鼓腹笑曰：「石電非輕為人醉飽者也！」

吳淞有孫生者，家於江幹（地名），敗屋破扉，妻子晝餓，傍近輕俠（為人輕生重義而勇於急人之難）少年，皆兄事之。

歲己巳，虜薄（迫近）都城，電偕孫生謁余。

明年，虜遁，孫生客長安，出薊門，將盡歷關塞，山水暴漲，凍餓中寒疾死。電哭之，慟久之，忽忽不樂，嘆曰：「孫兄死，電無可與共死者矣！」

後六年，電死。電之死，視孫生有聞焉。然捐軀報國，身膏草野，而不得與於死事之恤，則亦以其丐而微之。嗚呼，斐豹隸也，請焚丹書（出自《春秋左傳襄公二十三年》：初，斐豹隸也，著於丹書。欒氏之力臣曰督戎，國人懼之。斐豹謂宣子曰：「苟焚丹書，我殺督戎。」宣子喜曰：「而殺之，所不請於君焚丹書者，有如日！」乃出豹而閉之，督戎從之。逾隱而待之，督戎逾入，豹自後擊而殺之）。汪錡，嬖（音ㄅㄧˋ，寵幸）童也，孔子曰「勿殤」，若電者，其亦可以免於丐矣乎？

丐名於朝，丐利於市，人盡丐也。彼丐電，電亦丐彼。丐之名未有適主也。余悲世人之群丐電也，而不察其實，取《春秋》之法大書之曰「義士」。雖然，世人不丐也，不足以為榮，則電之丐，其可以為辱乎？電而有知，知吾之以義士易丐名也，其不將聽然而失笑乎？余於黿之死，不忍其與孫生俱泯滅無傳，故為《辭》以哀之。哀黿而及孫，亦黿之志也！

夫辭曰：

「嗚乎，丐也！生不丐半通之綸，死不丐七尺之軀。其葬也，邙北垣東，不得丐蓬顆之地，而丐一杯於離家之冢側。」

其祭也，「馬醫（獸醫）、夏畦（農夫）不得丐麥飯之奠，而丐一臠（小塊肉）於唐兀之座隅。木落兮虞山，潦收兮尚湖。傳哀歌兮會急鼓，祠國殤兮下神巫。托濟陽兮後乘，驂李安兮先驅。從倡兵兮如雲，歸厲鬼兮載車。覽廬冢兮向背，睇城社兮盤紆。天門開兮詄蕩，故鄉兮不可以久居。嗚乎，歿為鬼雄兮生為人奴，臧甬侮獲兮公卿大夫。激而誅之兮，附諸縣賁父之徒。」

選自清　錢謙益《石義士哀辭並序》

石黿，常熟丐戶也。

崇禎八年，流寇躪中都，圍桐城，黿有所厚陳英，從指揮包文達往援，要黿與俱，黿曰：「吾老矣，不食軍門升斗粟。」

英曰：「吾輩平居以君為眉目，君不往，是無渠帥也！幸強為我一行。」

黿曰：「諾。」

二月十日，追賊於宿嵩，我師輕進，陷賊伏，文達死之。黿、英分左右翼大呼往救，賊圍之數重，黿手弓射殺數人，賊群斫之，頭斷猶僵立為擊刺狀，良久乃仆。

《鹿樵紀聞》云：電單騎往救，手斬數十人，與文達俱死焉。

皖人招其魂祀之余忠宣祠。

選自清　屈大均《皇明四朝成仁錄》卷十二「雜流死義傳」

石電，常熟人，丐籍，居長州之彩雲里。

崇禎八年，賊圍桐城，電與同志陳英從指揮包文達往援。

二月，追賊宿松，輕賊陷伏，文達死之。電與英戰不挫，英躓被執，死。電馳救，負重圍，捨兵挽射，猶洞賊鋒數，力竭，死。皖人招其魂，祀余忠宣廟下。

電，長身赤髭，能挽強超距，善技擊，百里外來學之。性椎魯，重然諾，所至盡結其豪。

選自清　查良佐《罪惟錄》卷十二

（崇禎八年己丑）蕭、碭賊攻永城，應天巡撫張國維、吳淞總兵許自強以舟師至安慶，賊已去。國維令守備朱士胤等以兵趨潛山，把總張其威、守備項鼎鏞、指揮包文達等趨太湖追賊。

文達客石電、錢士選、于蠻等三十五人，皆東吳技勇知名士，欲立功自見。

壬辰，至宿江，入伏血戰，石電等下馬，奮槊步鬥，騎賊墮地紛然。回馬遙環之，令刀槊不得及，發矢如飛蝗。國維發兵不給甲，電等皆中箭死。

選自清　戴笠　吳殳《懷陵流寇始終錄》

石電，常熟人，世為丐，僑居長洲之彩雲里。

崇禎八年，流寇躪中都，圍桐城，江南震動。

電所與游同志陳英從指揮包文達往援，要電與俱，電曰：「吾老矣，不食軍門升斗粟，奚而往？」

英曰：「我輩平居以汝為眉目，汝不往，是無渠帥也！幸強為一行。」

電曰：「諾。」襆被而出，終不反顧。

二月十二日，追賊於宿松，我師恃勇輕進，陷賊伏中，文達死之。

電與英分左右翼搏賊，自辰至晡，殺賊無算。英躓被擒，電大呼往救，賊圍之數重，電力盡捨槍，手乃射殺數人，賊群斫之，頭既斷，猶僵立為擊刺狀，良久乃仆。

皖人招其魂，祀之余忠宣廟下。

電身長鬚赤，能挽強超距，尤精於槍法，有善槍者，典衣裹糧，不遠數百里，盡其技而後已，遂以槍名。

選自清　計六奇《明季北略》

石敬岩，予所從受劍槊之師也。

崇禎癸酉，平湖沈公萃禎備兵吾婁。時江北以北海氛日甚，沈公留心武事，聘東南技勇練兵教士。敬岩應聘而來，同時來者，有曹蘭亭、趙英及少林僧洪紀、洪信之屬，獨公稱最，自曹蘭亭以下皆推服。年已七十餘（吳殳雲敬岩死時年六十餘），猶力舉千鈞，盤舞丈八蛇矛，龍跳虎躍，觀者皆辟（通「避」）易。有程某者，徽人，亦善梨花槍，妒公，憤言於眾，欲與公較，公與期日較技。前一夕，程忽遁去。

予念時事日非，倘一旦出而用世，則兵革之事所不能也！乃延敬岩而問技焉，三年中頗得其術。

甲戌，流寇躪中都，圍桐城，公所與游壯士趙英（《哀辭》《四朝成仁錄》《罪惟錄》《明季北略》皆作「陳英」）從指揮包文達往援。要公與俱，公辭以老，英曰：「我輩平居以公為瞻，公不往，我輩何所恃？」遂強公行。

二月十二日，追賊於宿松，賊伏山谷中，空城以誘。我師輕進，賊伏起，斷中堅為二，文達死之。公與英猶未食，分左右奮擊，自辰至晡，殺賊無算。英馬蹶被執，公大呼往救，槍鋒所及，無不披靡，圍散複合者數。已而槍折馬斃，公揮短刀步戰，猶力殺數十人，至死不仆。

初，公與予論馬槊，謂馬上槊猶馬上箭，對鐙抹鞦乃可發槍，若分鬃者全恃馬力，倘敵馬力強，能折人槍，故馬槊以渾鐵為貴。公之死，卒（最終）以圍合敵眾槍力不及，而賊馬又強，皆如其所論云。

死之日，皖人異之，招其魂祀之余忠宣廟下。吳人陸嘉穎賦詩哭之，買隙地具衣冠以葬。太史海虞錢公為之作《石義士哀詞》並序其事焉。

公，常熟人，名電。先世為元大臣，國初，抑之為貧戶，太史謂元時丐戶者，誤也！

萬曆中，白茆薛四髭以鹽盜為橫於海，海虞令耿公橘陰募力士數人斃之，公其一也。應募之日，耿公畜之署中，自教以擊劍（吳殳雲所教為雙刀）之術，故公之劍實耿公所授。

己酉，從都清道陳監軍征兩江黑苗，公披重鎧先登，揮三尺鐵入萬眾中，遂破同安諸寨，以功至都勻參將。

尤精梨花槍，與河南李克復同師傳，而公技更勝。游少林、伏牛、五台，皆盡其妙，槍法遂為江南第一。

嘗見其所論「萬派歸源」（吳殳云萬派歸宗）者，千人中可獨出獨入。

昔唐荊川（唐順之）與俞將軍（俞大猷）《天波論槍風月樓》所言「圈槍，特小小手法耳」，據以為學之三年，洵（音ㄒㄩㄣˇ，誠然）英雄欺人也！

游山東，韓畠（音ㄒㄧㄠˇ）宇中丞聘之教子。

與浙人劉雲峰同學倭刀，盡其技，故公言「步戰惟長刀最勝」。當馬甏步鬥時，公仰天嘆曰：「使吾得長刀一，賊不足盡（消滅）耳！」卒以器械不利，以身與敵，悲夫！

選自清　陸桴亭《石敬岩傳》

附：《包文達傳》

包文達，字行甫。其先江夏人，以開國靖難北征功世襲蘇州衛指揮同知。父世爵，有方略，官未幾，歿漕事。文達厲志好學，年二十，襲職在官，凡十五年。

（崇禎八年）乙亥正月，流寇犯安慶，巡撫張國維命從征。文達治酒延（延請）親知（親戚朋友），語曰：「受國恩三百年，此身亦欲用之！」入內別母再拜（兩拜）而出。登舟見朽甲鈍戈，嘆息者再。

既渡江，二月十日癸未，賊陷潛山，警益急，國維命文達疾驅至皖。時統兵官四人，有忌文達者，獨令居後，資糒（音ㄅㄟˋ，乾糧）缺絕。未幾，督進者羽（羽檄，

文書上插羽毛以示緊急）若星下。

既抵賊所，人馬饑疲，擬（打算）爨（音ㄘㄨㄢˋ，燒火做飯）而前，謀人人殊（離開）。偶得賊哨，一騎傾其橐（音ㄊㄨㄛˊ，口袋），出白金若，爭析（離開）者方雜然聚嘩。尋報賊零散易襲，躍馬爭出，文達諫（規勸），不聽，從之行。

諸軍素苦，諸弁（音ㄅㄧㄢˋ，士卒）朘（音ㄐㄩㄢ，縮減）削，人有離心。賊伏四起，遂鳥獸竄，火器被（同「披」）雨亦不效。從者引文達退，文達不可，策馬奮進，故善射，亟（音ㄑㄧˋ，屢次）發矢。矢盡，脅中流矢墮馬，強起拔矢，揮刀再戰，援絕力竭。

賊迫令卸甲降，文達瞋目怒罵，賊砍其左臂，斷首而去，笑且罵曰：「吾所至風靡，吳兒何能為？乃奮螳臂當我，獨如包某，猶不失為一將耳！」

土人悲其死，廟祭其地，鄉賢士大夫吳默、張世緯輩，咸為文哭之，而諸生金俊明紀其事。

選自清　計六奇《明季北略》

任鴻（翊將軍）

輯於2012年7月22日

歡迎至本公司購買書籍

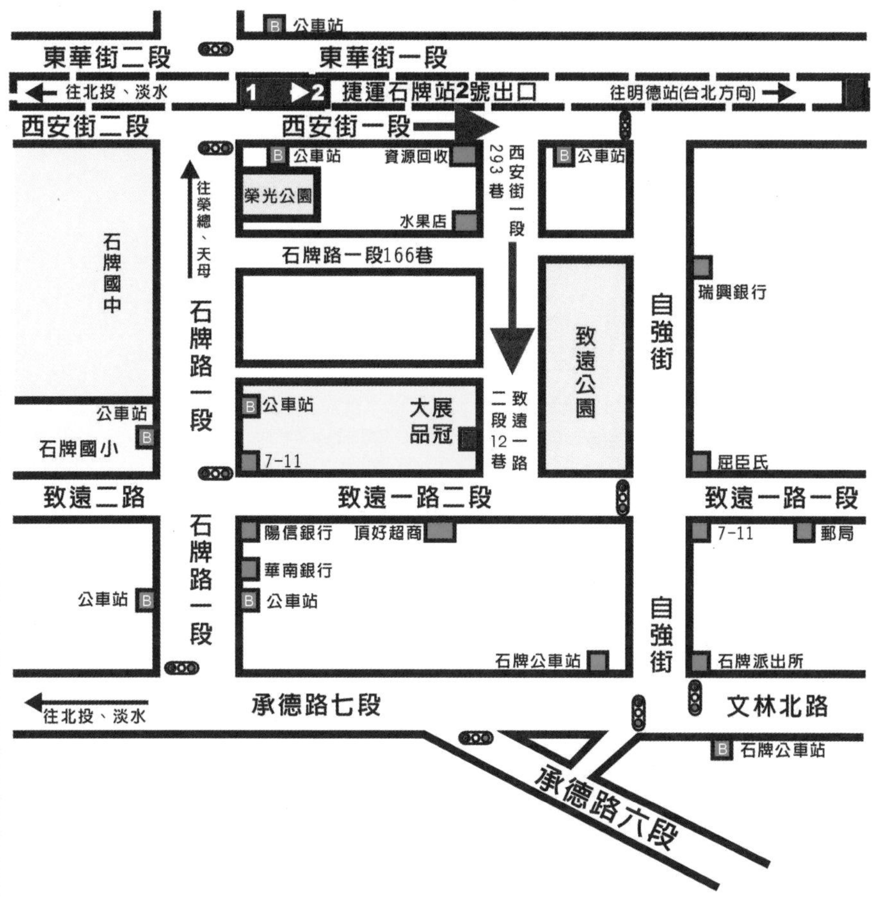

建議路線

1.搭乘捷運・公車

淡水線石牌站下車，由石牌捷運站2號出口出站(出站後靠右邊)，沿著捷運高架往台北方向走(往明德站方向)，其街名為西安街，約走100公尺(勿超過紅綠燈)，由西安街一段293巷進來(巷口有一公車站牌，站名為自強街口)，本公司位於致遠公園對面。搭公車者請於石牌站(石牌派出所)下車，走進自強街，遇致遠路口左轉，右手邊第一條巷子即為本社位置。

2.自行開車或騎車

由承德路接石牌路，看到陽信銀行右轉，此條即為致遠一路二段，在遇到自強街(紅綠燈)前的巷子(致遠公園)左轉，即可看到本公司招牌。

國家圖書館出版品預行編目資料

手臂錄・無隱錄釋義——明代槍法短兵解密／任　鴻　編著
——初版，——臺北市，大展，2020〔民109.11〕
面；21公分 ——（武學釋典；46）
ISBN 978-986-346-316-0（平裝）
1.器械武術
528.974　　109013535

手臂錄・無隱錄釋義——明代槍法短兵解密

編 著 者／任　鴻
責任編輯／張 保 國　徐 俊 杰
發 行 人／蔡 森 明
出 版 者／大展出版社有限公司
社　　址／台北市北投區（石牌）致遠一路2段12巷1號
電　　話／（02）28236031・28236033・28233123
傳　　眞／（02）28272069
郵政劃撥／01669551
網　　址／www.dah-jaan.com.tw
E-mail／service@dah-jaan.com.tw
登 記 證／局版臺業字第2171號
承 印 者／凌祥彩色印刷有限公司
裝　　訂／佳昇興業有限公司
排 版 者／弘益電腦排版有限公司
授 權 者／山西科學技術出版社
初版1刷／2020年（民109）11月

定 價／550元

大展好書　好書大展

品嘗好書　冠群可期

大展好書　好書大展

品嘗好書　冠群可期